Überzeugungskräfte

Mathis Lessau, Hans-Christian Riechers (Hg.)

Überzeugungskräfte

Über das Vertrauen in Wissenschaft (und Pseudowissenschaft)

BRILL | FINK

Mit freundlicher Unterstützung der Universitätsbibliothek der Albert-Ludwigs-Universität Freiburg und der Universitäts- und Landesbibliothek der Heinrich-Heine-Universität Düsseldorf

DOI: https://doi.org/10.30965/9783846769324

Bibliografische Information der Deutschen Nationalbibliothek

Die Deutsche Nationalbibliothek verzeichnet diese Publikation in der Deutschen Nationalbibliografie; detaillierte bibliografische Daten sind im Internet über http://dnb.d-nb.de abrufbar.

www.brill.com
E-Mail: info@fink.de

Umschlagabbildung: A practitioner of mesmerism using animal magnetism on a woman who responds with convulsions. Wood engraving. Mesmer, Franz Anton 1734–1815. Via Wellcome Collection, URL: https://wellcomecollection.org/works/h5ccrkrf.

Einbandgestaltung: Evelyn Ziegler, München
Herstellung: Brill Deutschland GmbH, Paderborn

ISBN 978-3-7705-6932-8 (paperback)
ISBN 978-3-8467-6932-4 (e-book)

Inhalt

Überzeugungskräfte. Über das Vertrauen in Wissenschaft (und Pseudowissenschaft)

Einleitung

Mathis Lessau, Hans-Christian Riechers

Es ist eine häufig erzählte Anekdote aus der Wissenschaftsgeschichte, dass Alfred Wegener mit seiner Theorie der Kontinentalverschiebung zunächst (und zunächst heißt: auf Jahrzehnte hinaus) auf taube Ohren stieß und sich bis zu seinem Tod damit nicht durchsetzen konnte. Als Fachfremder, denn er war studierter Meteorologe und nicht Geologe, war er demnach in einer denkbar schlechten Position, um seine heterodoxe Theorie durchzusetzen. Die geologischen Fachgesellschaften kamen Konferenz für Konferenz darin überein, dass Wegeners Vorschläge abzulehnen seien, und sie fuhren dazu das gesamte Arsenal ihrer disziplinären Vernunft, ihrer strengen Methoden und notwendigen Prämissen, redlich auf. Es gab demnach eine Bewegung der Ozeanböden, sie hoben und senkten sich, dadurch veränderten sich auch die Küstenlinien. Aber die Kontinente verschoben sich nicht, sie waren in diesem Sinn unbeweglich. Selbst als die Entdeckung des mittelatlantischen Rückens die Theorien Wegeners weitaus wahrscheinlicher als alle etablierten Erklärungen werden ließ, versuchte das Fach, die bestehende Wissensordnung aufrechtzuerhalten. Erst nach Wegeners Tod wurde seine Theorie fachlich anerkannt und verdrängte das bisherige feste Bild, das sich die Disziplin von der Beschaffenheit des Erdmantels gemacht hatte.[1]

Erzählungen wie diejenige über Wegener veranlassten Max Planck zu der (in mehreren Varianten überlieferten) pessimistischen Ansicht, dass die Wissenschaft ‚von Beerdigung zu Beerdigung voranschreite', sich also nicht weiterentwickle, weil ihre Communities sich von guten Theorien überzeugen lassen, sondern schlicht deshalb, weil die hartnäckigen alten Überzeugungen irgendwann aussterben und Raum für Neues lassen. Ein guter Hinweis darauf, dass dieses Bonmot mit Vorsicht zu genießen ist und die tatsächlich waltenden Überzeugungskräfte in der Wissenschaft verkürzt darstellt, findet sich in der Tatsache, dass schon die uns so vertraut scheinende Heldenerzählung über Wegener leider so nicht stimmt. Naomi Oreskes hat in ihrem 1999 erschienenen Buch *The Rejection of Continental Drift: Theory and Method in American Earth*

1 Vgl. etwa Ernst Peter Fischer: Ein Scheiterhaufen der Wissenschaft. Die Großen an ihren Grenzen. Berlin: Springer 2023, S. 297–306.

Science mit dem Mythos des tragisch verkannten Wissenschaftspioniers aufgeräumt: Wegener war keinesfalls ein Außenseiter, sondern ein respektierter Geophysiker, dessen Theorien durchaus ernst genommen wurden. Zwar stieß er mit seinen Theorien in Nordamerika weitgehend auf Ablehnung, konnte sich aber dafür starker Unterstützung in Europa und der südlichen Hemisphäre erfreuen. Als er starb, nahm die Fachwelt mit großer Anerkennung gegenüber seinen Leistungen von ihm Abschied.[2] Die Gründe dafür, dass sich seine Theorie der Kontinentaldrift am Ende durchsetzen konnte, sind (wie so häufig) komplex – ganz sicher kann dafür nicht ausschließlich Wegeners Tod in Anschlag gebracht werden.

Wissenschaft schreitet also keineswegs nur durch das Abtreten der ‚alten Garde' voran. Dennoch ist es nicht von der Hand zu weisen, dass Heterodoxien es im Wissenschaftsbetrieb oftmals schwer haben. Das ist ärgerlich, wenn es sich bei der Heterodoxie um die Theorie der Kontinentalverschiebung handelt oder die spezielle Relativitätstheorie, scheint aber, zumindest *ex post*, durchaus angebracht, wenn es sich um Heterodoxien von so zweifelhaftem Wahrheitsgehalt wie die Parapsychologie, den Kreationismus oder die Homöopathie handelt. In diesen Fällen dürfte es als wünschenswert gelten, dass die etablierte Orthodoxie sich als skeptisch und widerstandsfähig erweist und alle Überzeugungskräfte aufbringt, die sie kann. Nur: Wie können wir erkennen, ob es sich um eine Heterodoxie handelt, die das Zeug dazu hat, eine wissenschaftliche Revolution einzuleiten, oder eine Heterodoxie, die als pseudowissenschaftlicher Irrweg in die Wissenschaftsgeschichte eingeht? In den letztgenannten Beispielen scheint sich die Sache noch relativ eindeutig mit Hilfe von wissenschaftsphilosophischen Kriterien klären zu lassen, doch nicht von ungefähr hat Paul Feyerabend stets mit Genugtuung darauf aufmerksam gemacht, dass gerade das Nicht-Einhalten wissenschaftstheoretischer Kriterien mitunter zu den größten wissenschaftlichen Entdeckungen geführt hat. Um wieviel komplizierter wird es erst, wenn wir beurteilen wollten, ob die String-Theorie wirklich das Zeug dazu hat, die gesamte Physik unter einem mathematischen Dach zu vereinen, und nicht vielmehr in eine Sackgasse führt, oder ob es sich wirklich lohnt, den ambitionierten Traum weiterzuverfolgen,

2 Vgl. Naomi Oreskes: The Rejection of Continental Drift. Theory and Method in American Earth Science. New York/Oxford: Oxford University Press 1999, S. 123: „Wegener's contributions to meteorology and geophysics were widely recognized; his death in 1930 prompted a full-page obituary in *Nature*, which recounted his pioneering contributions to meteorology and mourned his passing as a ‚great loss to geophysical science.'" Dass Wegeners Forschung in den USA zunächst tatsächlich nicht anerkannt worden war, führt Oreskes detailliert auf spezifische fachliche Entwicklungen in den US-amerikanischen Geowissenschaften zurück. Wir danken Naomi Oreskes für ihre Hinweise.

subjektive Erlebniseindrücke neurowissenschaftlich verständlich machen zu wollen. In diesen und vielen anderen Fällen mag vielleicht wirklich erst die Geschichte darüber entscheiden, ob es sich um heterodoxe Irrwege oder heterodoxe Fortschritte handelte. Denn so wie wir am Beispiel von Wegener sehen konnten, dass auch eine noch so bedeutende und allgemein anerkannte Erkenntnis einmal als provozierende Heterodoxie begann, so können wir umgekehrt auch mit Michael Gordin konstatieren, dass es „vom Standpunkt der Zukunft aus betrachtet, zu jeder Zeit eine Menge potenzieller (wie auch wirklicher) Pseudowissenschaften" gibt.[3]

Was die Sache noch schwieriger macht: All diejenigen Menschen, die heute in den Pseudowissenschaften von morgen engagiert sind, wissen gar nichts davon und rechnen sich (zu Recht) zum ‚Team Wissenschaft'. Dabei ist es nicht einmal entscheidend, ob sie derzeit als orthodox oder heterodox beurteilt werden. Mehr noch: Auch die Menschen, bei denen sich die etablierte Fachwelt heute schon einig ist, dass sie Pseudowissenschaft betreiben, halten sich selbst nicht für Pseudowissenschaftler:innen. Sie engagieren sich in ihren Augen *für* die Wissenschaft und nicht gegen sie. Es ist daher wichtig, sich auch mit den Rändern der Wissenschaft auseinanderzusetzen, wenn man wissenschaftliche Überzeugungskräfte in den Blick nimmt. „Denn wenn man wissenschaftliche Überzeugungskräfte nur in Hinblick auf Ideen untersucht, die man selbst bereits für überzeugend hält, bekommt man ein schiefes Bild. Um ein vollständigeres Bild zu erhalten, muss man auch versuchen zu verstehen, warum die Theorien, die man selbst als nicht überzeugend – unlogisch, unsinnig, gar abstoßend – empfindet, für andere aber dennoch überzeugend sind."[4]

Wie wirken Überzeugungskräfte in diesen Fällen? Was haben selbst die abseitigsten und von den „Denkkollektiven" (Fleck) der etablierten Wissenschaft nur müde belächelten Heterodoxien an sich, dass sie auf ihre Anhänger:innen solch eine Überzeugungskraft ausstrahlen? Und warum konnten dagegen diejenigen Heterodoxien, die sich später tatsächlich als Fortschritt herausstellten, häufig zunächst nur so mühsam überzeugen? Wie kann es passieren, dass eine Theorie zu einer populären Fortschrittsphantasie wird, obwohl sie in den Reihen der Wissenschaft gar nicht als solche anerkannt wurde? Mit all diesen Fragen beschäftigt sich dieser Band.

Wir nehmen Überzeugungkräfte dabei in einem doppelten Sinn in den Blick. Zum einen, indem wir wissenschaftsgeschichtlich auf die tatsächlich waltenden Überzeugungskräfte im Wissenschaftsbetrieb blicken und dabei besonders

3 Michael D. Gordin: Am Rande. Wo Wissenschaft auf Pseudowissenschaft trifft. Konstanz: Konstanz University Press 2022, S. 48.

4 So Michael D. Gordin in seinem Beitrag zu diesem Band, S. 2.

auf die Überzeugungsdynamiken in heterodoxen Wissensdiskursen fokussieren. Und zum anderen, indem wir uns fragen, wie man Überzeugungskräfte gegen Wissenschaftsskepsis und pseudowissenschaftliche Überzeugungen bündeln kann, ohne dabei in fragwürdigen ‚populären' Wissenschaftstheorien und ridikülisierenden Polemiken Zuflucht zu nehmen. Denn es steht außer Frage, dass die vielfältige Wissenschaftspraxis von heute ein pluralistisches Wissenschaftsverständnis nahelegt[5] und dass ihre Ergebnisse als Resultate einer historisch gewachsenen sozialen Praxis niemals in Stein gemeißelt sind, sondern stets auch abhängig von sozialen Kontexten, (epistemischen) Werten und kognitiven Verzerrungen.[6] Alle Beiträger:innen sind sich einig, dass ein Versuch, Überzeugungsarbeit für die Wissenschaften zu leisten, nicht zu einer Idealisierung ‚der' wissenschaftlichen Methode führen darf, die am Ende nur noch eine Karikatur der tatsächlichen wissenschaftlichen Praxis zeichnen würde. Eine „Überhöhung von Wissenschaften ist Wasser auf die Mühlen ihrer Verächter*innen, da keine realen wissenschaftlichen Praktiken ihr je entsprechen können."[7] Auf der anderen Seite möchte auch niemand bestreiten, dass wissenschaftliche Erkenntnisse zurecht mit einer gewissen epistemischen Autorität ausgestattet sind, da von der Wissenschaft ja auch großer systematischer Aufwand betrieben wird, um sie möglichst umfassend zu prüfen und zu verteidigen.[8]

Einig sind sich die Autorinnen und Autoren dieses Bandes außerdem darin, dass die Überzeugungskraft, die eine Theorie ausstrahlt, etwas damit zu tun hat, wieviel Vertrauen man ihr entgegenbringen kann. Denn die Neigung, „wissenschaftliche Ergebnisse zu einem Thema, für welche die Wissenschaften zuständig sind, für besser begründet zu halten als alle anderen Behauptungen zum Thema", könne schließlich auch als Vertrauen in die Wissenschaft beschrieben werden, wie Claus Beisbart herausarbeitet.[9] Andersherum hat die Neigung, anderen Behauptungen zu einem Thema, für welches (auch) die Wissenschaften zuständig sind, den Vorzug zu geben, viel mit einer Haltung des *Misstrauens* zu tun. Roland Imhoff, Jutta Hübner sowie Luis Emilio López Maytorena und Svana Stemmler zeigen am Beispiel von Verschwörungsmentalität, ‚Alternativmedizin' und der mitunter verqueren Argumentationslogik

5 Vgl. Frieder Vogelmann: Umkämpfte Wissenschaften – zwischen Idealisierung und Verachtung. Ditzingen: Reclam 2023.

6 Vgl. hierzu den Beitrag von Naomi Oreskes in diesem Band.

7 Vogelmann (2023): Umkämpfte Wissenschaften, S. 13.

8 Vgl. Hoyningen-Huene: Systematicity: The Nature of Science. New York: Oxford University Press 2013; Sven Ove Hansson: Science Denial as a Form of Pseudoscience. In: Studies in History and Philosophy of Science 63 (2017), S. 39–47.

9 So Claus Beisbart in seinem Beitrag zu diesem Band, S. 25.

heterodoxer Online-Foren, welche besondere Rolle Misstrauen für die Überzeugungskräfte in heterodoxen Wissensdiskursen spielt. Wer eine hohe Verschwörungsmentalität aufweist oder pseudowissenschaftlichen Überzeugungen anhängt, wird nicht nur mehr von Misstrauen gegenüber orthodoxen Wissens-Quellen geleitet, sondern vertraut auch seinen Mitmenschen insgesamt weniger.[10]

Wie lässt sich solch einem Misstrauen nun aber angemessen begegnen und *Überzeugungsarbeit für die Wissenschaft* betreiben? Auch wenn es keine einfache Antwort auf diese Frage zu geben scheint, so besteht doch Einigkeit darin, dass die Ridikülisierung heterodoxer Überzeugungen und die undifferenzierte Glorifizierung ‚der' wissenschaftlichen Methode und ihrer Ergebnisse wenig erfolgsversprechend sind. Wer auf blinde Wissenschaftsgläubigkeit setzt, und sich scheut, in einem Gespräch auf Augenhöhe die Stärken und Schwächen des eigenen wissenschaftlichen „Denkkollektivs" adäquat darzustellen, sät eher Misstrauen, anstatt Vertrauen zu stärken.[11] In diesem Sinne hat schon Peter Schneider süffisant bemerkt, dass die Wissenschaft manchmal mehr vor ihren Apologet:innen als vor ihren Feind:innen beschützt werden müsse.[12] Dies gilt auch für Apologet:innen der Wissenschaften, die ihr selbst gar nicht angehören. Xenia Steinbachs Beitrag zeigt am Beispiel der historischen Hormonforschung eindrucksvoll, wie eigentlich kontroverse Hypothesen biologischer Forschung von Massenmedien als valide ‚Spitzenforschung' aufgegriffen und popularisiert worden sind, weil sie so schön im Einklang mit den gesellschaftlichen Werten und Normen ihrer Zeit zu stehen schienen.

Diesen Warnungen zum Trotz spricht aber dennoch einiges dafür, Vertrauensarbeit für die Wissenschaften auf eine Weise zu denken, die gute argumentative Gründe für das Vertrauen in den Vordergrund stellt, damit sie sich *als* Überzeugungsarbeit überhaupt verteidigen lässt.[13] Ob diese Gründe dann im Einzelfall tatsächlich *erfolgreiche* Überzeugungsarbeit leisten können, steht aber natürlich auf einem ganz anderen Blatt geschrieben. Es scheint wenig umstritten, dass Vertrauen – auch Vertrauen in ein rationales Unterfangen wie die Wissenschaft – nicht nur durch den Nachweis guter Gründe aufgebaut wird. Jutta Hübner etwa zeigt mit einem Blick auf die medizinische Praxis, wie sehr diese auch auf Kompetenzen wie Empathie, Sensibilität und

---

10 Vgl. Roland Imhoffs Beitrag zu diesem Band, S. 83.

11 Vgl. besonders Pavla Schäfers Beitrag zu diesem Band.

12 Vgl. Peter Schneider: Follow the Science? Ein Plädoyer gegen wissenschaftsphilosophische Verdummung und für wissenschaftliche Artenvielfalt. Berlin: Edition Tiamat 2020, S. 15.

13 Vgl. Claus Beisbarts Beitrag, S. 35.

Aufmerksamkeit angewiesen sind, um für Vertrauen in eine wissenschaftliche Medizin zu werben.[14]

Insgesamt zeigen die Beiträge des Bandes also auf, wie schwierig es mitunter ist, Nicht-Wissenschaft von Wissenschaft zu trennen, fortschrittliche Heterodoxien von pseudowissenschaftlichen Irrwegen abzugrenzen und welches Potpourri an Mechanismen und Dynamiken dafür verantwortlich ist, dass Überzeugungskräfte in der Wissenschaftsgeschichte walten und auch heute noch Theorien für überzeugend gehalten werden. Sie führen vor diesem Hintergrund eine Diskussion darüber, wie eine sinnvolle Überzeugungsarbeit für ‚die' Wissenschaften heute aussehen könnte.

Michael Gordin macht den Auftakt und setzt den Grundton, indem er mit Hilfe einer ganzen Reihe wissenschaftshistorischer Beispiele aufzeigt, wie Pseudowissenschaften immer schon Teil der Wissenschaftsgeschichte waren. So wie wissenschaftliche Theorien eine „Beharrungstendenz" (Fleck) haben, wenn sie von fähigen Wissenschaftler:innen in einem Forschungsprogramm verteidigt werden, weisen auch Heterodoxien eine Beharrungstendenz auf, weil sie sich stets auf das Orthodoxe beziehen. Sie sind immer da, wo die Wissenschaft ist, und begleiten sie wie ein Schatten. Da sie die orthodoxe Wissenschaft der Form nach imitieren, könnten wir sie auch nicht durch formale Kriterien von ihr unterscheiden. Wir müssen mit der Schattenseite der Wissenschaft leben, können aber lernen, sie als Ausdruck der Stärke von Wissenschaft zu begreifen: Je greller das Licht, desto schärfer der Schatten. Es ist darüber hinaus auch deshalb sinnvoll, sich mit den Rändern der Wissenschaft zu beschäftigen, weil diese uns helfen, etwas über die allgemeinen Überzeugungsdynamiken im Wissenschaftssystem zu lernen. *Fringe*, also der Randbereich von Wissenschaft, besteht (wie auch ihr orthodoxer Kern) nicht einfach aus Theorien. Es handelt sich um „komplexe, miteinander verknüpfte soziale Substrukturen", die als „Quellen der Identität" und „soziale Magnete" fungieren.[15] Und als solche weisen sie eine besondere strukturelle Eigenschaft auf: Sie *schichten und überlagern* sich gern. Gordin macht diese besondere Struktur von Rand-Theorien mit Hilfe des kosmischen Katastrophismus des Psychoanalytikers Immanuel Velikovsky (und anderer wissenschaftsgeschichtlichen Beispiele) anschaulich deutlich.

Claus Beisbart stellt sich aus einer philosophischen Perspektive die Frage, was unter einer Überzeugungsarbeit für die Wissenschaften eigentlich verstanden werden kann und ob es überhaupt sinnvoll ist, diese leisten zu wollen. Denn wenn es, wie Gordin aus einer wissenschaftshistorischen Perspektive

14 Vgl. Jutta Hübners Beitrag zu diesem Band.

15 Michael Gordin in diesem Band, S. 16.

nahelegt, gar nicht immer möglich sei, zwischen Wissenschaft und Pseudowissenschaft zu unterscheiden, dann stelle sich natürlich die Frage, wie wir sinnvoll bestimmen können, *wofür* wir im Einzelfall eigentlich überzeugen wollen. Beisbart plädiert aber dafür, dass wir diese Unterscheidung auch ohne ein eindeutiges Kriterium in den meisten Fällen recht problemlos vornehmen können; einige schwierige Grenzfälle sprechen nicht grundsätzlich gegen die Möglichkeit, Überzeugungsarbeit für die Wissenschaft zu leisten. Er arbeitet heraus, dass diese als ein Versuch verstanden werden sollte, mit rationalen Mitteln die Neigung hervorzubringen, wissenschaftliche Resultate für wahr zu halten. Worin diese rationalen Mittel bestehen und gegen welche Einwände sie verteidigt werden müssen, zeigt er detailliert auf.

Naomi Oreskes schlägt in eine ähnliche Kerbe und stellt sich die Frage, wie angesichts zunehmender Wissenschaftsskepsis eine gelungene Wissenschaftskommunikation aussehen könnte. Sie macht auf die Gefahr aufmerksam, die darin besteht, der Leugnung wissenschaftlicher Erkenntnisse mit einer vereinfachten Darstellung der Natur der Wissenschaft und ihrer Objektivität zu begegnen. Wissenschaften bieten selbstverständlich keinen geraden Weg zur Wahrheit. Sie sind, als ein soziales Unterfangen, immer auch von Werten geleitet, und ihre Untersuchungen sind ständig kognitiven Verzerrungen ausgesetzt. Die Welt ist komplex und menschliches Verhalten verworren, wie sollten die wissenschaftlichen Erklärungen natürlicher und sozialer Phänomene da einfach und klar ausfallen? Überzeugende Wissenschaftskommunikation sollte offen die Schwierigkeiten und Fallstricke wissenschaftlicher Forschung herausstellen, und die Werte, durch welche sie motiviert werden, offenlegen. Nur so hat sie eine Chance, erfolgreich für Vertrauen zu werben – Vertrauen, das sie durchaus verdient hätte: Denn auch wenn wissenschaftliche Theorien niemals ein Abbild der Realität sein können, haben wir gute Gründe dafür, anzunehmen, dass sie ihren wesentlichen Elementen und Strukturen häufig recht gut auf die Schliche kommen und dabei bessere Begründungsarbeit leisten, als die konkurrierenden Theorien aus anderen Kontexten.

Johannes Franzen nimmt in seinem Beitrag die Überzeugungskräfte der Geistes- und Sozialwissenschaften in den Blick. Diese scheinen durch die Bedrohung der Wissenschaftsleugner und sog. Querdenker keinen Legitimationsschub erhalten zu haben, denn: „Wer auf einem ‚March for Science' gegen den Autoritätsverlust der Wissenschaften demonstriert, meint damit wohl eher nicht Anglistik oder Philosophie."[16] Die Geistes- und Sozialwissenschaften müssten stattdessen all ihre Überzeugungskräfte aufbringen,

16 Johannes Franzen in seinem Beitrag zu diesem Band, S. 50.

um überhaupt für ihre Existenzberechtigung zu streiten. Und dabei scheinen sie in Widersprüche zu geraten, die bereits in der Selbsterzählung der Fächer konstitutiv angelegt zu sein scheinen. Denn zum einen fordert eine mediale Öffentlichkeit immer aggressiver populäre Breitenwirksamkeit ein, die von einem generellen Misstrauen gegenüber der gesellschaftlichen Relevanz der Geistes- und Sozialwissenschaften getragen ist, zum anderen aber scheint die geistes- und sozialwissenschaftliche Community selbst breitenwirksame Popularität zu verachten und sie mit einem Verlust wissenschaftlicher Integrität gleichzusetzen. Franzen hält diesen Widerspruch für unauflösbar, regt aber an, seine ausgesprochene *Produktivität* in den Vordergrund zu rücken, um die Überzeugungskräfte der Geistes- und Sozialwissenschaften zu stärken, ihn also als einen Motor zu begreifen, der die Fachdisziplinen immer schon angetrieben hat. „Die Prozesse, die die Überzeugungskräfte der Disziplinen bedrohen, sind oft die gleichen Prozesse, die diese Überzeugungskräfte stärken können."[17]

Auch *Roland Imhoff* macht am Beispiel von Verschwörungsnarrativen darauf aufmerksam, wie schwierig es ist, eine Grenze zwischen heterodoxem und orthodoxem Wissen zu ziehen. Die gängige Auffassung, dass Verschwörungsnarrative stets gesellschaftlich geächtete, heterodoxe Überzeugungen zum Inhalt haben, könne aus einer psychologischen Perspektive nicht aufrechterhalten werden. Sie sind und waren zu verschiedenen Zeiten und in verschiedenen Orten sogar mehr Mainstream als Randphänomene (*fringe*). Im Kern gehe es beim Verschwörungsglauben aber immer um ein Defizit an Vertrauen in gesellschaftlich vermitteltes Wissen, weshalb auch jede wie auch immer geartete Überzeugungsarbeit für die Wissenschaft gerade bei diesem Vertrauensdefizit ansetzen müsste.

Jutta Hübner stellt sich die Frage, worin die Überzeugungskraft alternativmedizinischer Angebote gegenüber denen der evidenzbasierten Medizin liegt. Sie legt anhand von 14 verschiedenen Erfolgsstrategien dar, welche Wege der Überzeugung die Alternativmedizin erfolgreich beschreitet und auf welche Weisen sie die Anforderungen einer evidenzbasierten Wirksamkeitsbeurteilung umgeht. Die Alternativmedizin ist nicht deshalb so erfolgreich, weil sie selbst Evidenzen vorzuweisen hat, sondern weil sie eine Lücke ausfüllt, die durch die Entwicklungen im Gesundheitssystem und den dominanten Fokus der wissenschaftlichen Medizin auf externe Evidenz und Statistikarbeit geschaffen wurde. Um von den Erfolgen der Alternativmedizin zu lernen,

17 Johannes Franzen in seinem Beitrag zu diesem Band, S. 71.

muss die Evidenzbasierte Medizin als eine Handlungswissenschaft stark gemacht werden, die stets auch Wertevorstellungen (epistemische und außer-epistemische) transparent macht sowie die interne Evidenz der ärztlichen Erfahrung mit einbezieht.

Pavla Schäfer untersucht im Anschluss daran die Sprache gegenwärtiger alternativmedizinischer Lehrbücher aus der Perspektive der linguistischen Vertrauensforschung. Das darin zum Ausdruck gebrachte Interesse an Individuen und individuellen Zuständen ist ein klassisches persuasives Element, das in medizinischen Lehrbüchern ungewöhnlich, ja ihrem Duktus geradezu entgegengesetzt ist, aber die Überzeugungskraft insbesondere der homöopathischen Lehrbücher – darin analog zur therapeutischen Praxis der Homöopathie – veranschaulicht. Anhand von Beispielen lädt sie dazu ein, Überzeugungskraft als das Resultat von Vertrauens-Beziehungen zu verstehen, die unabhängig vom Status einer Wissenschaft als heterodox oder orthodox Gültigkeit besitzen.

Xenia Steinbach führt anhand der frühen Konjunkturphase von Hormonen als medizinisches Erklärungsmodell in der Zwischenkriegszeit vor, wie eine noch in der Erforschung befindliche Hypothese in einer Zeit der Krise Antworten für gesellschaftliche Fragen zu geben scheint. Sie zeigt, wie die Informationen über die Wirkweise von Hormonen der Endokrinologie aus den Händen genommen und in der Presse zu einer populären Erzählung über die Natur der Geschlechter umformuliert werden. Die seit der Kaiserzeit in Bewegung geratenen Geschlechterkonzepte können damit vermeintlich unter Rückgriff auf Körpertatsachen stabilisiert werden. Die noch nicht in eine Orthodoxie überführte wissenschaftliche Hypothese wirkt überzeugend; man wendet sie auf gesellschaftliche Problemfelder an; die ihr zugehörigen Zweifel und Unsicherheiten werden dabei ebenso ausgeblendet wie die Abweichungen, die im wissenschaftlichen Experiment gegenüber dem gesellschaftlich anschlussfähigen Narrativ bestehen.

Luis Emilio López Maytorena und *Svana Stemmler* schließlich zeigen auf, inwiefern selbst die randständigsten heterodoxen Überzeugungen von einem Selbstverständnis der Rationalität getragen werden und sich gegen die vermeintliche Irrationalität eines orthodoxen Wissenskonsens richten. Auf der Grundlage einer Auswertung von Kommentarspalten und Foren in den Sozialen Medien rekonstruieren sie typische argumentative Denkfiguren heterodoxer Wissensdiskurse und machen so darauf aufmerksam, dass es nicht damit getan ist, diese Diskurse auf augenscheinliche Fehlschlüsse zurückzuführen. Es lohne sich vielmehr genauer hinzuschauen, welche – häufig auch außerepistemischen – Werte und propositionalen Einstellungen die Prämissen für typische Denkfiguren im Umfeld des *fringe* abgeben, um sie in ihrer stabilisierenden Funktion auf heterodoxe Überzeugungen verständlich machen und problematisieren zu können.

Wir bedanken uns bei der Heidelberger Akademie der Wissenschaften für ihre großzügige Projektförderung, welche die Tagung, die diesem Band vorausging, zuallererst ermöglicht hat, sowie bei den Universitätsbibliotheken Düsseldorf und Freiburg, welche durch ihre unkomplizierten Förderungen eine Open-Access-Publikation möglich machen konnten.

Überzeugungskräfte und die Überlagerung von Rand-Theorien

Michael D. Gordin

1 Einführung

Fast niemand hält nur an einer merkwürdigen Idee allein fest. Unter ‚merkwürdig' soll hier unkonventionell, unorthodox, der allgemeinen Meinung widersprechend verstanden werden. Da diese Beschreibungen aber häufig mit einem abwertenden Urteil verbunden sind, werde ich von nun an den Begriff ‚Rand-' (*fringe*) verwenden. Es gibt eine ganze Reihe von Beispielen solcher Randvorstellungen, die von der Idee, dass Lee Harvey Oswald bei der Ermordung von US-Präsident John F. Kennedy 1963 nicht allein gehandelt hat – insofern er nicht ohnehin nur ein Sündenbock war – bis hin zu der Überzeugung reichen, dass Außerirdische mit den Regierungen der Welt unter einer Decke stecken und die Gedanken von Dissidenten überwachen. Da wird eine ziemliche Bandbreite abgedeckt, und so verwundert es auch nicht, dass randständige Ideen unterschiedliche Grade von Seriosität aufweisen: Einige sind mit der Tätigkeit einer etablierten Universitätsprofessor:in vereinbar, während andere in höflicher Gesellschaft eher nicht offen diskutiert werden. Vielleicht glauben Sie keine der oben genannten Aussagen (vielleicht tendiert Ihr Geschmack nicht so zum Politischen hin), aber wenn Sie nicht so ungewöhnlich sind, dass Sie bei so gut wie allem völlig in der Mitte stehen, teilen Sie wahrscheinlich mindestens eine Rand-Idee. Wahrscheinlich eher mehr als eine.

In den letzten fünfundzwanzig Jahren habe ich mich intensiv mit der Geschichte, Philosophie und Soziologie einer bestimmten Art von Rand-Theorien beschäftigt: heterodoxe wissenschaftlichen Theorien, die von Mesmerismus und Phrenologie bis hin zur ESP-Forschung und zum Überlichtgeschwindigkeitsantrieb reichen.[1] Heterodoxe wissenschaftliche Theorien sind eine aufschlussreiche Untergruppe von Rand-Ideen. Die Wissenschaft ist

* Dieser Beitrag geht auf Überlegungen zurück, die bereits in meinem Aufsatz „Fringe Theories Stack" in *Aeon* (10. Februar 2022) dargestellt worden sind.

1 Michael D. Gordin: On the Fringe: Where Science Meets Pseudoscience. New York: Oxford University Press 2021, auf Deutsch unter dem Titel *Am Rande. Wo Wissenschaft auf Pseudowissenschaft trifft* (Übers. von Uwe Hebekus. Konstanz: Konstanz University Press 2022); und Michael D. Gordin: The Pseudoscience Wars: Immanuel Velikovsky and the Birth of the Modern Fringe. Chicago: University of Chicago Press 2012.

der Sitz einer enormen kulturellen Autorität, wenn es um Fragen der Wahrheit geht. Gleichwohl war die Natur so unfreundlich, uns den Schlüssel zur Lösung der wissenschaftlichen Probleme vorzuenthalten, so dass sich die Wissenschaftler:innen oft heftig über die richtigen Lösungen ihrer Probleme streiten – oder besser gesagt: die vorläufig richtigen Lösungen, wenn man die Grenzen unseres derzeitigen Verständnisses und der wissenschaftlichen Instrumente bedenkt. Die Wissenschaft ist auch ein Nährboden für heftige Auseinandersetzungen, ausgefochten zwischen hartnäckigen Überzeugungen am Rande der Wissenschaftlichkeit, die sich manchmal um ausgemusterte Lehren herum bilden. Die Geschichte der Astrologie, einst eine herausragende Domäne der frühneuzeitlichen Gelehrsamkeit, ist ein hervorragendes Beispiel dafür.[2]

Wissenschaftler:innen (und die Historiker:innen und Philosoph:innen, die sich mit ihnen befassen), haben sich zumeist davor gescheut, den Rändern zu viel Aufmerksamkeit zu schenken.[3] Sie finden sie unangenehm, vielleicht sogar peinlich, eine Ablenkung vom Studium der „echten Wissenschaft". Ich bin aus mehreren Gründen anderer Meinung. Dieser Band selbst ist ein hervorragender Indikator dafür, dass es von Nutzen ist, randständige Theorien ernst zu nehmen. Denn wenn man wissenschaftliche Überzeugungskräfte nur in Hinblick auf Ideen untersucht, die man selbst bereits für überzeugend hält, bekommt man ein schiefes Bild. Um ein vollständigeres Bild zu erhalten, muss man auch versuchen zu verstehen, warum die Theorien, die man selbst als nicht überzeugend – unlogisch, unsinnig, gar abstoßend – empfindet, für andere aber dennoch überzeugend sind. Wie wirken Überzeugungskräfte in diesen Fällen? Die Geschichte der Wissenschaft ist voll von Theorien, die einst akzeptiert waren, aber von der Allgemeinheit verworfen wurden, sowie von Lehren, die von der wissenschaftlichen Gemeinschaft von Anfang an dämonisiert wurden, aber dennoch weiterhin Anhänger haben oder manchmal sogar

---

2 Zur Astrologie in der Renaissance siehe Anthony Grafton: Cardanos Kosmos: Die Welten und Werke eines Renaissance-Astrologen. Übersetzt von Peter Knecht. Berlin: Berlin Verlag 1999; Darin Hayton: The Crown and the Cosmos: Astrology and the Politics of Maximilian I. Pittsburgh: University of Pittsburgh Press 2015.

3 Es gibt natürlich Ausnahmen. Aus den Reihen der Philosophie etwa Massimo Pigliucci und Maarten Boudry: Philosophy of Pseudoscience: Reconsidering the Demarcation Problem. Chicago: University of Chicago Press 2013; Massimo Pigliucci: Nonsense on Stilts: How to Tell Science from Bunk. Chicago: University of Chicago Press 2010. Für eine aktuelle historische Übersicht siehe Joshua Blu Buhs: Think to New Worlds: The Cultural History of Charles Fort and His Followers. Chicago: University of Chicago Press, 2024; Greg Eghegian: After the Flying Saucers Came: A Global History of the UFO Phenomenon. New York: Oxford University Press 2024.

an Popularität gewinnen. Die Geschichte des ‚wissenschaftlichen Kreationismus' in den Vereinigten Staaten ist ein hervorragendes Beispiel, auch wenn er in den letzten zwanzig Jahren ein wenig aus dem Rampenlicht verschwunden ist.[4]

Ein weiterer Punkt, der ebenso wichtig, wenn nicht noch wichtiger ist: randständige Vorstellungen über die Natur sind Teil des wissenschaftlichen Milieus, in dem wir leben, und man kann nicht behaupten, zu verstehen, wie Wissenschaft funktioniert, ohne eine umfassende Perspektive auf sie einzunehmen. Der Philosoph Ludwik Fleck hat in diesem Sinne schon vor fast einem Jahrhundert auf eine wesentliche Eigenschaft hingewiesen, die wissenschaftliche Theorien zusammenhält:

> Die Beharrungstendenz der Meinungssysteme beweist uns, daß sie gewissermaßen als Einheiten, als selbständige, stilvolle Gebilde zu betrachten sind. Sie sind nicht bloß Summe der Teilsätze, sie zeigen als harmonische Ganzheiten besondere Stilmerkmale, die jede einzelne Erkenntnisfunktion bestimmen und bedingen.
>
> Die Geschlossenheit der Systeme, die Wechselwirkungen zwischen dem Erkannten, dem zu Erkennenden und den Erkennenden verbürgen die Harmonie innerhalb des Systemes, gleichzeitig auch die Harmonie der Täuschungen, die dann im Bereiche eines bestimmten Denkstiles auf keine Weise aufzulösen ist.[5]

Flecks Analyse geht nicht davon aus, dass die fraglichen Theorien von den etablierten Wissenschaftler:innen als legitim angesehen werden. Vielmehr impliziert er eine grundlegende Symmetrie.

Schließlich tauchen einige interessante Rätsel auf, wenn man sich lange genug mit den Rändern der Wissenschaft beschäftigt. In diesem Aufsatz geht es um zwei von ihnen. Mit dem ersten haben wir diesen Text begonnen: die Feststellung, dass die meisten Anhänger:innen einer Rand-Theorie in der Regel mehr als nur einer von ihnen verpflichtet sind. Vielleicht fangen sie mit einer allein an, aber Rand-Theorien haben nicht die Angewohnheit, allein zu bleiben. Das zweite Rätsel ergibt sich, wenn man das erste genauer betrachtet. Die Anhäufung von Rand-Theorien ist oft nicht zufällig – sie hat eine Struktur: man kann sagen, Rand-Theorien schichten sich (*stack*).

---

4 Ronald L. Numbers: The Creationists: From Scientific Creationism to Intelligent Design. Cambridge/Mass.: Harvard University Press 2006.

5 Ludwik Fleck: Entstehung und Entwicklung einer wissenschaftlichen Tatsache. Berlin: Suhrkamp 2019 [1935], S. 53.

Die Aufschichtung oder Überlagerung ist ein bekanntes Konzept aus der Geschichte der Technik.[6] Als Spekulanten zu Beginn des 19. Jahrhunderts die ersten Eisenbahntrassen quer durch die Vereinigten Staaten legten, wählten sie die Strecken auf der Grundlage einer erwarteten Nachfrage, des Kapitalangebots, der Verfügbarkeit von Arbeitskräften und der Konturen der Landschaft. Wenn man wenig Arbeitskräfte, aber viel Land hat, ist es billiger, um den Berg herumzubauen, als einen Tunnel durch ihn zu graben. Als die nächsten Erbauer von Netzwerken Telegrafenkabel verlegten, war es sinnvoll, sie entlang der Eisenbahnschienen zu verlegen: Die Ausrüstung konnte leicht transportiert werden, und die Eisenbahnen verwendeten in großem Umfang Telegrafensignale zur Koordinierung des Verkehrs (John Gasts klassisches Gemälde „American Progress“ aus dem Jahr 1872, das die Aneignung des Landes der amerikanischen Ureinwohner durch die Siedler zeigt, verdeutlicht diesen Zusammenhang).[7] Raten Sie mal, welchen Weg die Haupt-Internetkabel nehmen?[8] Es gibt gute Gründe für diese Überlagerung technologischer Systeme: geteiltes Fachwissen, skalenbedingte Kostenvorteile, Verteilung der Verbraucher usw. In der Geistesgeschichte ist dieses Phänomen jedoch keineswegs weithin anerkannt.

Manchmal ist diese Schichtung und Überlagerung von Rand-Theorien eine recht offensichtliche Angelegenheit. Die Vorstellung, dass die Erde flach sei, und die, dass die Mondlandung von Apollo XI im Jahr 1969 auf einer Soundstage gefälscht wurde, sind konzeptionell unterschiedliche Überzeugungen. Nichts an der letzteren zwingt Sie dazu, die erstere zu glauben. Wenn Sie jedoch glauben, dass die Erde flach ist, müssen Sie davon ausgehen, dass die Errungenschaften der NASA Teil einer ausgeklügelten Verschwörung sind: Es gibt weder die Möglichkeit, zum Mond zu reisen, noch sind die Fotos einer kugelförmigen Erde aus dem Weltraum authentisch. Diese Rand-Theorien überlagern sich durch logische Verknüpfung. Rand-Theorien können auch eine gemeinsame politische Sensibilität aufweisen. Die Begeisterung des späten neunzehnten Jahrhunderts für den Spiritismus – die Kommunikation mit Geistern aus dem Jenseits durch Gruppen von Personen, die in einem schwach beleuchteten Raum um einen Séance-Tisch sitzen – ging einher mit

6 W. Patrick McCray: It’s Not All Lightbulbs. In: Aeon vom 12. Oktober 2016 (https://aeon.co/essays/most-of-the-time-innovators-don-t-move-fast-and-break-things).

7 Das Bild findet sich unter: https://picturinghistory.gc.cuny.edu/john-gast-american-progress-1872/.

8 Nathan Ensmenger: The Environmental History of Computing. In: Technology and Culture 59/4 (2018), S. S7–S33.

Sozialismus, Frauenwahlrecht und Vegetarismus.[9] Alle waren heterodoxe Theorien, die sich für die Befreiung von Unterdrückten einsetzten.

Manchmal sind die Zusammenhänge aber nicht offensichtlich, ja sogar kontraintuitiv. Um die Schichtung heterodoxer Theorien in diesen Fällen zu verstehen, müssen wir noch einmal zu dem ersten Rätsel zurückkommen: Warum kommen Rand-Theorien so selten allein?

2 Schichten und Überlagerungen: Das Loch-Ness-Monster und die Pandemien

Was macht eine Theorie zu einer ‚Randerscheinung'? Da Ideen nicht mit Zertifikaten auftreten, die ihren Gültigkeitsgrad angeben, verwenden wir Hilfsmittel. Ein typisches Hilfsmittel ist die Feststellung des Grades an Orthodoxie, ein Begriff, der aus dem Griechischen abgeleitet ist und „richtiger Glaube" bedeutet – womit die Vorstellung einhergeht, dass der gesellschaftliche Konsens auch eine Annäherung an die Richtigkeit einer Idee darstellt. Man kann sich leicht erklären, wie es zu dieser Vorstellung kommt: Viele Menschen glauben an x, weil x wirklich überzeugend ist, folglich spiegelt die Überzeugungskraft von x vielleicht auch seinen tatsächlichen epistemischen Wert wider. Leider ist der allgemeine Konsens aber kein besonders guter Indikator: Viele ehemals orthodoxe Ideen (denken Sie an die Idee der Rechtmäßigkeit der Sklaverei) haben sich als völlig falsch erwiesen, und gelegentlich setzen sich heterodoxe Ideen (z.B. die Keimtheorie) durch, die dann ihrerseits zu einer neuen Orthodoxie werden.[10] Was die Gesellschaft als heute gültigen Konsens akzeptiert, hat meist eine chaotische und dynamische Geschichte.

Es ist hilfreich, auf ein vereinfachendes räumliches Modell zurückzugreifen. Stellen Sie sich eine breite *Ebene* vor, die die Sammlung von Lehren, Ideen und Überzeugungen in einer bestimmten Kultur umfasst. In der Mitte befindet sich ein *Kreis* mit einem unscharfen *Rand*. Dieser Kreis stellt die Orthodoxie dar – die Gesamtheit der Überzeugungen, die als verbindlich und feststehend angesehen werden. Wir sind uns jedoch nicht ganz sicher, wo diese Verbindlichkeit endet, denn der Kreisumfang ist unscharf. Wenn wir uns vom Zentrum

---

9 Janet Oppenheim: The Other World. Spiritualism and Psychical Research in England, 1850–1914. Cambridge: Cambridge University Press 1985.

10 Näheres zu den Überzeugungskräften, die in diesen beiden Fällen walteten, findet sich bei Christopher Leslie Brown: Moral Capital: Foundations of British Abolitionism. Chapel Hill: University of North Carolina Press 2006; sowie Nancy Tomes: The Gospel of Germs: Men, Women, and the Microbe in American Life. Cambridge/Mass.: Harvard University Press 1998.

aus nach außen bewegen, nähern wir uns den Rändern. In den Randgebieten gibt es eine große Vielfalt. Hier können sehr rege wissenschaftliche Debatten geführt werden, wie etwa über die Auffassung der Geowissenschaftlerin Gerta Keller, dass ein massiver, umfassender Ausbruch des Dekkan-Vulkansystems und nicht ein einzelner, kolossaler Asteroideneinschlag für das Aussterben der Dinosaurier verantwortlich war.[11] Auch die Stringtheorie war früher hier zu finden, bevor sie näher an das Zentrum gerückt wurde.[12] Etwas weiter draußen trifft man auf die Parapsychologie und noch weiter weg auf den ‚wissenschaftlichen Kreationismus'.

Es kann beruhigend sein, in der Mitte des Kreises zu sitzen. Man ist umgeben von orthodoxen Überzeugungen, und wenn man diese befürwortet, fühlt man sich bestätigt. Der Rand hingegen ist verschwommen, und es ist schwer, aus dem Blickwinkel eines breiten Konsenses heraus zu erkennen, was die nahen, halbwegs seriösen Ränder von einigen der ausgefalleneren Überzeugungen trennen könnte. Besser, man hält sich an die Orthodoxie.

Nichtsdestotrotz wird man neugierig. Der Grund, warum Sie sich überhaupt auf dieser Ebene befinden, ist, dass Sie die Welt um sich herum verstehen wollen, um eine Weltsicht zu entwickeln, die nicht nur kohärent, sondern auch korrekt ist. Das bedeutet manchmal, dass man unangenehme Fragen stellen muss und noch unangenehmere Antworten erhält. Sie wagen sich ein wenig näher an die Ränder heran, da dies der Bereich sein muss, aus dem die *neuen* Ideen kommen. Vielleicht hat uns ein vertrauenswürdiger Bekannter auf einige Ungereimtheiten in der Mitte hingewiesen (unser Konsens ist alles andere als perfekt), und Sie finden einige andere Punkte eben überzeugend. Wenn Sie diesen einen Strang ein wenig weiter verfolgen, könnten Sie Antworten finden ... Sie haben es an den Rand geschafft! Machen Sie sich auf das gefasst, was als nächstes passiert.

In der Regel: nichts. Kein Donnerschlag und kein empörter Aufschrei. Sie sind immer noch Sie, aber ein Sie, das einen Aspekt des etablierten Wissens in Frage gestellt und eine befriedigendere, wenn auch heterodoxe, Erklärung gefunden hat. Das Ausbleiben einer Katastrophe stärkt Ihr Vertrauen, und weitere Ungereimtheiten nagen an Ihnen. Wir können den Bayes'schen Theoretikern der Entscheidungsfindung folgen und den Prozess als „Anpassung

11 Gerta Keller und Andrew C. Kerr (Hg.): Volcanism, Impacts, and Mass Extinctions: Causes and Effects. Boulder: Geological Society of America 2014.

12 Näheres zu den Debatten über die Legitimität der Stringtheorie findet sich bei Lee Smolin: The Trouble with Physics: The Rise of String Theory, the Fall of a Science, and What Comes Next. New York: Houghton Mifflin Harcourt 2006; sowie Peter Woit: Not Even Wrong: The Failure of String Theory and the Search for Unity in Physical Law. New York: Basic Books 2006.

der Apriori-Wahrscheinlichkeiten" bezeichnen, oder wir können es einfach als eine erhöhte Toleranz gegenüber den Seitenblicken betrachten, die man bekommt, wenn man neue Ansichten vertritt. Wie auch immer, Ihr Widerstand gegenüber den Rändern wird geringer.

Vielleicht ähnelt Ihr Weg dem von Henry H. Bauer, heute emeritierter Professor für Chemie und Wissenschaftsstudien und ehemaliger Dekan der *School of Arts and Sciences* an der Virginia Tech. Ausgebildet in Elektrochemie – ein durch und durch respektabler Wissenschaftszweig – war er auch fasziniert von einer Vielzahl von marginalisierten Themen und davon, was die Begriffe, die darin auftauchten, von denen unterschied, die er in seiner täglichen Arbeit anwendete. Im Jahr 1984 veröffentlichte er eine wissenschaftliche Analyse der Debatten über ein heterodoxes Lehrgebäude, die Theorien von Immanuel Velikovsky (über den wir gleich mehr erfahren werden).[13] Dann aber ging er über die bloß voyeuristische Neugier hinaus. Zwei Jahre später schrieb er *The Enigma of Loch Ness: Making Sense of a Mystery*, worin er Anhaltspunkte für die Existenz einer großen Wasserkreatur in den Tiefen dieses schottischen Sees rational nachvollziehbar darstellte und zudem die Gründe nannte, warum er persönlich von der Existenz von Nessie überzeugt war.[14] Im Jahr 2007 veröffentlichte er dann ein Buch, in dem er den Zusammenhang zwischen dem Humanen Immundefizienz-Virus (HIV) und AIDS in Frage stellte, eine Annahme, die von der öffentlichen Gesundheitsbehörde, Epidemiolog:innen, Virolog:innen und vielen Menschen, die an der Krankheit leiden, heftig kritisiert wurde.[15] Der Sprung von der Kryptozoologie zur heterodoxen Annahme über die Ursache einer globalen Gesundheitskrise war keineswegs notwendig. Aber es scheint so, als ob Schritt für Schritt eines zum anderen führte.

Manchmal ergibt sich die Häufung neuer Rand-Theorien eher zufällig. Im Frühsommer 2021 tauchten in den Massenmedien zwei heterodoxe Theorien gleichzeitig auf: die „Laborunfall"-Theorie über den Ursprung von SARS-CoV-2, dem Virus hinter der COVID-19-Pandemie, und die Berichte darüber, dass viele US-Militärpiloten unidentifizierte Luftphänomene gesehen haben, die die neue Bezeichnung UAP erhalten haben, um sie ein wenig von den Theorien über UFOs (unidentifiziertes Flugobjekt) zu unterscheiden, die unverkennbar

---

13 Henry H. Bauer: Beyond Velikovsky: The History of a Public Controversy. Urbana: University of Illinois Press 1984.

14 Henry H. Bauer: The Enigma of Loch Ness: Making Sense of a Mystery. Urbana: University of Illinois Press 1986.

15 Henry H. Bauer: The Origin, Persistence, and Failings of HIV/AIDS Theory. Jefferson: McFarland & Co. 2007. Näheres zu diesen Debatten findet sich bei Steven Epstein: Impure Science: AIDS, Activism, and the Politics of Knowledge. Berkeley: University of California Press 1996.

in den Bereich des randständigen Wissens gehören.[16] Die Debatten über diese beiden Theorien sind noch nicht abgeschlossen, insbesondere was die Frage betrifft, inwieweit SARS-CoV-2 zoonotisch ist (vermutlich wurde es von einem Tier, wahrscheinlich einer Fledermaus, auf einen Menschen übertragen), aber es besteht Einigkeit darüber, dass UAPs keine außerirdischen Besucher sind. Nichtsdestotrotz gab es hier eine sachliche Debatte, und viele Menschen vertraten beide Ideen gleichzeitig.

Diese Theorien überlagern sich nicht unbedingt, selbst wenn sie zusammen auftreten. Sie teilen kaum mehr als einen begrenzten Glauben an staatliche Vertuschungen und Fehler; ihre Anhängerschaft überschneidet sich nicht wesentlich. Für eine Überlagerung der Theorien ist etwas mehr erforderlich, wie ein ausführliches Beispiel zeigt.

3 Velikovsky und der kosmische Katastrophismus

1950 veröffentlichte Immanuel Velikovsky, ein russisch-israelischer Psychoanalytiker, der damals in New York City lebte, ein Buch mit dem Titel *Worlds in Collision*.[17] Das Buch stürmte an die Spitze der Bestsellerlisten. Velikovskys Behauptungen waren sensationell. Er argumentierte, dass man, wenn man die Mythen und Überlieferungen alter Zivilisationen nebeneinander stellt – vor allem die des Nahen Ostens, wie sie in der hebräischen Bibel, den ägyptischen Papyri oder den babylonischen Tontafeln zu finden sind, aber auch andere, die aus den indischen Veden oder chinesischen Legenden stammen -, eine überraschende Übereinstimmung von Phänomenen entdeckt: Feuer vom Himmel, Erdbeben und so weiter.

Als Velikovsky die Zeitachse anpasste (im Fall der Ägypter ziemlich drastisch), erkannte er darin immer dieselben Katastrophen, für die es seiner Ansicht nach also auch eine gemeinsame Ursache geben musste. Er behauptete, dass es sich um Naturkatastrophen handelte, die von einem Kometen verursacht wurden, der sich knapp der Erde näherte, den Planeten erschütterte und die menschlichen Zeugen in Angst und Schrecken versetzte, um sich dann schließlich wieder zu entfernen und zur Venus zu werden, unserem nächsten planetarischen Nachbarn. (Ähnliches geschah, Velikovsky zufolge, einige Jahrzehnte später mit dem Mars.) Das Sonnensystem wurde neu geordnet,

---

16 Julian E. Barnes: Spy Agencies Turn to Scientists as They Wrestle with Mysteries. In: The New York Times vom 9. July 2021, S. A12.

17 Eine detailliertere Darstellung der Debatte um Velikovsky findet sich in Gordin (2012): *The Pseudoscience Wars*.

während die Menschheit zusah, und das Trauma hat sich, so seine These, in die Weltkulturen eingebrannt.

Worlds in Collision war sehr lesenswert. Was es allerdings nach einhelliger Meinung der zeitgenössischen Astronomen nicht war, war gute Astronomie (oder Geologie oder Alte Geschichte). Einige Wissenschaftler:innen drohten damit, Velikovskys Verleger Macmillan zu boykottieren, der den Großteil seiner Einnahmen mit der Veröffentlichung wissenschaftlicher Bücher erzielte, so dass das Unternehmen diese heiße Ware an den Konkurrenten Doubleday abgab. Der Skandal förderte den Absatz, und Velikovsky war das Gesprächsthema der Saison. Die öffentliche Furore, die ihn umgab, ebbte anderthalb Jahrzehnte lang ab, wurde aber wiederbelebt, als sich die Gegenkultur der 1960er Jahre „Worlds in Collision" und seine späteren Begleitbände aneignete, um Mythos und Wissenschaft zu verbinden.[18] Eine Gruppe von Anhängern von Velikovskys Version des kosmischen Katastrophismus gründete sich, gab Fachzeitschriften heraus, die sich mit Aspekten seiner alternativen Chronologie und Orbitalmechanik befassten, und besuchte den Weisen selbst in seinem Haus in Princeton, New Jersey. Als Velikovsky 1979 starb, löste sich die Bewegung langsam auf.

Es besteht kein Zweifel, dass der kosmische Katastrophismus eine Rand-Theorie war. Kein Quäntchen von ihr wurde von der etablierten Wissenschaft je akzeptiert, obwohl Velikovskys Anhänger:innen behaupteten, seine Annahmen seien im Zeitalter der Raumfahrt bestätigt worden. Und wie wir bereits ahnen, neigten sie dazu, neben der Theorie der kollidierenden Welten noch an mindestens eine weitere heterodoxe Theorie zu glauben. Velikovsky behielt die fundamentalen Annahmen seiner eigenen Bewegung streng unter Kontrolle, und er züchtigte oder verbannte diejenigen, die versuchten, den kosmischen Katastrophismus mit Wilhelm Reichs Orgon-Theorie (zu freudfeindlich für den Psychoanalytiker) oder dem ‚wissenschaftlichen Kreationismus' (zu christlich) zu vermischen. Dennoch erlaubte er meist ein gewisses freies Denken, solange es den Rand des Bedrohlichen nicht überschritt.

Und viele Velikovskianer interessierten sich für andere Randideen. So war Albert W. Burgstahler, Chemieprofessor an der Universität von Kansas und engagierter Velikovskianer, ein entschiedener Gegner der Fluoridierung von Wasser.[19] Ein weiteres Interesse Burgstahlers, das erst ein Jahr vor seiner Emeritierung 1998 und lange nach dem Abflauen des Velikovskianismus

---

18 Carl Sagan führte die Astronomen an, die ihre Ablehnung zum Ausdruck brachten. Donald Goldsmith (Hg.): Scientists Confront Velikovsky. Ithaca: Cornell University Press 1977.

19 Zu Burgstahler und die Frage nach den Fluoriden siehe Bruce Spittle: Albert W. Burgstahler: A Titan in Flouride Research, 1928–2013. In: Flouride 46/4 (2013), S. 165–171.

ernsthaft begann, war die Skepsis gegenüber der Behauptung, William Shakespeare (1564–1616) aus Stratford-upon-Avon habe die ihm gemeinhin zugeschriebenen Stücke wirklich geschrieben. Dies scheint nicht gerade offensichtlich zum kosmischen Katastrophismus zu passen. Und doch kommt es zu dieser Überlagerung: Immer wieder findet man Velikovskianer (wenn auch nicht Velikovsky selbst), die Theorien einer alternativen Autorschaft von Shakespeares Werken vertraten. Diese Theorien sind zweifellos heterodox und widersprechen sich untereinander. Schon im 19. Jahrhundert wurden alternative Autoren vorgeschlagen, und heute werden am häufigsten der Politiker, Essayist und Wissenschaftsphilosoph Sir Francis Bacon (1561–1626), die Adligen Edward de Vere, 17. Earl of Oxford (1550–1604) und William Stanley, 6. Earl of Derby (1561–1642), sowie der Dramatiker Christopher Marlowe (1564–1593) genannt.[20]

Shakespeare-Skepsis überlagert sich mit kosmischem Katastrophismus. Um zu verstehen, warum, müssen wir ein Jahrhundert zurückgehen und uns der schillernden Figur des Ignatius Donnelly zuwenden.[21] Der 1831 als Sohn irisch-katholischer Einwanderer in Pennsylvania geborene Ignatius Donnelly wurde Rechtsanwalt und ließ sich 1857 in Dakota County im US-Bundesstaat Minnesota nieder. Dort gründete er eine gescheiterte utopische Gemeinde (Nininger City), diente als Vizegouverneur von Minnesota (1860–1863), wurde als Republikaner in den Kongress gewählt (1863–1869), diente anschließend mehrere Legislaturperioden als Abgeordneter und verfasste einige Bücher. Sie sind das, was uns hier interessiert. Im Jahr 1882 veröffentlichte er *Atlantis: The Antediluvian World* und ein Jahr später *Ragnarok: The Age of Fire and Gravel*. Darin vertrat er die Ansicht, dass eine außerirdische Katastrophe den Globus heimgesucht hatte (er ging von einer Kometenkollision aus), die Atlantis zerstörte – Donnelly ist es zu verdanken, dass dieses Thema in der modernen Kultur wiederbelebt wurde – und Spuren in den antiken Mythen hinterließ.[22] Das sollte Ihnen bekannt vorkommen.

So bekannt sogar, dass frühe Kommentatoren annahmen, Velikovsky habe seine Grundideen von diesem Vorläufer aus Minnesota übernommen. Velikovsky seinerseits behauptete, Donnelly nie gelesen zu haben. Er erwähnte

---

20 James Shapiro: Contested Will: Who Wrote Shakespeare? New York: Simon & Schuster 2010.

21 Martin Ridge: Ignatius Donnelly: The Portrait of a Politician. Chicago: University of Chicago Press 1962.

22 Martin Gardner schreibt Donnelly die Wiederbelebung der Atlantis-Idee zu, siehe Ders.: Fads and Fallacies in the Name of Science. New York: Dover 1957, S. 35–37. Zur längeren Geschichte dieser Ideen, siehe L. Sprague de Camp: Lost Continents: The Atlantis Theme in History, Science, and Literature. New York: Gnome Press 1954; sowie Sumathi Ramaswamy: The Lost Land of Lemuria: Fabulous Geographies, Catastrophic Histories. Berkeley: University of California Press 2004.

ebenfalls nie Donnellys Buch von 1888, das er möglicherweise auch nicht kannte: *The Great Cryptogram*, in dem behauptet wurde, man könne die Texte von Shakespeares Stücken entschlüsseln und ihren wahren Autor entdecken: Francis Bacon.

Warum überlagert sich der kosmische Katastrophismus mit dem Shakespeare-Skeptizismus? Eine Hypothese ist, dass Velikovskys Gefolgsleute Donnelly lasen, wodurch sie auf die älteren Debatten um Shakespeare aufmerksam wurden, die sich dann im bestehenden sozialen Netzwerk verbreiteten. (Nichtsdestotrotz schienen die meisten Velikovskianer, die eine Meinung zu diesem Thema hatten, de Vere als Autor zu bevorzugen.) Vielleicht gibt es aber auch eine subtilere Verbindung. Die Hauptmethode des Velikovskianischen kosmischen Katastrophismus besteht darin, in alten Mythen nach verborgenen Hinweisen auf die wahren naturgeschichtliche Ereignisse zu suchen; die Hauptmethode der Debatte über Shakespeares Urheberschaft besteht darin, die Stücke und Sonette nach verräterischen Spuren des wahren Dichters zu durchkämmen. Beides sind heterodoxe Entschlüsselungsoperationen. Die Inhalte der Theorien sind sehr unterschiedlich, die Methoden aber sehr ähnlich.

4 Popper und die Sonnenfinsternis

Der größte Teil der wissenschaftlichen Diskussion über Rand-Theorien befasst sich mit der Frage der ‚Abgrenzung': Kann man ein philosophisch tragfähiges Kriterium entwickeln, das es ermöglicht, die seriösen wissenschaftlichen Theorien von den ‚pseudowissenschaftlichen', die nur nach Wissenschaft aussehen, sauber zu trennen? Das „Falsifizierbarkeitskriterium" von Karl Popper hat in dieser Diskussion eine prominente Rolle eingenommen.[23] Popper, der in Wien, der Stadt, die der bekanntesten Schule des logischen Empirismus ihren Namen gab, ausgebildet wurde, wandte sich von den vorherrschenden philosophischen Schulen ab und entwickelte in seinen beiden einflussreichen Büchern *Logik der Forschung* (1934, überarbeitet und 1959 ins Englische übersetzt) und *Conjectures and Refutations* (1963) seinen eigenen Rahmen für das Verständnis wissenschaftlichen Denkens.[24] Popper behauptete, seine ersten Ideen zur Abgrenzung 1919 formuliert zu haben, als er siebzehn Jahre alt war.

23 Der Text in diesem Abschnitt basiert auf meiner Darstellung in Gordin (2022): *Am Rande*, Kapitel 1.

24 Zu Poppers Biographie siehe Malachi Haim Hacohen: Karl Popper. The Formative Years, 1902–1945: Politics and Philosophy in Interwar Vienna. Cambridge: Cambridge University Press 2000.

Er habe, so schreibt er, zwischen Wissenschaft und Pseudowissenschaft unterscheiden wollen, „knowing very well that science often errs, and that pseudoscience may happen to stumble on the truth."[25]

Aber wie soll das gehen? Die Ergebnisse einer britischen Expedition zur Untersuchung der Sonnenfinsternis vom 29. Mai 1919 lieferten die entscheidende Einsicht. Die Astronomen Arthur Eddington und Frank Dyson organisierten zwei Gruppen, die die Ablenkung des Sternenlichts um die Sonne messen sollten, um eine Prognose der allgemeinen Relativitätstheorie zu überprüfen, die kurz zuvor von Albert Einstein formuliert worden war. Eine der entscheidenden Vorhersagen Einsteins lautete, dass die Bahn des Lichts durch starke Gravitationsfelder gekrümmt wird und dass man während einer Sonnenfinsternis den genauen Grad der Krümmung des Lichts von Sternen, die sich hinter der Sonnenscheibe befinden, messen kann. Laut Eddington und Dyson entsprach die gemessene Krümmung eher der Einsteinschen Theorie als der Newtonschen Gravitation. Diese Nachricht erregte sofort internationales Aufsehen und machte Einstein zu einer weltweiten Berühmtheit.[26]

Popper war von Einsteins Vorhersage sehr beeindruckt. „Now the impressive thing about this case", schrieb er Jahrzehnte später, „is the risk involved in a prediction of this kind." Hätten die Messungen ergeben, dass Einstein sich geirrt habe, so Popper, wäre der Physiker gezwungen gewesen, seine Theorie fallenzulassen. Popper baute sein Abgrenzungskriterium auf der Kühnheit auf, Widerlegungen in Kauf zu nehmen: „One can sum up all this by saying that *the criterion of the scientific status of a theory is its falsifiability, or refutability, or testability*."[27] Dieses Abgrenzungskriterium ist bei weitem der bekannteste von Poppers philosophischen Beiträgen, obwohl es zunächst eher ein Seitentrieb war. Er präsentierte es zum ersten Mal 1953 bei einer vom British Council gesponserten Vorlesung in Peterhouse an der Universität Cambridge, und veröffentlichte es erst später in *Conjectures and Refutations*. Diese Formulierung seines Abgrenzungskriteriums aus der Zeit nach dem Zweiten Weltkrieg hat oft seine österreichischen Ursprünge verschleiert, während Popper in der Vorlesung noch seine historischen Wurzeln im Nachkriegs-Wien betonte.

Alle Abgrenzungskriterien sind darauf angelegt, etwas auszuschließen. Obwohl Popper erklärte, sein Ziel sei es, Einsteins Leistung zu erklären, wollte

---

25 Karl Popper: Science. Conjectures and Refutations. In: Conjectures and Refutations: The Growth of Scientific Knowledge. New York: Routledge 2002 [1963], S. 44.

26 Daniel Kennefick: No Shadow of a Doubt: The 1919 Eclipse that Confirmed Einstein's Theory of Relativity. Princeton: Princeton University Press 2019.

27 Popper (2002): Science. Conjectures and Refutations, S. 47–48 (Hervorhebung im Original).

er in Wirklichkeit zeigen, warum die Psychoanalyse (und auch der Marxismus) *nicht* wissenschaftlich seien. Diese Theorien wurden in seinem Wiener Milieu aufgrund einer logisch-empirischen Theorie namens Verifikationismus weithin als „wissenschaftlich" angesehen. Nach dieser Auffassung ist eine Theorie wissenschaftlich, wenn sie durch empirische Daten verifiziert wird.

Für Popper war diese Bedingung völlig unzureichend. Es gebe eine Fülle von Daten, die die Psychoanalyse zu bestätigen scheinen, behauptete er. Jedes Datum über Persönlichkeiten könnte ein weiterer Ziegelstein im Gebäude der Bestätigung für Freud sein, genauso wie jedes Ereignis in der Politik oder Wirtschaft scheinbar marxistische Theorien wie die Zentralität des Klassenkonflikts in der Geschichte oder den Mehrwert der Arbeit weiter bestätigte. Für Popper bedeutete dies, dass die logischen Empiristen die Dinge von der falschen Seite her betrachteten. Die Frage war nicht, ob eine Theorie bestätigt wurde – alles konnte als Bestätigung interpretiert werden, wenn man die Theorie flexibel genug formulierte. Es ging darum, ob es möglich war, die Theorie zu falsifizieren. Gab es irgendeine denkbare Beobachtung, die, sollte sie festgestellt werden, dazu führen würde, dass Freudianer oder Marxisten zugeben müssten, dass ihre Theorien falsch waren? Wenn die Antwort nein lautete, handelte es sich nicht um Wissenschaften.

Der Reiz des Falsifikationismus liegt auf der Hand. Er liefert ein klares Abgrenzungsmerkmal und belohnt einen Wagemut, den wir in der Wissenschaft gern häufiger sehen würden. Aber wie gut funktioniert er? Die kurze Antwort lautet: nicht sehr gut. Wissenschaftsphilosoph:innen haben dies fast sofort erkannt, und zwar aus zwei Hauptgründen. Erstens ist es schwierig, festzustellen, ob man eine Theorie tatsächlich falsifiziert hat. Dies ist weitgehend eine Wiederholung eines Einwands, den Popper selbst gegen den Verifikationismus vorgebracht hat. Wie kann man feststellen, dass eine Beobachtung tatsächlich eine Bestätigung einer Theorie darstellt? Nun, man interpretiert sie innerhalb ihres Rahmens, und manchmal führen diese Interpretationen zu den beklagenswerten Verzerrungen, die Popper anprangerte. Aber das Gleiche gilt natürlich auch für die Falsifizierung einer Theorie. Nehmen wir an, Sie führen in Ihrem Labor ein Experiment durch, um eine Theorie zu testen, die vorhersagt, dass Ihr Faktenmessgerät unter bestimmten Bedingungen einen Wert von 32,8 anzeigen sollte, und Sie erhalten ein Ergebnis von 5,63. Was tun Sie nun? Sollten Sie zu den Fachzeitschriften rennen und den Tod dieser Theorie verkünden?

Nicht so hastig! Woher wissen Sie, dass Ihr Versuchsergebnis akkurat war? Vielleicht liegt der Grund dafür, dass Sie den Wert 32,8 nicht erhalten haben, darin, dass Ihr Faktenmessgerät nicht richtig funktioniert hat, oder Sie haben das Experiment nicht unter den richtigen Bedingungen durchgeführt. Kurz gesagt, es ist selten, dass man ein Ergebnis wie bei der Sonnenfinsternisexpedition von 1919 erhält, bei dem der Daumen nach oben oder nach unten zeigt.[28] Wenn jedes widersprechende Ergebnis eine Theorie ungültig machen würde, dann wäre jeder Grundsatz der modernen Wissenschaft bereits von Schülern der Mittelstufe falsifiziert worden, denen es nicht gelang, völlig unkontroverse Standardexperimente zu reproduzieren. Das ist eindeutig Unsinn. Es klingt zwar nach einer guten Idee, auf die Falsifizierbarkeit von Beobachtungen zu bestehen, aber es ist alles andere als einfach, festzustellen, wann genau eine solche Falsifikation eingetreten ist – und dadurch geht der ganze Witz einer klaren Linie wieder verloren.

Das zweite Problem mit Poppers Vorschlag hat mit den tatsächlichen Abgrenzungen zu tun, die er uns liefert. Das Mindeste, was wir von einem Abgrenzungskriterium erwarten sollten, ist, dass es die Theorielandschaft an den richtigen Stellen unterteilt. Wir wollen, dass unser Kriterium jene Theorien als wissenschaftlich anerkennt, die allgemein als Aushängeschilder der heutigen Wissenschaft akzeptiert werden, wie etwa die Quantenphysik, die natürliche Selektion der Arten und die Plattentektonik. Gleichzeitig wollen wir, dass unser Kriterium Lehren wie Astrologie und Wünschelrutengehen ausschließt. Poppers Falsifizierbarkeitsstandard ist in dieser Hinsicht nicht besonders hilfreich. Zunächst einmal ist es schwierig, die ‚historischen' Naturwissenschaften wie Evolutionsbiologie, Geologie oder Kosmologie – also jene Bereiche, in denen wir im Labor nicht ‚das Band noch einmal laufen lassen' können – ausschließlich im Hinblick auf falsifizierbare Behauptungen darzustellen. Diese Wissenschaften liefern überzeugende Erklärungen der Natur durch die Gesamtheit einer narrativen Kette von kausalen Schlussfolgerungen und nicht durch eine Reihe von empirischen Ja-Nein-Bewertungen. Damit schließt Popper versehentlich wichtige Bereiche der heutigen Wissenschaft aus.

Aber hinsichtlich der Inklusion ist die Lage sogar noch schlimmer. Die Schwierigkeit wurde von dem Wissenschaftsphilosophen Larry Laudan in einem einflussreichen Artikel aus dem Jahr 1983 pointiert formuliert. Poppers Kriterium, schrieb er

> has the untoward consequence of countenancing as „scientific" every crank claim that makes ascertainably false assertions. Thus flat Earthers, biblical

---

28 Tatsächlich waren die Ergebnisse dieser Expedition viel zweideutiger, als Eddington sie erscheinen ließ. Es dauerte mehrere Jahre, bis absolut unbestreitbare Ergebnisse zur Unterstützung der allgemeinen Relativitätstheorie erzielt wurden, vor allem von Observatorien in Kalifornien. Jeffrey Crelinstein: Einstein's Jury: The Race to Test Relativity. Princeton: Princeton University Press 2006.

> creationists, proponents of laetrile or orgone boxes, Uri Geller devotees, Bermuda Triangulators, circle squarers, Lysenkoists, charioteers of the gods, perpetuum mobile builders, Big Foot searchers, Loch Nessians, faith healers, polywater dabblers, Rosicrucians, the-world-is-about-to-enders, primal screamers, water diviners, magicians, and astrologers all turn out to be scientific on Popper's criterion – just so long as they are prepared to indicate some observation, however improbable, which (if it came to pass) would cause them to change their minds.[29]

Laudans Kritik ging noch weiter: Jedes eindeutig propositionale oder semantische Kriterium – d.h. jede Art von Test, der sich (wie Poppers) ausschließlich auf die propositionalen Aussagen der Wissenschaft bezieht, ohne ihre soziohistorische Entstehung mit in den Blick zu nehmen – wäre zwangsläufig zum Scheitern verurteilt. Er fuhr fort, das Abgrenzungsproblem als Pseudoproblem zu bezeichnen. Diese Behauptung verärgerte viele Philosoph:innen, die darauf bestanden, dass es eine wichtige Frage in der Wissenschaftstheorie bleibe, was als Wissenschaft zu gelten habe, und was nicht. Doch die Tatsache, dass Laudan ein wenig übereifrig formuliert hat, entkräftet seine Aussage nicht: Poppers Kriterium schließt viele der Lehren, die wir gerne an den Rand der Wissenschaft verbannt sähen, nicht aus. Im Gegenteil, Kreationisten und UFO-Forscher zitieren oft Popper, um zu behaupten, dass ihre eigenen Positionen wissenschaftlich und die ihrer Gegner pseudowissenschaftlich sind.

5 Schluss

Die Debatte um Popper hat für eine wissenschaftstheoretische Ermüdung gesorgt. Wenn man die Abgrenzung beiseite lässt und die Rand-Theorien als Bestandteile einer geistesgeschichtlichen Gesamtheit betrachtet, kommen andere Phänomene zum Vorschein.

Rand-Theorien sind nicht wirklich randständig in dem Sinne, dass sie für ihre Kultur, einschließlich der unseren, marginal sind. Sie sind nur marginal aus der Sicht der intellektuellen (oder wissenschaftlichen) Orthodoxie. Ob die Skepsis nun die Pflichtimpfungen gegen Covid-19 betrifft (assoziiert mit der politischen Rechten) oder die vielfach widerlegte Verbindung der MMR-Impfung mit Autismus (assoziiert mit der Linken), oder die Leugnung des Klimawandels, oder QAnon, oder den Gonzo-Futurismus eines Elektroauto-Unternehmers, es

29 Larry Laudan: The Demise of the Demarcation Problem. In: But Is It Science? The Philosophical Question in the Creation/Evolution Controversy. Hg. von Michael Ruse. Amherst/NY: Prometheus Books 1988, 346.

gibt eine gewaltige Menge an Randerscheinungen, die das Zentrum unseres konzeptionellen – und zunehmend politischen – Raums einnehmen. Angesichts der weit verbreiteten Tendenz der Menschen, ihre Informationen aus bestimmten, oft parteiischen oder zumindest gleichgesinnten sozialen Netzwerken, Publikationen, Privatfernsehen und Radiosendungen zu beziehen, können Theorien, die in einem dieser Netzwerke entstehen, schnell über die verschiedenen Plattformen wandern und auf dem Weg dorthin viele Anhänger:innen finden. Es lohnt sich, Rand-Theorien Aufmerksamkeit zu schenken und zu versuchen, sie zu verstehen. Dieser Aufsatz ist ein Versuch, dieses Verständnis zu erweitern.

Grundsätzlich müssen wir erkennen, dass Rand-Theorien nicht einfach nur Theorien sind. Wie in der Wissenschaft gibt es auch in den Randbereichen komplexe, miteinander verknüpfte soziale Substrukturen. Die Theorien dienen als Quellen der Identität und als soziale Magneten. Sie geben dem Weltbild ihrer Anhänger:innen einen Sinn, ähnlich wie der orthodoxe wissenschaftliche Konsens. Die Menschen, die sich für Rand-Theorien interessieren, erkennen vielleicht, dass sie heterodoxe Annahmen vertreten, aber sie glauben auch, dass sie in einem wesentlichen Sinne recht haben oder wahrscheinlich irgendwann recht bekommen werden. (Wahrscheinlich denken Sie das Gleiche über die unkonventionellen Ideen, die Sie selbst vertreten.) Diese Menschen sind verständlicherweise daran interessiert, ihre Ideen mit Gleichgesinnten zu diskutieren. Die Zusammenkunft von Gleichgesinnten, die gemeinsam Überzeugungskraft ausüben, ist die Grundlage dafür, dass sich ein Konsens ausbildet. So haben wir auch unseren gebildet.

Aus dem Englischen übersetzt von Mathis Lessau und Hans-Christian Riechers

Überzeugungsarbeit für die Wissenschaften – was, warum und wie?

Claus Beisbart

Gemäß dem jüngsten Sachstandsbericht des Weltklimarats geht die derzeit beobachtbare Erwärmung des Klimas mit hoher Wahrscheinlichkeit hauptsächlich auf den Menschen zurück.[1] Demgegenüber halten etwa 38% der amerikanischen Bevölkerung natürliche Schwankungen des Klimas für die Hauptursache der Klimaerwärmung.[2] Auch in Europa werden wissenschaftliche Ergebnisse recht häufig bezweifelt oder sogar explizit verneint. Zwar genießen Wissenschaft und Forschung gemäß dem sog. Wissenschaftsbarometer in Deutschland hohes Vertrauen. Doch geben aktuell immerhin 9% der deutschen Bevölkerung an, Wissenschaft und Forschung nicht oder eher nicht zu vertrauen.[3] Gerade in den sozialen Medien, welche für die Informationsbeschaffung vieler Menschen zunehmend wichtig sind, finden sich viele Posts, welche Einsichten der Wissenschaften zu Themen wie Impfungen oder Evolution in Abrede stellen.[4]

Aus Sicht all jener, die wissenschaftlich tätig sind oder auch nur den Wissenschaften vertrauen, liegt es daher nahe, Überzeugungsarbeit für die Wissenschaften zu fordern. Es müssten dann Anstrengungen unternommen werden, Überzeugungskräfte für die Wissenschaften zu mobilisieren. Diese Überzeugungskräfte sollten dann auch diejenigen Menschen, die den Wissenschaften nicht vertrauen, von den Ergebnissen wissenschaftlicher Forschung überzeugen. Ein Beispiel solcher Überzeugungsarbeit liefert die Wissenschaftshistorikerin Naomi Oreskes mit ihrem Buch „Why trust science?".[5] Wie

1 IPCC: Summary for Policymakers. In: Climate Change 2021: The Physical Science Basis. Contribution of Working Group I to the Sixth Assessment Report of the Intergovernmental Panel on Climate Change. Hg. von Valérie Masson-Delmotte u.a. Cambridge und New York: Cambridge University Press, S. 3–32, hier S. 5.

2 Lydia Saad: A Steady Six in 10 Say Global Warming's Effects Have Begun, https://news.gallup.com/poll/474542/steady-six-say-global-warming-effects-begun.aspx, 20. April 2023.

3 Wissenschaftsbarometer 2024, https://wissenschaft-im-dialog.de/projekte/wissenschaftsbarometer/#erhebung-2024, letzter Aufruf am 15. Januar 2025.

4 S. dazu etwa Emma Frances Bloomfield und Denise Tillery: The Circulation of Climate Change Denial Online: Rhetorical and Networking Strategies on Facebook. In: Environmental Communication 13/1 (2019), S. 23–34.

5 Naomi Oreskes: Why Trust Science? Princeton: Princeton University Press, 2021.

 | DOI:10.30965/9783846769324_003

der Titel des Buchs anzeigt, wirbt sie darin für Vertrauen in die Wissenschaften. Ihre Argumentation fasst sie wie folgt zusammen:

> We have an overall basis for trust in the processes of scientific investigation, based on the social character of scientific inquiry and the collective critical evaluation of knowledge claims. And this is why, ex ante, we are justified in accepting the results of scientific analysis by scientists as likely to be warranted.[6]

Doch was genau können wir eigentlich unter „Überzeugungsarbeit für die Wissenschaft" verstehen? Inwiefern ist solche Überzeugungsarbeit sinnvoll und wie könnte sie aussehen? Mit welchen Einwänden und Problemen muss sie sich auseinandersetzen? Ziel meines Beitrags ist es, diese Fragen mit wissenschaftsphilosophischen Überlegungen zu beantworten. Dabei ist die Wissenschaftsphilosophie insofern einschlägig, als diese Teildisziplin der Philosophie schon immer klären soll, was Wissenschaftlichkeit ist und welche Einstellung wir zu den Wissenschaften einnehmen sollten.

Mein Aufsatz ist wie folgt aufgebaut: Abschnitt x.1 umreißt, was unter Überzeugungsarbeit für die Wissenschaft gemeint sein könnte und im Folgenden dann gemeint sein soll. Abschnitt x.2 diskutiert, wie Überzeugungsarbeit erfolgen kann. Abschnitt x.3 widmet sich schließlich zwei Einwänden gegen Überzeugungsarbeit für die Wissenschaften. In Abschnitt x.4 ziehe ich ein Fazit.

Es geht mir in diesem Aufsatz nicht primär darum, selbst Überzeugungsarbeit für die Wissenschaften zu leisten. Vielmehr ist die Überzeugungsarbeit hier Thema einer wissenschaftsphilosophischen Reflexion. Dabei setze ich nicht von Vornherein voraus, dass Überzeugungsarbeit für die Wissenschaften sinnvoll ist. Allerdings leitet mich eine vortheoretische Sympathie für diese Überzeugungsarbeit. Ich werde daher versuchen, Überzeugungsarbeit für die Wissenschaften so zu denken, dass sie ein vernünftiges Unterfangen ist.

1 Was ist Überzeugungsarbeit für die Wissenschaften?

Der Ausdruck „Überzeugungsarbeit für die Wissenschaften" ist kaum gebräuchlich. Daher wäre es wenig aussichtsreich, genau erfassen zu wollen, was er im Alltag bedeutet. Vielmehr muss es im Folgenden darum gehen, den Ausdruck sinnvoll mit Inhalt zu füllen.

Ein Wörterbuch definiert Überzeugungsarbeit immerhin naheliegenderweise als „Bemühung (meist im politischen Bereich), um andere von etw. zu

6 Oreskes (2021): Why Trust Science?, S. 68.

überzeugen."[7] Das Ziel der Überzeugungsarbeit ist demgemäß, dass andere Menschen zu bestimmten Überzeugungen gelangen, von denen sie zuvor nicht überzeugt waren. Bei der Überzeugungsarbeit *für die Wissenschaften* muss es weiterhin letztlich um Überzeugungen gehen, die es mit den Wissenschaften zu tun haben. Dabei ist es naheliegend, die Ergebnisse der Wissenschaften in den Blick zu nehmen. Ausgangspunkt unserer Überlegungen war denn ja auch die Beobachtung, dass wissenschaftliche Ergebnisse verleugnet werden. Dabei liegt ein wissenschaftliches Ergebnis noch nicht vor, wenn eine einzelne forschende Person eine These aufstellt. Vielmehr geht es um Inhalte, die von einer wissenschaftlichen Gemeinschaft weitgehend im Konsens akzeptiert werden.

Nun kann Überzeugungsarbeit für die Wissenschaften nicht einfach darin bestehen, andere Menschen von konkreten wissenschaftlichen Ergebnissen zu überzeugen. Denn man kann dies tun, ohne vom Umstand Gebrauch zu machen, dass es sich um wissenschaftliche Ergebnisse handelt. Ich kann etwa versuchen, eine andere Person davon zu überzeugen, dass sich das Klima erwärmt, indem ich geeignete Daten zeige oder auf die Lebenserfahrung der anderen Person verweise. Das wäre dann aber keine Überzeugungsarbeit für die Wissenschaften. Denn diese müsste ja auf die Wissenschaftlichkeit der Ergebnisse Bezug nehmen. Die Allgemeinheit, mit welcher der Ausdruck „Überzeugungsarbeit für die Wissenschaften" von den Wissenschaften spricht, legt zudem nahe, dass es gar nicht um einzelne wissenschaftliche Ergebnisse geht.

Daher müssen wir Überzeugungsarbeit für die Wissenschaften als Versuch deuten, bei anderen Menschen die allgemeinere Einstellung oder Neigung zu erwirken, wissenschaftliche Ergebnisse für wahr zu halten. Wir können diese Einstellung im Folgenden Vertrauen in die Wissenschaften nennen.[8] Dabei handelt es sich natürlich nicht um personales Vertrauen, das oft in persönlichen Beziehungen zwischen Menschen und weniger in rationalen Gründen wurzelt.

Überzeugungsarbeit zielt dann also nicht auf einzelne Überzeugungen, sondern die Überzeugungsbildung einer Person. Sie möchte die allgemeine Neigung erzeugen, etwas zu glauben, wenn man hört, dass es sich dabei um ein wissenschaftliches Ergebnis handelt. Weil sich Überzeugungsarbeit im so definierten Sinn nicht auf konkrete wissenschaftliche Ergebnisse bezieht,

---

7 DWDS: Überzeugungsarbeit. https://www.dwds.de/wb/%C3%9Cberzeugungsarbeit?o=%C3%BCberzeugungsarbeit, letzter Aufruf 2. Janaur 2025.

8 S. dazu Claus Beisbart: Vertrauen in die Wissenschaften – was ist das und welche Grundlage hat es? In: Weshalb auf die Wissenschaft hören? Hg. von Andreas Bartels und Dennis Lehmkuhl. Berlin, Heidelberg: Springer 2022, S. 63–94.

kann sie nicht einfach nachzeichnen, wie Forschende ein konkretes Resultat begründen, und die entsprechenden Belege beschreiben, die in der Forschung gefunden wurden. Dennoch hängt die Überzeugungsarbeit für die Wissenschaften letztlich davon ab, dass die Wissenschaften ihre Ergebnisse im Einzelfall mit Überzeugungskraft ausstatten. Überzeugungsarbeit für die Wissenschaften kann Überzeugungskraft nicht ex nihilo generieren, sondern nur aufzeigen, wo Überzeugungskräfte wirken.

Mit ihrem Verweis auf den politischen Bereich legt unsere Definition aus dem Lexikon nahe, dass sich die Überzeugungsarbeit häufig auf politische Überzeugungen bezieht. Das sind insbesondere Überzeugungen, nach denen ein bestimmtes politisches Handeln richtig oder falsch, wünschenswert oder unangemessen ist. Überzeugungsarbeit für die Wissenschaften kann aber sinnvollerweise nicht auf die Neigung abzielen, bestimmte politische Überzeugungen zu bilden. Denn viele Wissenschaften arbeiten ihrem Selbstverständnis nach nicht auf Ergebnisse hin, welche Inhalte solcher politischen Überzeugungen sein könnten. Das folgt etwa, wenn man wie Max Weber davon ausgeht, dass die Ergebnisse wissenschaftlicher Forschung keine Wertungen vornehmen oder enthalten, politische Überzeugungen aber sehr wohl eine wertende Komponente haben.[9] Die Klimaforschung kann zum Beispiel feststellen, welche Folgen sich einstellen, wenn sich das Erdklima um mehr als 1,5° erwärmt, aber die Bewertung dieser Folgen und die Zielsetzung, die Erwärmung unter 1,5° zu halten, sind Sache der Politik. Wenn das richtig ist, dann muss die Einstellung, auf welche die Überzeugungsarbeit für die Wissenschaften hinwirkt, mit dem zu tun haben, was auf Englisch „belief" heißt und was man auf Deutsch etwa als Für-wahr-Halten oder Glauben (in einem nicht-religiösen Sinn) bezeichnen kann. Überzeugungen in diesem Sinn können wahr oder falsch sein und zielen letztlich darauf ab, bestehende Tatsachen wiederzugeben.[10] Überzeugungsarbeit für die Wissenschaften ver-

---

9 Etwa Max Weber: Geistige Arbeit als Beruf. Vorträge vor dem Freistudentischen Bund. München, Leipzig: Duncker und Humblot 1919. Hier zitiert nach: Ders.: Wissenschaft als Beruf. Stuttgart: Reclam 1995. Webers Auffassung ist damit vereinbar, dass die Praxis wissenschaftlicher Forschung von Werten beeinflusst wird. S. dazu Kevin C. Elliott: A Tapestry of Values: An Introduction to Values in Science. New York: Oxford University Press 2017; und Claus Beisbart: Wertfreie Wissenschaft in der Krise? Was taugt Webers Ideal in Zeiten einer Pandemie? In: Wissensproduktion und Wissenstransfer unter erschwerten Bedingungen. Der Einfluss der Corona-Krise auf die Erzeugung und Vermittlung von Wissen im öffentlichen Diskurs. Hg. von Rico Hauswald und Pedro Schmechtig. Baden-Baden: Nomos 2022, S. 117–147.

10 Wenn es normative Tatsachen gibt, wie der moralische Realismus annimmt, dann muss es im Folgenden genauer um Überzeugungen über nicht-normative Tatsachen gehen. Zu ‚belief' s. etwa I. Lloyd Humberstone: Direction of Fit. In: Mind 101/401 (1992), S. 59–83.

folgt dann das Ziel, die Neigung auszubilden, wissenschaftliche Ergebnisse zu Tatsachenfragen zu glauben, d.h. beispielsweise für wahr zu halten, dass der Klimawandel menschengemacht ist. In jedem Fall ist es naheliegend, die Überzeugungsarbeit für die Wissenschaften auf Inhalte zu beschränken, welche sich im Prinzip wissenschaftlich etablieren lassen.

Wenn wir die Überzeugungsarbeit für die Wissenschaften nicht in dieser Weise einschränken, dann wäre diese Arbeit problematisch. Sie müsste sich dann den Vorwurf des Szientismus gefallen lassen, also den Vorwurf, dass den Wissenschaften Aufgaben zugetraut werden, die sie allein nicht lösen können. So können die Wissenschaften allein nicht die Frage beantworten, wie die Politik auf eine Pandemie reagieren sollte. Erkenntnisse aus der Virologie oder Epidemiologie liefern zwar Informationen darüber, welche Folgen Maßnahmen wie Kontaktbeschränkungen oder Lockdowns haben. Aber eine Entscheidung über die Maßnahmen muss auch auf Werturteilen darüber beruhen, wie gut oder schlecht diese Folgen sind, und daher der Politik überlassen bleiben. Überzeugungsarbeit für die Wissenschaften sollte daher sinnvollerweise nicht so verstanden werden, dass sie den Wissenschaften die Zuständigkeit für die Lösung politischer Probleme zuschreibt. Ein entsprechender Szientismus und eine unangemessene „Epistemisierung des Politischen" wurden in den letzten Jahren mit Recht kritisiert.[11]

Wenn es Überzeugungsarbeit mit der Bildung von Überzeugungen im Sinne von „beliefs" zu tun hat, dann kann sie sich nur auf diejenigen Ergebnisse wissenschaftlicher Forschung beziehen, die sich als Aussagen ausdrücken lassen und daher Gegenstand von Überzeugungen werden können. Nun zielen viele Wissenschaften, gerade die Geisteswissenschaften, auch darauf, Phänomene, geschichtliche Prozesse oder Kulturgüter zu verstehen. Dieses Verstehen erschöpft sich nicht in ein paar Aussagen.[12] Daher lässt die hier definierte Überzeugungsarbeit das wissenschaftliche Verstehen außen vor. Man könnte den Begriff „Überzeugungsarbeit" natürlich so dehnen, dass er auch auf eine angemessene Einstellung gegenüber Verstehen zielt, aber darauf verzichte ich in diesem Aufsatz und klammere entsprechend das Verstehen aus.

---

11 Das Schlagwort stammt von Alexander Bogner: Die Epistemisierung des Politischen. Wie die Macht des Wissens die Demokratie gefährdet. Stuttgart: Reclam ^{4}2023. S. auch Peter Strohschneider: Wahrheiten und Mehrheiten. Kritik des autoritären Szientismus. München: C.H. Beck 2024.

12 Zum Verstehen s. etwa Christoph Baumberger, Claus Beisbart und Georg Brun: What Is Understanding? An Overview of Recent Debates in Epistemology and Philosophy of Science. In: Explaining Understanding. New Perspectives from Epistemology and Philosophy of Science. Hg. von Stephen Grimm, Christoph Baumberger und Sabine Ammon. New York: Routledge 2016, S. 1–34.

In unserer Alltagssprache wird das Wort „überzeugen" manchmal mit „überreden" kontrastiert. Denn nicht jeder Versuch, eine andere Person zu einer Überzeugung oder zu einer bestimmten Einstellung zu bringen, zählt als Überzeugen. Wenn ich beispielsweise eine andere Person durch den geschickten Einsatz rhetorischer Mittel so blende, dass sie zu einer bestimmten Überzeugung gelangt, dann zählt dieser Vorgang nicht als Überzeugen. Vielmehr überzeuge ich eine andere Person nur, indem ich sie dazu bringe, eine Überzeugung oder Einstellung auf vernünftige Weise oder auf der Basis einschlägiger Gründe auszubilden. Das Überzeugen kann daher nur darin bestehen, dass wir der anderen Person zusätzliche Gründe liefern, eine Überzeugung oder eine andere Einstellung auszubilden, oder dass wir Überlegungen, welche gegen die Überzeugung oder Einstellung sprechen, mit guten Gründen relativieren oder ausschalten. Dabei unterstelle ich aber nicht, dass eine Person, die eine andere überzeugen will, deswegen schon Recht hat.

Insgesamt können wir also unter Überzeugungsarbeit für die Wissenschaften all jene Versuche verstehen, andere Menschen auf der Basis einschlägiger Gründe dazu zu bringen, Vertrauen in die Wissenschaften auszubilden, d.h. die allgemeine Neigung, wissenschaftlich etablierte Ergebnisse für wahr zu halten. Doch wie könnte Überzeugungsarbeit für die Wissenschaften vorgehen?

2 Wie kann Überzeugungsarbeit für die Wissenschaften aussehen?

Da Überzeugungsarbeit für die Wissenschaften mit Gründen operiert, lässt sie sich als Begründung und damit als Argument darstellen. Konkreter geht es um Argumente, die aufweisen, dass Vertrauen in die Wissenschaften angemessen ist, dass wir also wissenschaftliche Resultate für wahr halten sollten, oder um Argumente, die zeigen, dass Argumente gegen Vertrauen in die Wissenschaften nicht triftig sind.[13] Daher diskutiere ich im Folgenden Argumente und konzentriere mich auf die erste eben genannte Art von Argumenten. Der Fokus auf Argumente bedeutet aber nicht, dass die Überzeugungsarbeit für die Wissenschaften *nur* im Argumentieren bestehen muss. Man kann die Überzeugungsarbeit auch so weit fassen, dass sie Versuche einschließt, einer anderen Person bestimmte Erfahrungen zugänglich zu machen.

---

13 Wenn hier vom Aufweis die Rede ist, dass wir wissenschaftliche Resultate für wahr halten *sollten*, dann hat das nichts mit der Normativität zu tun, welche in der Politik wichtig ist. Während in der Politik darüber gestritten wird, was wir tun, geht es hier darum, was wir glauben.

Argumente dafür, dass wir wissenschaftliche Ergebnisse für wahr halten sollten, müssen auf charakteristischen Eigenschaften der wissenschaftlichen Forschung basieren. In der Vergangenheit wurde oft angenommen, dass sich wissenschaftliche Forschung durch eine charakteristische Methode auszeichnet. So bemerkte der Kosmologe Hermann Bondi einmal, Wissenschaft sei nicht mehr als Methode.[14] Entsprechend müsste das entscheidende Argument, das Überzeugungskräfte für die Wissenschaft mobilisieren soll, etwa wie folgt lauten: Die Wissenschaften bedienen sich einer charakteristischen Methode, und da Resultate, die mit dieser Methode etabliert werden, meist wahr sind, sollten wir diese Ergebnisse glauben.

Dieses Argument geht plausiblerweise nicht von der Voraussetzung aus, dass Resultate, die sich aus der Anwendung der wissenschaftlichen Methode ergeben, immer wahr sind. Diese Voraussetzung ist vielleicht für die Mathematik richtig, in der Theoreme bewiesen werden können. Aussagen über die beobachtbare Natur oder den Verlauf der menschlichen Geschichte lassen sich aber nicht beweisen. Dennoch könnte es eine Methode geben, deren Anwendung in den meisten Fällen oder mit hoher Wahrscheinlichkeit richtige Resultate zeitigt. Genau das geht als Prämisse in das eben beschriebene Argument ein.

Allerdings ist auch diese Prämisse noch problematisch und wird daher kaum mehr in dieser Form vertreten. Das Problem besteht darin, dass es *die* wissenschaftliche Methode nicht gibt. Die Rede von einer einzigen wissenschaftlichen Methode wird weder der Vielfalt der heute vorhandenen wissenschaftlichen Disziplinen gerecht noch dem Wandel, dem die Wissenschaften unterworfen sind. So ist es wenig plausibel zu sagen, die Physik und die Soziologie bedienten sich derselben Methode. Und die Verfahren der heutigen Physik unterscheiden sich deutlich vom Vorgehen der Physik eines Aristoteles oder Galilei. Man könnte versuchen, das Problem zu vermeiden, indem man zulässt, dass es statt der einen wissenschaftlichen Methode ein Bündel von wissenschaftlichen Methoden gibt. Aber damit verlagerte man nur das entscheidende Problem: Es wäre dann nämlich zu klären, was eine Methode zu einer wissenschaftlichen Methode macht.[15]

---

14 Nach Bryan Magee: Popper. London: Collins 1973, S. 9.

15 Die Vorstellung, wissenschaftliche Forschung müsse sich an bestimmten Methoden orientieren, wird prominent kritisiert von Paul Feyerabend: Against Method. London: Verso 1975. S. auch Larry Laudan: The Demise of the Demarcation Problem. In: Physics, Philosophy and Psychoanalysis: Essays in Honor of Adolf Grünbaum. Hg. von Robert S. Cohen und Larry Laudan. Dordrecht: D. Reidel 1983, S. 111–127, hier S. 115f.; und Paul Hoyningen-Huene: Systematicity. The Nature of Science. New York: Oxford University Press 2013, hier S. 3–4.

Jüngere Versuche, die Wissenschaften zu charakterisieren, heben daher eher die soziale Form wissenschaftlicher Praxis und ihre Institutionen hervor (was nicht heißt, dass Methoden nun gar keine Rolle mehr in der Argumentation spielen). Um die etwas veränderte Blickrichtung zu erklären, kann ich bei der Vorstellung eines wissenschaftlich etablierten Resultats anknüpfen, die ja beinhaltet, dass sich eine wissenschaftliche Gemeinschaft weitgehend auf eine bestimmte Aussage zu einem Thema geeinigt hat. Doch wie kommt ein solcher Konsens zustande? In den experimentellen Wissenschaften ist es zum Beispiel erforderlich, dass ein Resultat, das eine Arbeitsgruppe erzielt hat, von einer zweiten Arbeitsgruppe reproduziert wird, damit es als genuines Ergebnis wissenschaftlicher Forschung gelten darf. Damit können Fehler oder Betrugsversuche aufgedeckt werden. Auch in anderen Disziplinen werden die Aussagen von Forschenden streng geprüft, bevor sie allgemeine Anerkennung finden. Diese Prüfung ist einerseits insofern institutionalisiert, als Manuskripte in Fachzeitschriften nur nach einer anonymen Begutachtung publiziert werden können oder die Möglichkeit, die eigene Forschung auf Kongressen zu präsentieren, an die Bedingung geknüpft ist, für Rückfragen zur Verfügung zu stehen. Andererseits gehört die kritische Prüfung von Geltungsansprüchen auch jenseits von Publikations- und Kommunikationsformen zum Selbstverständnis der wissenschaftlichen Forschung. Deswegen entwickeln junge Forschende, die in eine Wissenschaft hineinwachsen, nach und nach eine entsprechende Haltung aus.[16]

Demnach kann sich die Überzeugungsarbeit für die Wissenschaften vor allem auf folgendes Argument stützen:

(A) Wissenschaftliche Resultate ergeben sich als Konsense in Forschungsprozessen, in denen Geltungsansprüche besonders streng überprüft werden, daher sind wissenschaftliche Ergebnisse in der Regel besonders gut begründet und daher in der Regel wahr.

Da sich für Laien oft die Frage stellt, ob sie wissenschaftlichen Ergebnissen eher glauben als anderen, kann man das Argument (A) auch so modifizieren, dass es einen Vergleich vornimmt. In diesem Sinne charakterisiert Sven Ove Hansson Wissenschaften als diejenige Praxis, die ihre Behauptungen im Vergleich zu anderen Unternehmungen am besten begründet.[17] Entsprechend sind wissenschaftliche Ergebnisse öfter oder wahrscheinlicher richtig als andere Behauptungen zu einem Thema und daher letzteren vorzuziehen. Streng

16 S. dazu etwa Oreskes (2021): Why Trust Science?; oder Hoyningen-Huene (2013): Systematicity, Abschnitte 3.4 und 3.5.

17 Sven Ove Hansson: Science Denial as a Form of Pseudoscience. In: Studies in History and Philosophy of Science Part A 63 (2017), S. 39–47.

genommen spricht diese Überlegung nicht für die Neigung, wissenschaftliche Ergebnisse für wahr zu halten, sondern für die Neigung, wissenschaftliche Ergebnisse zu einem Thema, für welche die Wissenschaften zuständig sind, für besser begründet zu halten als alle anderen Behauptungen zum Thema. Aber auch eine solche Haltung kann man Vertrauen in die Wissenschaften nennen.

Doch wie plausibel ist die Argumentation, die ich bisher entfaltet habe, unabhängig von ihrer konkreten Ausformung? Wenn wir uns der Einfachheit halber auf das Argument (A) beschränken, wie gut lässt sich damit Überzeugungsarbeit für die Wissenschaften leisten? Die Antwort auf diese Frage hängt entscheidend davon ab, ob das Gegenüber zugibt, dass die Wissenschaften aufgrund ihrer sozialen Struktur besonders wahrscheinliche Resultate liefern. Diese Voraussetzung klingt zwar plausibel. Sie drückt ein gängiges Verständnis der Wissenschaften aus. Allerdings beschreibt dieses Selbstverständnis ein Ideal oder einen Anspruch. Selbst wenn Forschung, die sich wissenschaftlich nennt, diesen Anspruch erhebt, heißt das nicht, dass sie den Anspruch auch einlöst. Das Argument hat also nur dann Überzeugungskraft, wenn sich plausibel machen lässt, dass das, was wir als Wissenschaft verteidigen wollen, aufgrund seiner sozialen Struktur Geltungsansprüche tatsächlich besonders gründlich prüft. Diese Annahme lässt sich nur mit Beispielen stützen. Es müsste also anhand von repräsentativen Beispielen aufgezeigt werden, dass Behauptungen in den Wissenschaften besonders streng geprüft werden. Dabei sollte auch gezeigt werden, dass sich die Wissenschaften mit gegenteiligen Behauptungen und den Belegen, die andere für diese angeben, auseinandersetzen.

Die Behandlung konkreter Beispiele dieser Art würde den Rahmen dieses Aufsatzes sprengen, in dem es ja nicht darum gehen soll, selbst Überzeugungsarbeit für die Wissenschaften zu leisten. Ich kann daher nur notieren, dass es meiner Ansicht nach hinreichend viele gute Beispiele gibt, mit denen sich das genannte Argument vertreten lässt. Zugegebenermaßen gibt es Gründe daran zu zweifeln, dass die etablierten Wissenschaften ihren Anspruch immer einlösen. So wurde vor einigen Jahren festgestellt, dass sich viele experimentelle Resultate in der Psychologie und verwandten Wissenschaften nicht reproduzieren lassen.[18] Zugunsten der etablierten Wissenschaften kann man aber geltend machen, dass das Problem dort wenigstens erkannt und angegangen wurde. Das spricht dafür, dass die Wissenschaften wenigstens im Vergleich zu anderen Unternehmungen strengere Prüfungen vornehmen.

---

18 S. dazu John P. A. Ioannidis: Why Most Published Research Findings Are False. In: PLoS Medicine 2/8 (2005), e124; für eine philosophische Perspektive s. Felipe Romero: Philosophy of Science and the Replicability Crisis. In: Philosophy Compass 14 (2019), e12633.

In der Praxis überzeugt das genannte Argument ein skeptisches Gegenüber freilich nur dann, wenn es die Beispiele akzeptiert. Die Beispiele besonders gründlicher oder strenger Prüfungen in den Wissenschaften stehen ja nicht unmittelbar vor Augen und müssen darum geschildert werden. Das Gegenüber wird die Schilderung daher nur dann akzeptieren, wenn es uns vertraut, dass die Beispiele stimmen. Das ist der Grund dafür, warum das genannte Argument in der Praxis manchmal nicht überzeugt. Dann könnte es helfen, das Gegenüber konkret mit Forschung bekannt zu machen, wie sie an Universitäten betrieben wird, indem man etwa Labore zeigt oder den persönlichen Austausch mit Forschenden ermöglicht.

Weil das Argument auf Vertrauen in die Wissenschaften allgemein zielt, zieht es auch nur dann, wenn die Verallgemeinerung aus den Beispielen legitim ist. Nun dürfen wir aber nicht jeden Zusammenhang, der in ein paar Beispielen besteht, verallgemeinern. Im Kontext der Wissenschaften ist die Verallgemeinerung aber ein Stück weit plausibel, weil die heute etablierten Wissenschaften miteinander vernetzt sind und ähnlichen Einflüssen unterliegen. So dürften Förderinstitutionen, welche die Forschung fächerunabhängig fördern, wie der Schweizerische Nationalfonds oder die Deutsche Forschungsgemeinschaft, dafür sorgen, dass sich in allen Fächern, die sich um Fördermittel bewerben, hohe Standards an die Prüfung von Aussagen etablieren, genauer gesagt so hohe Standards, wie jeweils für den Gegenstand eines Faches mit vernünftigen Mitteln realisiert werden können.

Insgesamt hat das Argument (A) damit Überzeugungskraft, auch wenn es in der Praxis vielleicht nicht jede Person überzeugt. Aber das verhält sich mit anderen guten Argumenten ähnlich. Es gibt oft Möglichkeiten, die Zustimmung zu den Voraussetzungen und damit auch zur Konklusion eines Arguments zu verweigern.

Das bisher diskutierte Argument, das grob auch die Überlegungen von Oreskes zusammenfasst, geht vom Ablauf der wissenschaftlichen Forschung aus. Es gibt aber auch noch ein anderes Argument, das für die Überzeugungsarbeit für die Wissenschaften infrage kommt. Die Grundidee dieses Arguments lautet, dass sich das Vertrauen in die Wissenschaften in der Vergangenheit insofern gelohnt hat, als wissenschaftsbasierte Problemlösungen besonders erfolgreich waren oder wenigstens erfolgreicher als andere Problemlösungsversuche. Diese Erfolgsgeschichte wird dann als Grund ausgegeben, den Wissenschaften auch in der Gegenwart und Zukunft zu vertrauen.

Dabei ist das zweite Argument besonders zugänglich, wenn es sich auf die Lösung praktischer Probleme bezieht. Demgemäß halfen uns die Wissenschaften erfolgreich dabei, lebensweltlich gegebene Ziele zu erreichen. So lassen sich viele Krankheiten auf der Basis wissenschaftlichen Wissens heilen, wie es Robert Koch und Andere über Bakterien erworben haben. Technische Geräte wie Radios oder Smartphones basieren auf wissenschaftlichen Ergebnissen, etwa zur Ausbreitung von elektromagnetischen Wellen. Wenn wir das Argument wieder ins Vergleichende wenden, dann wäre an Beispielen zu zeigen, dass die Realisierung lebensweltlich gegebener Ziele auf Basis wissenschaftlicher Erkenntnis wenigstens vergleichsweise erfolgreicher war als auf anderer Grundlage.[19]

Auch dieses Argument erscheint mir vielversprechend. Allerdings ist es nur überzeugend, wenn es über die Nennung einiger spektakulärer Erfolge wissenschaftlicher Forschung hinauskommt. Vielmehr muss ein fairer Vergleich zwischen wissenschaftsbasierten und anderen Lösungsstrategien für lebensweltliche praktische Probleme durchgeführt werden. Dabei gilt es etwa zu berücksichtigen, wie erfolgreich die wissenschaftliche Medizin im Vergleich zur Homöopathie oder anderen alternativmedizinischen Vorgehensweisen ist. Das ist schwierig und verlangt ironischerweise wieder Forschung, etwa auf dem Feld der Wissenschaftsgeschichte. Skeptische Stimmen könnten daher geltend machen, dass die etablierte Wissenschaft der Wissenschaftsgeschichte kaum neutral untersuchen kann, inwiefern die Wissenschaften bisher besonders erfolgreich waren. Außerdem kann auch die Verallgemeinerung auf die heutigen und zukünftigen Wissenschaften problematisiert werden. Damit dürfte das zweite Argument in der Praxis kaum mehr Überzeugungskraft als das erste besitzen. Das ist aber wieder kein Einwand gegen das Argument. Vielmehr zeigt sich nur, dass die Überzeugungsarbeit für die Wissenschaft auf eine geteilte Basis von Annahmen zurückgreifen muss. Diese Annahmen sind kein Gegenstand unmittelbarer Gewissheit, sondern lassen sich nur durch Vermittlungsarbeit etablieren. Diese Vermittlungsarbeit setzt aber wieder voraus, dass das Gegenüber der vermittelnden Person vertraut, das Vermittelte korrekt wiederzugeben.

---

19 Das hier genannte Argument ist eine Abwandlung des sogenannten Erfolgs- oder Kein-Wunder-Arguments. Dieses findet sich prominent bei Hilary Putnam: Mathematics, Matter and Method: Philosophical Papers. Cambridge: Cambridge University Press 1975 [1979], S. 73. Zur Diskussion siehe etwa Alan Musgrave: The Ultimate Argument for Scientific Realism. In: Relativism and Realism in Science. Hg. von Robert Nola. Dordecht: Springer 1988, S. 229–252. In der Diskussion um den wissenschaftlichen Realismus soll das Argument zeigen, dass die heute etablierten wissenschaftlichen Theorien wahr sind, auch was ihre Aussagen über unbeobachtbare Objekte oder Vorgänge wie Quarks oder das Entstehen eines Schwarzen Lochs angeht. Für die Zwecke dieses Aufsatzes muss ich nicht so weit gehen, das Vertrauen in die Wissenschaften auch auf deren Aussagen über Unbeobachtbares zu beziehen. Deswegen sind einige Einwände gegen das Erfolgsargument für meine Zwecke nicht einschlägig.

Diese Bemerkung mag den Vorschlag motivieren, in der Überzeugungsarbeit für die Wissenschaften andere Wege zu gehen. So könnte man versuchen, auch die Emotionen des Gegenübers anzusprechen und zum Beispiel mit geschicktem Marketing Imagewerbung für die Wissenschaften zu machen. Beispielsweise lassen sich Forschende als lebenszugewandte Menschen „wie du und ich" portraitieren. Das mag legitim sein, aber es ist fraglich, inwiefern wir es hier noch mit Überzeugungsarbeit für die Wissenschaften zu tun haben. Eine solche Arbeit soll ja aufgrund der oben vorgenommenen Begriffsbestimmung auf Gründen basieren und die rationalen Fähigkeiten einer Person zur Geltung bringen helfen. Daher muss sie sich letztlich mithilfe von Argumenten darstellen lassen.

3 Einwände gegen Überzeugungsarbeit für die Wissenschaften

Auch wenn die hier vorgestellten Argumente plausibel sind, könnte es dennoch verfehlt sein, mit ihnen Überzeugungsarbeit für die Wissenschaften leisten zu wollen. Daher setze ich mich im Folgenden mit zwei Einwänden gegen die Überzeugungsarbeit für die Wissenschaften auseinander.

Einem ersten Einwand zufolge ist allgemeine Überzeugungsarbeit für die Wissenschaften unangemessen, weil sie für eine Haltung gegenüber wissenschaftlichen Resultaten eintritt, die sich stark von derjenigen Einstellung unterscheidet, die Forschende gerne für sich in Anspruch nehmen. Während Wissenschaftlerinnen und Wissenschaftler nämlich kritisch gegenüber ihren Resultaten bleiben sollten, würde Überzeugungsarbeit für die Wissenschaften dazu führen, dass sich Laien den Wissenschaften gegenüber unkritisch verhielten. Verrät man nicht den Geist der Wissenschaften, wenn man den Laien „follow the science" predigt und sie damit zu Followern degradiert?[20]

Dieser Einwand ist aber aus zwei Gründen nicht überzeugend. Erstens muss die Überzeugungsarbeit in die Wissenschaften nicht zu einer völlig unkritischen Einstellung gegenüber den Wissenschaften führen. Ich hatte das Vertrauen in die Wissenschaften oben als die allgemeine Neigung charakterisiert, die Ergebnisse wissenschaftlicher Forschung für wahr zu halten und damit zum Inhalt der eigenen Überzeugungen zu machen. Man kann diese Neigung auch dann haben, wenn man im Einzelfall Ergebnissen wissenschaftlicher Forschung

---

20 So nennt Popper die wissenschaftliche Einstellung kritisch und kontrastiert sie mit einer dogmatischen. S. Karl R. Popper: Science: Conjectures and Refutations. In: Ders.: Conjectures and Refutations: The Growth of Scientific Knowledge. London: Routledge 1963, S. 33–65, hier Abschnitt VI f.

misstraut. Mit Begriffen der heutigen Erkenntnistheorie lässt sich die Neigung, wissenschaftliche Ergebnisse für richtig zu halten, nämlich wie folgt beschreiben: Eine Person mit dieser Neigung anerkennt einen anfechtbaren Grund, wissenschaftliche Resultate zum Inhalt der eigenen Überzeugungen zu machen. Ein solcher Grund kann aus der Perspektive der Person im Einzelfall angefochten werden. Das ist etwa dann der Fall, wenn die Person davon überzeugt ist, dass eine bestimmte Wissenschaft unter großem politischen Druck steht oder hauptsächlich durch eine bestimmte Industriebranche finanziert wird und daher einseitig ist. Außerdem kann der allgemeine Grund, wissenschaftliche Ergebnisse für richtig zu halten, durch andere Gründe aufgewogen werden, zum Beispiel, wenn eine Person über eigene Belege darüber verfügt, dass eine bestimmte Behauptung, die in den Wissenschaften als Resultat der Forschung angesehen wird, nicht stimmt. So könnte eine Person, die sich gut mit dem Innenleben mehrerer politischer Parteien auskennt, Aussagen aus der wissenschaftlichen Parteienforschung zurückweisen. Dabei könnte sie den Umstand, dass die Politikwissenschaft eine bestimmte Behauptung als erwiesen ansieht, durchaus als gewissen Grund ansehen, dieser Behauptung zuzustimmen. Aber die eigenen Belege, über welche die Person verfügt, würden ihr in diesem Beispiel stärkere Gründe geben, die Behauptung zu verneinen. Als eigene Belege zählen hier freilich nur Hinweise, die wirklich gegen die in Rede stehende Behauptung sprechen; es geht also nicht um das rein subjektive Empfinden, die eigene Erfahrung sei stärker zu gewichten als die wissenschaftlich eruierten Belege. Die allgemeine Neigung, wissenschaftlichen Resultaten zu glauben, kommt also insgesamt nur dann zum Tragen, wenn eine Person über keine Gründe verfügt, einer konkreten Wissenschaft zu misstrauen oder etwas Anderes zu glauben. Diese Neigung ist daher nicht unkritisch und lässt durchaus Kritik an einer Wissenschaft und ihren Ergebnissen zu.

Der erste Einwand überzeugt auch aus einem anderen Grund nicht. Forschende und Laien agieren typischerweise in unterschiedlichen Kontexten und haben daher verschiedene Rollen oder Aufgaben. Wissenschaftlerinnen und Wissenschaftler forschen im Rahmen eines wissenschaftlichen Fachs, sollen unsere Erkenntnisse erweitern und neues besonders gut begründetes Wissen eruieren. Daher müssen sie sich kritisch mit den Behauptungen anderer Forschender auseinandersetzen. Sonst werden sie ihrer Rolle als Forschende nicht gerecht.[21] Wenn sich hingegen Laien für Fragen interessieren, die sich mithilfe der Wissenschaften beantworten lassen, dann tun sie das oft aus einem

21 Thomas Kuhn hat natürlich mit Recht darauf hingewiesen, dass Forschende nicht immer gegenüber allen Annahmen, die in einem Fach vertreten werden, gleichermaßen kritisch sind oder sein sollten. S. etwa Thomas S. Kuhn: Reflections on my Critics. In: Criticism

praktischen Interesse heraus. Sie suchen nach Wissen, um lebenspraktische Ziele zu verwirklichen. In solchen Kontexten kommt es darauf an, die am besten begründeten verfügbaren Antworten auf eine Fragestellung zu identifizieren, oft sogar unter Zeitdruck. Es geht also etwa darum, abzuschätzen, ob eine Maßnahme wie das Angeben von Nutriscores die Menschen dazu bringt, sich gesund zu ernähren. In solchen Situationen stehen Laien nicht vor der Aufgabe, zum Erkenntnisfortschritt beizutragen, sondern vorhandenes Wissen anzuwenden. „Akademische" Zweifel an wissenschaftlichen Ergebnissen sind dann nicht angebracht, weil die Zeit für weitere Untersuchungen fehlt. Die Laien können und sollten sich dann mit den am besten begründeten verfügbaren Aussagen zu ihrem Thema zufriedengeben. Wenn es einschlägiges wissenschaftlich etabliertes Wissen gibt, dann sollten sie sich auf dieses verlassen. In Fällen, in denen Aussagen auch in den Wissenschaften als unsicher oder zu unsicher für bestimmte Zwecke gelten, können sich Laien wenigstens daran orientieren, für wie plausibel oder wahrscheinlich die Aussagen dort gehalten werden.

Natürlich gilt diese Überlegung nicht immer, denn Laien können auch ein intrinsisches Interesse an wissenschaftlichen Fragen haben. Aber in vielen Kontexten, in denen heute wissenschaftliches Wissen eingesetzt wird, stehen praktische Zwecke im Vordergrund, und die Standards für wissenschaftliches Wissen reichen dabei aus. Daher ist es beispielsweise unangemessen, wenn in der politischen Diskussion um den Klimawandel wissenschaftliches Wissen infrage gestellt wird.[22]

Meine Behauptung, dass Forschende und Laien legitimerweise oft unterschiedliche Standards an Wissensansprüche stellen, lässt sich einfach erklären. Die Frage, in welchem Ausmaß wir im Handeln bestimmten Behauptungen vertrauen, hängt maßgeblich davon ab, was auf dem Spiel steht. Je nachdem ob es um mehr oder weniger geht, fordern wir Menschen auch mehr oder weniger Belege zur Begründung einer Behauptung. Wo das fälschliche Akzeptieren einer Hypothese lebensgefährlich werden kann, wenn es beispielsweise um die Sicherheit eines Impfstoffs geht, legen auch Laien besonders hohe Maßstäbe an die Prüfung der Hypothese an. In anderen Fällen mögen weniger triftige Belege ausreichen.[23] Die Standards, die wir vor dem Hintergrund von Anwendungen

---

and the Growth of Knowledge. Hg. von Imre Lakatos und Alan Musgrave. Cambridge: Cambridge University Press 1970, S. 231–278, hier S. 246.

22 Ich folge hier Überlegungen, wie sie angestellt werden von Arnon Keren: The Public Understanding of What? Laypersons' Epistemic Needs, the Division of Cognitive Labor, and the Demarcation of Science. In: Philosophy of Science 85/5 (2018), S. 781–792.

23 Das ist im Kern das Argument von Richard Rudner: The Scientist Qua Scientist Makes Value Judgments. In: Philosophy of Science 20/1 (1953), S. 1–6.

an die Begründung von Aussagen legen, hängen daher letztlich von praktischen Überlegungen ab. Demgegenüber versuchen die Wissenschaften, ihre Resultate unter Ansetzung hoher Standards zu begründen. Letztlich geht es darum, im Sinne einer Arbeitsteilung Prüfungen vorzunehmen, für die uns im Alltag oft die Zeit und die Mittel fehlen. Dabei reichen die hohen Maßstäbe, die in der wissenschaftlichen Forschung angelegt werden, für viele praktische Anwendungen aus.

Insgesamt überzeugt also der erste Einwand nicht, weil er fälschlicherweise annimmt, Überzeugungsarbeit für die Wissenschaften ziele auf eine unkritische Einstellung gegenüber den Wissenschaften, und weil er übersieht, dass es durchaus angemessen sein kann, wenn unterschiedliche Personen abhängig vom Kontext und ihrer Rolle unterschiedliche Maßstäbe an die Begründung von Aussagen legen.

Damit können wir uns dem zweiten Einwand gegen Überzeugungsarbeit für die Wissenschaften zuwenden. Dieser Einwand geht davon aus, dass die Überzeugungsarbeit für die Wissenschaften nur dann möglich ist, wenn wir unterscheiden können zwischen Wissenschaften auf der einen Seite und Pseudowissenschaften und weiteren nicht-wissenschaftlichen Unternehmungen auf der anderen. Denn ohne diese Unterscheidung ist ja gar nicht klar, wem die Überzeugungsarbeit zugutekommen soll. Diese Unterscheidung sei aber nicht zu treffen, so der Einwand. Die Demarkation oder Abgrenzung eines Bereichs der Wissenschaften, wie sie etwa Karl R. Popper prominent versuchte, sei zum Scheitern verurteilt.[24] In diesem Sinne schreibt Michael D. Gordin:

> Leider hat sich das Abgrenzungsproblem bis heute einer Lösung entzogen. Es gibt gute Gründe für die Annahme, dass es ein Rätsel bleiben wird, was bedeutet, dass die Debatten darüber, was als ‚Pseudowissenschaft' zu gelten hat, uns auf ewig begleiten werden.[25]

Gordin macht in diesem Zusammenhang auch darauf aufmerksam, dass einige einstmals respektable Wissenschaften heute als Pseudowissenschaften gelten. Er spricht in diesem Fall von rudimentären Wissenschaften und untersucht als Beispiel die Astrologie. Diese wird heute gerne als paradigmatisches Beispiel einer Pseudowissenschaft genannt. Gordin gibt aber zu bedenken, dass diese in Europa bis ins siebzehnte Jahrhundert zu den Wissenschaften zählte. Sie sei

---

24 Klassisch dazu Karl R. Popper: Die Logik der Forschung. Wien: Julius Springer 1934/1935.

25 Michael D. Gordin: On the Fringe. Where Science Meets Pseudoscience. Oxford: Oxford University Press 2021, hier nach der dt. Übersetzung: Ders.: Am Rande. Wo Wissenschaft auf Pseudowissenschaft trifft. Konstanz: Konstanz University Press 2022, hier S. 11.

sogar „die empirisch fundierteste und in mathematischer Hinsicht am höchsten entwickelte Wissenschaft" gewesen.[26] Zudem hat sich das, was Gordin als den Kern der Astrologie ausgibt, nämlich die Lehre, dass die Konstellationen der Himmelskörper einen Einfluss auf das Geschehen auf der Erde haben, in Bezug auf bestimmte Phänomene wie etwa Ebbe und Flut durchaus bewährt. Wenn man sich all das vor Augen führt, dann erscheint es wenig aussichtsreich, eine klare Grenze zwischen Wissenschaften und Pseudowissenschaften zu ziehen. Überzeugungsarbeit für die Wissenschaft muss sich dann fragen lassen, für was sie eigentlich eintritt. Außerdem läuft sie Gefahr, gute Ideen aus dem Rand der Wissenschaften, den „fringe sciences", vorschnell zu verdammen. Gordin zieht aus seinen Überlegungen jedenfalls den Schluss, dass es kein allgemeines Abgrenzungskriterium gibt, und versucht stattdessen, den Rand der Wissenschaften zu kartieren. So kennt er neben den rudimentären Wissenschaften auch Randphänomene wie hyperpolitisierte Wissenschaften oder Gegenestablishment-Wissenschaften.

Gordins Untersuchung von Bereichen, die in Bezug auf die etablierten Wissenschaften als randständig gelten, ist sicher sehr interessant. Dennoch scheinen mir die von Gordin behaupteten Probleme mit der Demarkation der Wissenschaften nicht gegen Überzeugungsarbeit für die Wissenschaften zu sprechen.

Denn erstens lässt sich an der Unterscheidung zwischen Wissenschaften und Pseudowissenschaften auch dann festhalten, wenn es kein klares Kriterium für die Unterscheidung gibt und wenn Grenzfälle oder Randphänomene existieren. Ganz allgemein hat sich in den letzten Jahren die Erkenntnis durchgesetzt, dass sich viele Begriffe wie hier der Wissenschaftsbegriff nicht mit einfachen Kriterien oder einem Bündel an notwendigen und gemeinsam hinreichenden Bedingungen definieren lassen.[27] Analog spricht es nicht gegen eine begriffliche Unterscheidung, wenn sich der Unterschied nicht ganz klar explizieren lässt.[28] Zudem ist es ein Gemeinplatz, dass es bezüglich vieler Begriffe Grenzfälle gibt, bei denen offen ist, ob der Begriff angewandt werden kann oder nicht. Das spricht aber nicht dagegen, einen solchen Begriff in anderen Fällen anzuwenden. Um den entscheidenden Punkt an einem einfachen Beispiel zu illustrieren, können wir den Unterschied zwischen Stühlen und Sesseln

26 Gordin (2022): Am Rande, S. 34; auch sonst beziehe ich mich in diesen Absatz auf Gordin (2022): Am Rande, S. 33–39.

27 S. dazu Gregory L. Murphy: The Big Book of Concepts. Cambridge/Mass.: MIT Press 2002, Kapitel 2.

28 Für einen ähnlichen Punkt s. Herbert P. Grice und Peter F. Strawson: In Defense of a Dogma. In: Philosophical Review 65/2 (1956), S. 141–158.

betrachten. Die beiden Begriffe dürften sich nur schwer mit allgemeinen Kriterien definieren lassen, und es gibt Grenzfälle, bei denen unbestimmt ist, ob ein Stuhl oder Sessel vorliegt. Dennoch können wir im Alltag meist gut zwischen Stühlen und Sesseln unterscheiden. Analog können wir auch dann zwischen Wissenschaften und Pseudowissenschaften differenzieren, wenn sich die Unterscheidung nicht anhand von einfachen Bedingungen treffen lässt und wenn es Grenzfälle gibt. Schon Gordins Rede von Randwissenschaften setzt ja eigentlich voraus, dass es auch eindeutige Beispiele von Wissenschaften gibt, die eben keine Randphänomene sind.

Zweitens ist der Versuch, Wissenschaftlichkeit zu definieren, gar nicht so aussichtslos. Sven Ove Hansson und Paul Hoyningen-Huene folgend kann ich für die Zwecke dieses Aufsatzes eine Wissenschaft als den Zusammenhang all jener Bemühungen auffassen, das vergleichsweise am besten begründete Wissen zu einem bestimmten Gegenstandsbereich zu eruieren und diesen Bereich möglichst gut zu verstehen.[29] Diese Definition schreibt den Wissenschaften grob das Wissen und das Verstehen als Ziele zu und geht davon aus, dass beide Angelegenheiten eines Mehr oder Weniger sind: Behauptungen oder Wissensansprüche lassen sich mehr oder weniger gut begründen; und auch das Verstehen kann mehr oder weniger gut sein. Die Wissenschaften zeichnen sich vor diesem Hintergrund durch den Anspruch aus, eine Avantgarde zu bilden, also Wissensansprüche zu einem Thema besser zu begründen als konkurrierende Unternehmungen, die sich mit dem Thema beschäftigen, und die entsprechenden Phänomene besser zu verstehen als die Konkurrenz.

Versuche, Wissenschaftlichkeit in etwa in der eben bezeichneten Art zu bestimmen, können gut mit den Phänomenen umgehen, die Gordin kartiert. Weil die Definition ein Kontinuum von Wissens- und Verstehensansprüchen voraussetzt, hat sie Ressourcen, um Randphänomene zu erfassen. So mögen zwei Unternehmungen zu einem Wissensgebiet ungefähr gleichauf an der Spitze der derzeit erreichten Qualitätsstandards liegen. In anderen Fällen mag unklar sein, welche Unternehmung vorne liegt, beispielsweise weil umstritten ist, was im Detail das derzeit beste Verstehen bedeuten würde.[30] Überzeugungsarbeit für die Wissenschaft muss solche Grenzfälle und entsprechende Randphänomene ausklammern, da unklar ist, ob die oben genannten Argumente für Randwissenschaften gelten. Es kann also nicht

29 Sven Ove Hansson: Cutting the Gordian Knot of Demarcation. In: International Studies in the Philosophy of Science 23/3 (2009), S. 237–243, und Hoyningen-Huene (2013): Systematicity.

30 Auf solche Probleme hat prominent hingewiesen Thomas Kuhn: The Structure of Scientific Revolutions. Chicago: University of Chicago Press [1962] ⁴2012.

darum gehen, für ein allgemeines Vertrauen in solche Randwissenschaften zu argumentieren. Das schließt nicht aus, dass die Randwissenschaften gelegentlich richtigliegen. Auch verhältnismäßig schlechte Begründungen können für wahre Behauptungen sprechen.

Die genannte Definition erlaubt auch einen angemessenen Umgang mit rudimentären Wissenschaften. Diese zählen so lange als Wissenschaften, als sie die Avantgarde bilden, und verlieren ihn, sofern sie von anderen Anstrengungen überholt werden, Wissen zu dem einschlägigen Wissensgebiet zu gewinnen. Natürlich ist die hier umrissene Definition von Wissenschaftlichkeit nicht immer einfach anzuwenden, weil sie uns zwingt zu untersuchen, wer die am besten begründeten Wissensansprüche zu einem Gebiet vertritt, und das kann manchmal schwierig sein. Aber in anderen Fällen ist recht klar, dass wir es mit Pseudowissenschaften zu tun haben. Wie Sven Ove Hansson herausarbeitet, leiden diese unter systematischen Fehlern. Sie picken sich etwa aus den verfügbaren Belegen nur die für sie brauchbaren Rosinen heraus oder suggerieren Kontroversen über Tatbestände, zu denen eigentlich fast ein Konsens besteht.[31]

Insgesamt ist die Charakterisierung der Wissenschaften und die Abgrenzung von Pseudowissenschaften nicht so aussichtslos, dass sich Überzeugungsarbeit für die Wissenschaften nicht mehr ausüben oder verteidigen ließe.

4 Fazit

Ist es sinnvoll, Überzeugungsarbeit für die Wissenschaften zu leisten? Die Antwort auf diese Frage hängt wesentlich davon ab, was unter Überzeugungsarbeit für die Wissenschaften zu verstehen ist. In diesem Aufsatz habe ich mich von einer gewissen Sympathie für diese Überzeugungsarbeit leiten lassen. Diese Sympathie ist letztlich durch die Beobachtung motiviert, dass wissenschaftliche Erkenntnisse zum Klimawandel oder zu anderen gesellschaftlichen Herausforderungen von Teilen der Bevölkerung, ja sogar von prominenten Politikerinnen und Politikern geleugnet werden. In einer solchen Situation scheint es ratsam, die Menschen zum Vertrauen in die Wissenschaften zu bringen, und idealerweise sollten die Menschen durch gute Gründe zu diesem Vertrauen

31 Hansson (2017): Science Denial as a Form of Pseudoscience. Für konkrete Beispiele s. etwa ProClim/OcCC (Hg.): Die Argumente der Klimaskeptiker. In: Climate Press. Hintergründe der Klima- und Global Change Forschung 29 (2010), https://scnat.ch/de/uuid/i/12dba1b8-4bc2-5152-a949-95c0ff6261be-Die_Argumente_der_Klimaskeptiker, letzter Aufruf 15. Januar 2025.

gebracht werden. Entsprechend habe ich versucht, Überzeugungsarbeit für die Wissenschaften so zu denken, dass sie sich verteidigen lässt. In der Folge kann Überzeugungsarbeit für die Wissenschaften nicht darin bestehen, wissenschaftliche Erkenntnisse als alleinige Grundlage der Politik auszugeben, oder auf eine unkritische Einstellung gegenüber den Wissenschaften hinzuzielen. Meinem Vorschlag zufolge geht es der Überzeugungsarbeit für die Wissenschaften vielmehr darum, andere mit argumentativen Mitteln zu der Neigung zu bewegen, einzelnen Ergebnissen wissenschaftlicher Forschung zuzustimmen oder anfechtbare Gründe anzuerkennen, wissenschaftliche Resultate allgemein zum Inhalt der eigenen Überzeugungen zu machen.

Die Sympathie für Überzeugungsarbeit für die Wissenschaften ist aber nicht alternativlos. Wenn man diese Überzeugungsarbeit anders versteht, muss sie sich den Vorwurf einer verfehlten Wissenschaftsgläubigkeit gefallen lassen. Entscheidend ist letztlich aber nicht, was wir mit der Bezeichnung „Überzeugungsarbeit für die Wissenschaften" meinen, sondern welche Einstellungen wir gegenüber den Wissenschaften einnehmen sollten. In dieser Hinsicht habe ich für eine moderat positive Einstellung votiert, die den Avantgardecharakter wissenschaftlichen Wissens und Verstehens anerkennt, dabei aber damit rechnet, dass auch die besten Begründungsversuche in die Irre führen können.

Dieser Aufsatz konnte die Überzeugungsarbeit für die Wissenschaften nicht in jeder Hinsicht beleuchten. So wurden Überzeugungsversuche ausgeklammert, die versuchen, Argumente gegen die Glaubwürdigkeit der Wissenschaften zurückzuweisen. In diesem Sinne versucht etwa Frieder Vogelmann Überzeugungsarbeit für die Wissenschaften zu leisten, indem er vor Erwartungen an die Wissenschaften warnt, die er für überzogen hält.[32] In meinem Aufsatz wurde auch vernachlässigt, dass Laien in der Regel keinen direkten Zugang zu wissenschaftlichen Ergebnissen haben. Vielmehr hören sie nur vermittelt über Schule oder Universität, über Wissenschaftskommunikation und -journalismus von wissenschaftlichen Konsensen oder beschäftigen sich mit den Positionen einzelner Forschender, welche sich in Sachbüchern an ein breiteres Publikum wenden. Schließlich wurde nicht untersucht, wie erfolgversprechend die hier untersuchten Strategien, Überzeugungsarbeit für die Wissenschaften zu leisten, in der Praxis sind. Letztlich ist dies eine empirische Frage; die Antwort hängt davon ab, ob Laien aufgrund der genannten Argumente ihre Einstellungen zu den Wissenschaften ändern. Interessanterweise hat Robin McKenna unter Verweis auf Elizabeth Anderson kürzlich argumentiert, dass die Erkenntnistheorie über die Überlegungsprozesse einer einzelnen

32 Frieder Vogelmann: Umkämpfte Wissenschaften – zwischen Idealisierung und Verachtung. Stuttgart: Reclam 2023.

Person hinausgehen sollte und auch deren epistemische Umgebungen mit in den Blick nehmen sollte.[33] Denn was einer Person einleuchtet und wen sie für glaubwürdig hält, hängt entscheidend davon ab, welche Bildung sie erfahren hat, über welche Medien sie sich zu informieren sucht und durch welche Normen und Anreize die Verbreitung von Inhalten dort geprägt ist. Außerdem ist die Bezweiflung oder Leugnung wissenschaftlicher Ergebnisse oft motiviert.[34] Die Resultate wissenschaftlicher Forschung passen beispielsweise nicht zum Weltbild einer Person. Oder sie werden verdrängt, weil sie im Verbund mit naheliegenden Wertsetzungen eine Veränderung der eigenen Verhaltensweisen, etwa den Verzicht auf Flugreisen, erforderlich machen würden. Es ist fraglich, ob Argumente wie die hier geschilderten ausreichen, um Menschen von „motivierten Überzeugungen" abzubringen.[35] Es lohnt sich daher, das Umfeld und die Motivationen des Gegenübers besser zu verstehen, ehe wir mit der konkreten Überzeugungsarbeit für die Wissenschaften beginnen.

---

33 Robin McKenna: Non-Ideal Epistemology. Oxford: Oxford University Press 2023; Elisabeth Anderson: Democracy, Public Policy, and Lay Assessments of Scientific Testimony. In: Episteme 8/2 (2011), S. 144–164.

34 S. etwa Dion Scott-Kakures: Motivated Believing: Wishful and Unwelcome. In: Nous 34/3 (2000), S. 348–375, und Jon Ellis: Motivated Reasoning and the Ethics of Belief. In: Philosophy Compass 17/6 (2022), e12828.

35 Eine empirische Untersuchung über die Überzeugungskraft von Argumenten liefern etwa Eric Schwitzgebel, Christopher McVey und Joshua May: Engaging Charitable Giving: The Motivational Force of Narrative Versus Philosophical Argument. In: Philosophical Psychology 37/5 (2024), S. 1240–1275.

Wissenschaftskommunikation und wissenschaftliche Urteile

Naomi Oreskes

Das Jahr 2020 war wahrlich ein historisches Jahr – allerdings leider meist nicht in einem positiven Sinne. Unter anderem gab es ein historisches Ausmaß an Missachtung wissenschaftlicher Ratschläge in Bezug auf COVID-19, was die Pandemie in den Vereinigten Staaten schlimmer machte als in vielen anderen Ländern. Doch auch wenn die Ereignisse des Jahres 2020 als beispiellos erscheinen mögen, so ist das gesellschaftliche Muster der Ablehnung wissenschaftlicher Erkenntnisse nicht plötzlich in jenem Jahr der Seuche entstanden. Es gab nie einen guten wissenschaftlichen Grund, den wissenschaftlichen Rat zu COVID-19 abzulehnen, so wie es auch nie einen guten Grund gab, daran zu zweifeln, dass der Mensch ein Produkt der Evolution ist, dass Impfstoffe Leben retten und dass Treibhausgase einen zerstörerischen Klimawandel vorantreiben.[1]

Wie kommt es aber, dass sich so viele Menschen trotzdem nicht von diesen guten wissenschaftlichen Gründen überzeugen lassen? Welche Lehren können wir daraus für unsere Wissenschaftskommunikation ziehen? Wie können Wissenschaftler auf eine Weise kommunizieren, die authentisch ist und ehrlich die Grenzen der Wissenschaft aufzeigt, ohne dabei ihre Überzeugungskraft zu verlieren?

1 Die Vergangenheit nur ein Prolog

Um das gesellschaftliche Muster der Ablehnung von wissenschaftlichen Erkenntnissen und Expertenempfehlungen zu verstehen, müssen wir einen Blick über die Wissenschaft hinaus in die Geschichte werfen, die uns zeigt, dass viele der verschiedenen Formen der Ablehnung von Expertenbeweisen und der Förderung von Desinformation ihre Wurzeln in der Geschichte der Tabakkonzerne haben.

1 Naomi Oreskes: Why Trust Science? Princeton: Princeton University Press 2019; siehe auch Thomas M. Nichols: The Death of Expertise: The Campaign Against Established Knowledge and Why it Matters. Oxford: Oxford University Press 2017; ferner Gil Eyal: The Crisis of Expertise. New York: Polity 2019.

In der ersten Hälfte des zwanzigsten Jahrhunderts sahen die meisten Amerikaner die Wissenschaft als etwas an, das ihr Leben besser machte. Zur gleichen Zeit entwickelten amerikanische Konzerne jedoch einflussreiche Strategien der Wissenschaftsleugnung und Desinformation. Der Hauptschuldige in dieser finsteren Geschichte war die Tabakindustrie, und ihre perfiden Strategien sind von Wissenschafts-, Technologie- und Medizinhistorikern sowie von Epidemiologen und Juristen gut dokumentiert worden. Sie verunglimpfte die Wissenschaft, indem sie die Vorstellung verbreitete, dass der Zusammenhang zwischen Tabakkonsum und Lungenkrebs und anderen Krankheiten ungewiss oder lückenhaft sei und dass der Versuch, ihn zu regulieren, daher eine ungerechtfertigte Bedrohung amerikanischer Freiheit darstelle. Die Industrie erhöhte sogar den Nikotingehalt ihrer Produkte, um sie noch suchterzeugender zu machen, während sie öffentlich leugnete, dass Nikotin süchtig macht. Mit diesen Methoden gelang es ihr, wirksame Maßnahmen gegen das Rauchen hinauszuzögern, obwohl die wissenschaftlichen Beweise für die Schädlichkeit des Rauchens schon lange feststanden. In unserem 2010 erschienenen Buch *Merchants of Doubt* haben Erik M. Conway und ich gezeigt, wie dieselben Strategien verwendet wurden, um Maßnahmen gegen den sauren Regen, das Ozonloch und den Klimawandel zu verzögern – und im Jahr 2020 sahen wir, wie das fadenscheinige ‚Freiheits'-Argument verwendet wurde, um das Tragen von medizinischen Masken in Verruf zu bringen.

Wir haben auch gesehen, wie diese Tabakstrategie in die sozialen Medien durchgesickert ist, welche ihrerseits einen starken Einfluss auf die öffentliche Meinung ausüben können und daher nach Ansicht vieler Menschen stärker überwacht und vielleicht sogar staatlich reguliert werden sollten. Ohne eine historische Perspektive mag dies wie ein neues Problem erscheinen, das durch eine neue Technologie entstanden ist. Doch im September 2020 sagte ein ehemaliger Facebook-Manager vor dem US-Kongress aus, dass das Unternehmen lediglich „eine Seite aus dem Drehbuch der Tabak-Industrie" („a page from Big Tobacco's playbook") übernommen habe „das geeignet ist, die Menschen abhängig nach unserem Angebot zu machen" („working to make our offering addictive"). Facebook sei entschlossen, die Menschen nach seinen Produkten süchtig zu machen, auch wenn es öffentlich den Euphemismus verwende, das „Engagement" ihrer Konsument:innen zu erhöhen.[2] Wie die Tabakindustrie verkauften die Unternehmen der sozialen Medien ein vergiftetes Produkt,

2 https://nymag.com/intelligencer/2018/04/an-apology-for-the-internet-from-the-people-who-built-it.html
https://www.nytimes.com/2021/10/05/technology/what-happened-at-facebook-whistleblower-hearing.html

während sie behaupteten, den Verbrauchern lediglich das zu geben, was sie haben wollten.

Kolleg:innen aus den Naturwissenschaften fragen mich oft, warum ich Historikerin geworden bin, anstatt Karriere in den „harten“ Wissenschaften zu machen. Für einige von ihnen kommt die Geschichtswissenschaft einem „Schwelgen in der Vergangenheit“ gleich. Meine kurze Antwort beginnt mit einem Zitat aus Shakespeares *Der Sturm*, wonach die „Vergangenheit der Prolog ist.“[3] Wenn wir Desinformation, der Missachtung wissenschaftlicher Erkenntnisse und dem Missbrauch neuer Technologien entgegentreten wollen, müssen wir die Vergangenheit verstehen, die uns an diesen Punkt geführt hat.

2 Persönliche Werte vs. Werteneutralität

Die Vorstellung, dass die Wissenschaft wertfrei sei und bleiben sollte, hat komplexe historische Wurzeln und wurde im Verlauf der Zeit immer wieder in Frage gestellt. Nachdem sich die USA von den Spaltungen der letzten Jahre zwischenzeitlich zu erholen begonnen hatten und die wissenschaftliche Gemeinschaft versuchte, das Vertrauen in die Wissenschaft wiederherzustellen, konnten Wissenschaftler:innen ein weiteres Mal in Versuchung geraten, auf ihre Neutralität zu bestehen. Wenn die Menschen uns Wissenschaftler:innen wieder vertrauen sollen, wie ich Kolleg:innen häufig habe sagen hören, dann sollten wir peinlich genau darauf achten, dass unsere Werte keinen Einfluss auf unser wissenschaftliches Denken nehmen. Dies setzt voraus, dass Wertneutralität für das Vertrauen der Öffentlichkeit in die Wissenschaft notwendig und möglich ist. Die derzeitigen Erkenntnisse deuten jedoch darauf hin, dass keine der beiden Annahmen richtig ist.

Aktuelle kommunikationswissenschaftliche Forschungen haben gezeigt, dass Menschen eine Botschaft am ehesten akzeptieren, wenn sie von vertrauenswürdigen Boten überbracht wird – z.B. von Lehrer:innen, religiösen oder wirtschaftlichen Führungsfiguren oder von lokalen Ärzt:innen und Pflegepersonal.[4] Eine Strategie zur Vertrauensbildung besteht daher darin, dass Wissenschaftler:innen von ihren Laboren, Instituten und akademischen Abteilungen aus eine Verbindung zu den Gemeinden aufbauen, in denen sie

---

3 „What's past is prologue.“ William Shakespeare: The Tempest, Act II, Scene I.

4 Siehe zum Beispiel Yael Rabin, Racquel E. Kohler: Covid-19 Vaccination Messengers, Communication Channels, and Messages Trusted Among Black Communities in the USA: A Review. In: Journal of Racial and Health Disparities 12 (2025), S. 134–147. https://link.springer.com/article/10.1007/s40615-023-01858-1

leben und arbeiten. Eine Möglichkeit, dies zu tun, besteht – zumindest in den Vereinigten Staaten – in der Zusammenarbeit mit Organisationen wie dem National Center for Science Education, das gegründet wurde, um den Kreationismus im Schulunterricht zu bekämpfen, jetzt aber auf allgemeiner Ebene mit Lehrer:innen zusammenarbeitet, um ein besseres Verständnis für die Grundlagen von Wissenschaft zu vermitteln.

Um dies zu erreichen, müssen Wissenschaftler:innen nicht ihre persönlichen Werte über Bord werfen; sie müssen lediglich mit den Lehrern den Glauben an den Wert der Bildung teilen. Das ist wichtig, denn die Forschung zeigt, dass wir unsere Werte nicht einfach ausklammern können, selbst wenn wir es wollten.

Es ist allgemein bekannt, dass Menschen Beweise eher akzeptieren, wenn sie mit dem übereinstimmen, was sie bereits glauben.[5] Psychologen bezeichnen diese kognitive Verzerrung als „Bestätigungsfehler“ (*confirmation bias*), und obwohl dieser Begriff relativ neu ist, ist es die Einsicht, die damit zum Ausdruck kommt, keineswegs. Vor vierhundert Jahren drückte es Francis Bacon so aus: „Human Understanding is not composed of dry light, but is subject to influence from the will and the emotions [...]. [M]an prefers to believe what he wants to be true.“[6]

Einige Forschungsergebnisse deuten darauf hin, dass die meisten Menschen ihre Voreingenommenheit selbst durch finanzielle Anreize nicht überwinden können. Große Wissenschaftler:innen mögen glauben, dass sie die Fallstricke kognitiver Verzerrungen aufgrund ihrer wissenschaftlichen Ausbildung besser vermeiden können. Aber auch das ist nicht unbedingt der Fall. Heißt das, dass Wissenschaft nicht objektiv sein kann? Nein. Die Objektivität der Wissenschaft beruht nicht darauf dass die Wissenschaftler:innen ihre eigenen Verzerrungen kontrollieren, sondern wird durch allgemeine Mechanismen sichergestellt, mit denen diese Verzerrungen minimiert werden. Peer Review ist der bekannteste dieser Mechanismen, aber ebenso wichtig, wenn nicht noch wichtiger, ist die Meinungsvielfalt. Wie ich in der neuen Ausgabe meines Buchs *Why Trust Science* (2021) darlege, ist die wissenschaftliche Vielfalt nicht nur entscheidend, um sicherzustellen, dass jeder Mensch die Chance hat, sein Talent zu entwickeln, sondern auch, um zu gewährleisten, dass die Wissenschaft so unverzerrt wie möglich ist.

---

5 Die Literatur zum Bestätigungsfehler ist Legion. Eine gute Einleitung bietet: Joshua Klayman: Varieties of Confirmation Bias. In: Psychology of Learning and Motivation 32 (1995), S. 385–418. https://www.sciencedirect.com/science/article/abs/pii/S0079742108603151

6 Francis Bacon: The New Organon. Hg. von Lisa Jardine und Michael Silverthorne. Cambridge: Cambridge University Press 2000, S. 44 (§ XLIX).

Einige werden einwenden, dass Wertneutralität eine regulative Idee bzw. ein Ideal darstellt, das wir anstreben sollten, auch wenn wir wissen, dass wir es nicht vollständig erreichen können. In der Praxis der Wissenschaft mag dieser Einwand berechtigt sein. Aber was in der wissenschaftlichen Forschung nützlich ist, kann in der öffentlichen Kommunikation kontraproduktiv sein, wenn die Idee eines vertrauenswürdigen Boten gemeinsame Werte voraussetzt. Meiner eigenen Erfahrung nach wollen Wissenschaftler:innen ihr Wissen durchaus (unter anderem) dazu nutzen, die Gesundheit zu verbessern, das Leben zu erleichtern, die Wirtschaft durch Innovationen und Entdeckungen zu stärken und die Menschen vor den Verlusten zu schützen, die mit dem zerstörerischen Klimawandel verbunden sind.

Meinungsumfragen deuten darauf hin, dass die meisten US-Amerikaner viele dieser Dinge auch wollen; einer kürzlich durchgeführten zuverlässigen Umfrage zufolge haben 76% der Amerikaner großes oder ziemlich großes Vertrauen, dass die Wissenschaft im Interesse der Öffentlichkeit handelt; 65% glauben, dass sich die Wissenschaft auf die Lösung realer Probleme konzentriert.[7] 73% der Erwachsenen in den USA haben nach einer anderen Umfrage großes oder ziemlich großes Vertrauen, dass die Wissenschaft im Interesse der Öffentlichkeit handelt.[8] Auch wenn diese Ergebnisse auf verschiedene Weise interpretiert werden können, so legen sie doch insgesamt nahe, dass die meisten US-Amerikaner der Meinung sind, dass die meisten Wissenschaftler:innen ihre Werte teilen. Wenn Wissenschaftler:innen sich weigern, ihre Werte zu diskutieren, weil sie befürchten, dass sie mit den Werten ihres Publikums in Konflikt geraten, verpassen sie die Gelegenheit, wichtige Überschneidungen und Übereinstimmungen zu entdecken. Bestehen Wissenschaftler:innen dagegen auf ihrer Wertneutralität, erscheinen sie möglicherweise unauthentisch oder gar unehrlich. Eine Person, die wirklich keine Werte hat – oder sich konsequent weigert, Werte in ihren Entscheidungsprozess einfließen zu lassen – wäre ein Soziopath!

3 Die wissenschaftliche Methode und Kommunikation

Wertneutralität stellt ein dürftiges Schutzschild dar. Anstatt zu versuchen, sich dahinter zu verstecken, sollten Wissenschaftler:innen zugeben, dass sie Werte

7 https://www.pewresearch.org/science/2024/11/14/public-trust-in-scientists-and-views-on-their-role-in-policymaking/, Stand 26. März 2025.

8 https://www.pewtrusts.org/en/research-and-analysis/articles/2024/06/28/from-lab-to-life-trust-in-science, Stand 26. März 2025.

haben, und stolz darauf sein, dass diese Werte eine Forschung motivieren, die darauf abzielt, die Welt zu einem besseren Ort für alle zu machen. Schließlich schrieb schon Francis Bacon, dass das Ziel aller Wissenschaft sei, „relief of man's estate" herbeizuführen.[9]

Als die COVID-19-Krise zu Attacken gegen ihren Berufsstand führte, haben sich Wissenschaftler:innen ganz gewiss auch von Werten leiten lassen, um ihre Tätigkeit zu verteidigen. Aber in ihrem Eifer, sich gegen Impfgegner:innen und andere Wissenschaftsleugner:innen zu wehren, haben einige Wissenschaftler:innen Dinge behauptet, die einfach nicht wahr sind – und es ist schwer, für Vertrauen zu werben, wenn Dinge, die Wissenschaftler:innen sagen, selbst nicht vertrauenswürdig sind.

Ein beliebter Schachzug von Wissenschaftler:innen ist es zum Beispiel, darauf zu bestehen, dass Wissenschaft Recht hat – und dass wir unsere Suche beenden können, sobald wir etwas Wahres über die Welt herausgefunden haben. Jeder, der solche Wahrheiten dann noch anzweifelt, sei dumm und ignorant oder töricht.

Das ist natürlich Unsinn. Selbst ein flüchtiger Blick auf die Wissenschaftsgeschichte zeigt, dass Wissenschaftler:innen häufig davon überzeugt waren, etwas Wahres ausfindig gemacht zu haben, nur um dann enttäuscht festzustellen, dass alles noch einmal überdacht werden musste. Man denke etwa an die Vorstellung, die Erde sei der Mittelpunkt des Universums, die Absolutheit von Zeit und Raum, die Stabilität der Kontinente und die Ursache von Infektionskrankheiten. Einige Erkenntnisse sind wiederum so fest verankert, dass wir darauf vertrauen können, dass sie in nächster Zeit nicht zur Revision anstehen. Ich kenne niemanden, der glaubt, dass wir die Gesetze der Thermodynamik bald in Frage stellen werden. Aber auch die Physiker zu Beginn des zwanzigsten Jahrhunderts – kurz vor der Entdeckung der Quantenmechanik und der Relativitätstheorie – dachten nicht, dass sie irgendwann noch einmal dazu gezwungen würden, die Grundlagen ihres Fachs zu überdenken.

Ein weiterer beliebter Schachzug ist es, die Wahrheit wissenschaftlicher Erkenntnisse damit zu begründen, dass Wissenschaftler:innen „die wissenschaftliche Methode" anwenden. Aber Wissenschaftsphilosoph:innen konnten sich bis heute nicht darauf einigen, was diese Methode eigentlich sein soll. Die einen verweisen auf den Empirismus: Beobachtung und Beschreibung der Welt. Andere sagen, es sei eigentlich die experimentelle Methode: die Durchführung von Experimenten zur Überprüfung von Hypothesen. Vor einigen Jahren sagte ein prominenter Wissenschaftler, die wissenschaftliche Methode

9 Francis Bacon: The Essayes Or Covnsels, Civill and Morall, of Francis Lo. Vervlam, Viscovnt St. Alban. London: Iohn Haviland 1625. p. 90.

bestehe darin, sich nicht vorzumachen, dass etwas wahr sei, was nicht der Fall ist, und umgekehrt.[10]

Jede dieser Ansichten hat ihre Vorzüge, aber wenn man behauptet, dass eine davon *die* wissenschaftliche Methode ist, dann liegt man bei jeder falsch. Geschichte und Philosophie haben gezeigt, dass die Postulierung einer einzigen wissenschaftlichen Methode, nun ja, unwissenschaftlich ist. Tatsächlich unterscheiden sich die Methoden der Wissenschaft von Disziplin zu Disziplin und haben sich auch in der Zeit stark verändert. Viele wissenschaftliche Verfahren, denken Sie an heutige statistische Signifikanztests, wurden zwar mit dem Ziel entwickelt, Wunschdenken und Selbsttäuschung zu vermeiden, aber man kann sie deswegen wohl kaum als „die wissenschaftliche Methode" bezeichnen. Wissenschaftler:innen haben sich erbittert darüber gestritten, welche Methoden die besten sind, und wie wir alle wissen, führen erbitterte Auseinandersetzungen selten zu einer Lösung.

Der größte Fehler, den Wissenschaftler:innen meiner Ansicht nach machen, ist es, zu behaupten, dass das alles eigentlich ganz einfach sei, und damit nahezulegen, dass jeder, der es nicht versteht, ein Dummkopf sei. Wissenschaft ist nicht einfach, und unsere Welt ist es auch nicht; darin liegt gerade die Herausforderung der Wissenschaftskommunikation. Was wir tun, ist nicht nur schwierig, sondern oft auch schwer zu erklären. Das Gute ist aber, dass wir uns, wenn wir daran einmal scheitern, wieder aufraffen können, ein wenig schütteln und uns einfach wieder an die Arbeit machen können. Die wunderbare, komplexe Welt, in der wir leben, zu verstehen und dieses Wissen zu nutzen, um nützliche Dinge zu tun, ist Belohnung genug und auch der Grund, warum Steuerzahler:innen froh sein können, wissenschaftliche Forschung zu finanzieren.

Wenn man möchte, dass die Menschen Vertrauen in wissenschaftliche Erkenntnisse haben, dann sollte man das wissenschaftliche Unterfangen nicht zu sehr vereinfachen. Man sollte nicht so tun, als gäbe es einen einfachen und geradlinigen Weg zur Wahrheit. Vertrauen [trust] und Wahrheit [truth] sind eng miteinander verbundene Wörter und Konzepte; wenn wir wollen, dass die Menschen uns vertrauen, müssen wir offen über die Grenzen der Wissenschaft sprechen, aber auch ihre Stärken herausstellen.

Wissenschaftliche Theorien sind kein Abbild der Realität, aber wir haben guten Grund zu der Annahme, dass sie wesentliche Elemente der Realität erfassen. Und die Erfahrung lehrt uns: Wenn wir die Realität ignorieren, wird sie uns früher oder später einholen und einen Strich durch unsere Rechnungen machen.

10 Neil deGrasse Tyson: What Science Is, and How and Why It Works (23. Januar 2016). https://neildegrassetyson.com/commentary/2016-01-23-what-science-is/, Stand 26. März 2025.

4 Die Variable der Politik

So wie die Aussage „Die Wissenschaft hat immer Recht" falsch sein mag, ist es auch unzulässig, in die bekannte Leier „Die Experten irren sich andauernd" einzustimmen. Die Geschichte zeigt, dass wissenschaftliche Expert:innen – wenn ihnen die Möglichkeit gegeben wird, ihre Arbeit mit ausreichender Finanzierung und ohne schwerwiegende Einmischungen zu erledigen – häufig auf einem guten Weg sind, reliable (verlässliche) Erkenntnisse über die Wirklichkeit hervorzubringen. Aber Beispiele, in denen sie sich eindeutig geirrt haben, sind wichtig und sollten nicht beiseite geschoben werden, denn sie geben uns die Chance, die Grenzen des Fachwissens besser einzuordnen. Ein Beispiel wäre etwa der Global Health Security Index (GHSI), das Ergebnis eines von der *Nuclear Threat Initiative* und dem *Johns Hopkins Center for Health Security* geleiteten Projekts. Er wurde im Oktober 2019 veröffentlicht, nur wenige Wochen vor dem Auftreten des neuartigen Coronavirus.[11]

Die GHSI-Forscher bewerteten, wie gut 195 Länder weltweit auf Pandemien vorbereitet waren, wobei die USA als das am besten vorbereitete Land der Welt eingestuft wurden. Das Vereinigte Königreich belegte den zweiten Platz. Neuseeland landete auf Platz 35. Vietnam lag auf Platz 50. Wie die anschließenden Ereignisse zeigten, haben sich die Experten damit geirrt. Vietnam und Neuseeland gehörten zu den Ländern, die am besten auf die COVID-19-Pandemie reagierten; das Vereinigte Königreich und die USA gehörten zu den Ländern, deren Reaktionen besonders unwirksam waren.

Was war also geschehen? Der GHSI-Rahmen basierte in hohem Maße auf einer „Expertenbefragung", d.h. auf der Erhebung der Ansichten von Fachleuten. (Diese Methode steht im Gegensatz zu Konsensberichten, die in erster Linie auf einer Überprüfung vorhandener, von Fachleuten begutachteter Veröffentlichungen beruhen.) Die Befragung von Fachleuten wird häufig zur Vorhersage von Risiken oder zur Bewertung schwer messbarer Sachverhalte eingesetzt. Viele halten sie für eine gültige wissenschaftliche Methode, insbesondere wenn es darum geht, den Unsicherheitsbereich zu ermitteln, der ein komplexes Thema umgibt, oder eine zeitkritische Frage zu beantworten, wenn die wissenschaftlichen Veröffentlichungen dazu schlecht evaluiert werden können. Sie beruht jedoch auf einer wichtigen Voraussetzung: dass wir die richtigen Expert:innen befragen.

---

11 https://ghsindex.org/wp-content/uploads/2019/10/2019-Global-Health-Security-Index.pdf, Stand 26. März 2025; die Diskussion hier stammt in Teilen aus meinem Beitrag in *Scientific American*, vgl. https://www.scientificamerican.com/article/expert-opinion-cant-be-trusted-if-you-consult-the-wrong-sort-of-expert/ Stand 26. März 2025.

Das GHSI-Gremium war verständlicherweise vor allem mit Leiter:innen von nationalen und internationalen Gesundheitsprogrammen, Gesundheitsabteilungen und Gesundheitskommissionen besetzt. Unter den Fachleuten befand sich jedoch kein einziger professioneller Politologe, Psychologe, Geograf oder Historiker; es gab kaum Fachwissen über die möglichen politischen und kulturellen Dimensionen des Problems. Rückblickend ist es aber klar geworden, dass in vielen Ländern genau diese politischen und kulturellen Faktoren ausschlaggebend für den Umgang mit der Krise waren.

Die Vereinigten Staaten besitzen eine der fortschrittlichsten wissenschaftlichen Infrastrukturen der Welt und verfügen über enorme Produktions- und Telekommunikationskapazitäten. Aus vorwiegend politischen Gründen gelang es ihnen aber nicht, diese Kapazitäten zu mobilisieren. Zunächst nahm der damalige Präsident Donald Trump die Pandemie nicht ernst genug, um eine energische Reaktion auf Bundesebene zu organisieren, und dann spielte er sie in Eigenregie herunter. Das vielschichtige und dezentralisierte Regierungssystem der Vereinigten Staaten führte zu unterschiedlichen Maßnahmen, die in einigen Fällen die Regierungen der Bundesstaaten in Konflikt mit ihren eigenen Städten brachten. Und viele weigerten sich, soziale Distanzierung zu praktizieren, da sie dies als einen Eingriff in ihre persönliche Freiheit ansahen.

Um die amerikanische Pandemiebereitschaft angemessener einschätzen zu können, hätte die GHSI-Gruppe die Unterstützung von Anthropologen, Psychologen und Historikern benötigt, die sich mit der amerikanischen Politik und Kultur auskennen. In der ganzen Welt hat sich gezeigt, dass die Frage, ob ein Land in der Lage ist, eine wirksame Pandemiebekämpfung durchzuführen, entscheidend von der Regierungsführung und der Reaktion der Bürger auf diese Regierungsführung abhängt. Das GHSI-Team hat sich also geirrt, weil es sich auf die falschen Expert:innen verlassen hat.

5 Die Verworrenheit des menschlichen Verhaltens

Genauso wie die Experten des GHSI-Teams es versäumten, das relevante und letztlich entscheidende menschliche Element im Kampf gegen COVID-19 zu berücksichtigen, erwies es sich bei den Corona- Impfstoffen als deutlich komplizierter, für Akzeptanz unter der Bevölkerung zu sorgen, als einfach nur die Technologie verfügbar zu machen. Die Verbreitung und Akzeptanz von Impfstoffen ist eben kein technisches, sondern ein soziales Unterfangen, das die Berücksichtigung vielschichtiger menschlicher Faktoren erfordert.

Fragen, die das menschliche Verhalten betreffen, gehören jedoch ausgerechnet zu den verwirrendsten Fragen der Wissenschaft. Im Bereich der

Forschung zur Künstlichen Intelligenz gibt es ein Sprichwort: „Hard things are easy; easy things are hard".[12] Tätigkeiten, die die meisten Menschen als sehr schwer ansehen, wie zum Beispiel Schach spielen oder höhere Mathematik, lassen sich relativ leicht durch Computer bewältigen, doch viele Aufgaben, die Menschen als leicht oder sogar trivial empfinden, können von Maschinen nicht gemeistert werden.

Vor fünfundzwanzig Jahren verlor mit Garri Kasparow der erste Schachweltmeister gegen einen Computer. Heute können Computerprogramme die weltbesten Pokerspieler und Go-Spieler schlagen, Musik komponieren und sogar den berühmten Turing-Test bestehen – indem sie Menschen vorgaukeln, dass sie mit einem anderen Menschen sprechen. Dennoch tun sich Computer immer noch schwer mit Dingen, die den meisten von uns leicht fallen, wie das Erlernen unserer Muttersprache oder die Fähigkeit, anhand der Körpersprache zu erkennen, ob ein Fußgänger die Straße überqueren will – etwas, das menschliche Fahrer ganz unbewusst beherrschen.

KI-Forscher werden Ihnen sagen, dass das Schachspiel vergleichsweise einfach ist, weil es einer Reihe strikter Regeln folgt, die eine endliche (wenn auch große) Anzahl möglicher Spielzüge ergeben. Die Vorhersage der Absichten eines Fußgängers ist jedoch eine komplexere Aufgabe, die sich nur schwer auf Regeln reduzieren lässt. Das ist zweifellos richtig, aber ich glaube, dass die Erfahrung mit der künstlichen Intelligenz noch eine weitere Lektion enthält, die für dringlichere Probleme von Bedeutung ist. Benennen wir diese Lektion einmal als das Impfparadoxon.

Jeder, der sich ein wenig mit Biologie auskennt, muss von dem wissenschaftlichen Tempo beeindruckt sein, das in weniger als einem Jahr dazu führte, erstaunlich wirksame Impfstoffe zur Bekämpfung von COVID-19 zu entwickeln. Sowohl der Moderna- als auch der Pfizer-BioNTech-Impfstoff verwenden Messenger-RNA (mRNA), um den Zellen die Anweisung zu geben, das Spike-Protein des neuartigen Coronavirus zu erzeugen, das wiederum den Körper zur Bildung von Antikörpern veranlasst, die zur Bekämpfung einer tatsächlichen Infektion erforderlich sind. Es handelt sich um eine brillante biotechnologische Arbeit, die für ähnliche Anwendungen von mRNA in der Zukunft wegweisend ist.

12 Manchmal auch Moravecs Paradox genannt, vgl. den Beitrag von Dave Trott: The Hard Things Are Easy, But the Easy Things Are Hard. In: Campaign, 8. November 2018 https://www.campaignlive.com/article/hard-things-easy-easy-thingshard/1498154#:~:text=Researchers%20thought%20that%2C%20having%20solved,wrote%20a%20campaign%20for%20IBM.

Doch selbst mehr als ein Jahr nach der Freigabe dieser Impfstoffe war es äußerst schwierig, eine vollständige Durchimpfung der amerikanischen Bevölkerung zu erreichen, geschweige denn eine Auffrischung der Impfung zu erwirken. In den Vereinigten Staaten waren die Schwierigkeiten u.a. auf die angespannte politische Lage zurückzuführen, aber auch die logistischen Herausforderungen erwiesen sich als groß. Bevor die Impfstoffe genehmigt wurden, befürchteten einige Gesundheitsexperten, dass es nicht genügend Fläschchen und Spritzen oder Kühlräume geben könnte. Andere wiesen bereits auf das Problem der Impfverweigerung hin. Und seit die Impfstoffe zur Verfügung standen, wurde das Impfprogramm mit einer Vielzahl neuer Probleme konfrontiert, darunter so alltägliche Dinge wie die Terminplanung. Die schwierige Aufgabe, einen Impfstoff zu entwickeln, erwies sich als (relativ) einfach; die einfache Aufgabe der Impfung hingegen als sehr schwierig.

In Anbetracht der obigen Ausführungen ist es vielleicht an der Zeit, unsere Kategorien zu überdenken. Wir betrachten Schach als schwierig, weil nur sehr wenige Menschen es auf hohem Niveau spielen können und fast niemand ein Großmeister ist. Im Gegensatz dazu könnten wahrscheinlich fast alle von uns lernen, wie man einen Lastwagen fährt, um Impfstoffe auszuliefern. Diese Sichtweise vermischt jedoch zwei unterschiedliche Faktoren, nämlich Schwierigkeit und knappe Verfügbarkeit. Wie das Beispiel der künstlichen Intelligenz zeigt, sind viele Dinge, die jeder von uns tun kann, in mancher Hinsicht bemerkenswert schwierig. Oder vielleicht verwechseln wir das, was schwer vorstellbar ist, mit dem, was eine Herausforderung darstellt. Die Quantenphysik ist konzeptionell schwierig; die Verabreichung von 600 Millionen Impfungen in einem großen, vielfältigen Land mit einem dezentralisierten Gesundheitssystem ist eine atemberaubende praktische Herausforderung.

Wir bezeichnen die physikalischen Wissenschaften als „schwierig", weil sie sich mit Fragen befassen, die weitgehend unabhängig von den Launen der menschlichen Natur sind; sie erarbeiten Gesetze, die (zumindest unter den richtigen Umständen) exakte Antworten auf diese Fragen liefern. Aber Physik und Chemie werden uns nie sagen, wie wir ein wirksames Impfprogramm entwerfen oder das Problem des kreuzenden Fußgängers lösen können, und das liegt unter anderem daran, dass sie uns nicht helfen können, das menschliche Verhalten zu verstehen. Die Sozialwissenschaften hingegen liefern selten exakte Antworten. Aber das macht sie nicht einfach.

Wenn es darum geht, reale Probleme zu lösen, sind es gerade die vermeintlich einfachen, die uns zu schaffen machen. Das Impfparadoxon zeigt, dass die wirklich schwierigen Wissenschaften diejenigen sind, die sich mit dem menschlichen Verhalten befassen.

6 Bitte den wissenschaftlichen Urteilen keine Fakten-‚Checks' verabreichen

Während das Hauptproblem in der pandemiegebeutelten Zeit darin bestand, die Menschen von den richtigen Fakten zu überzeugen, damit sie sich Spritzen in die Arme setzen lassen, besteht das Problem aber manchmal auch einfach darin, zu entscheiden, was die Fakten überhaupt sind. In einer Welt, die sich gnadenlos den ‚gefühlten Wahrheiten' verschrieben hat, die in diesem Sinn also *truthy* geworden ist (um eine Variation des Neologismus *truthiness* von Stephen Colbert zu verwenden),[13] brauchen wir Journalisten, Wissenschaftler und andere Experten, die für Fakten eintreten und die öffentliche Debatte redlich halten. Dies hat sich jedoch als anspruchsvolle Aufgabe erwiesen, insbesondere bei Themen wie dem Klimawandel, wo es eine heikle Grauzone zwischen Fakten und Expertenurteilen gibt.

Eine solche Grauzone ist seit der Veröffentlichung des Sonderberichts des *Intergovernmental Panel on Climate Change* (IPCC) aus dem Jahr 2018 mit dem Titel „Global Warming of 1,5 °C" zu konstatieren, dessen Autoren zu dem Schluss kamen, dass uns noch 12 Jahre (jetzt 5) bleiben, um eine radikale Verringerung der Treibhausgasemissionen zu erreichen, um die globale Erwärmung zu begrenzen.[14] Diese Warnung wurde häufig zitiert, und Politiker, die sich darauf beriefen, wurden wiederholt auf ihre Fakten hin gecheckt. Einige dieser Checks erinnerten jedoch eher an ein Eishockeyspiel, bei dem das ‚Checken' dazu dient, das Spiel zu stören und Dominanz zu etablieren, als an einen Versuch, der Öffentlichkeit zu helfen, ein komplexes, aber wichtiges Thema zu verstehen.

In der zweiten Debatte der Demokraten bei den Präsidentschaftswahlen 2020 sagte beispielsweise der ehemalige US-Abgeordnete Beto O'Rourke aus Texas: „I listen to scientists on this, and they are very clear. We don't have more than 10 years to get this right". Und Pete Buttigieg, damals Bürgermeister von South Bend, Indiana, später Verkehrsminister in der Regierung von Joe Biden, sagte: „Science tells us we have 12 years before we reach the horizon of catastrophe when it comes to our climate." Die New York Times befand beide Aussagen für „irreführend" und betonte, dass jede Behauptung, „that there are 12 or just 10 years until the point of no return goes beyond what the [IPCC] report itself says". Die Washington Post bezeichnete die 12 Jahre als „a figure that is frequently cited but often misused" und implizierte, dass Buttigieg zu denjenigen gehöre, die sich irrtümlich auf diese Zahl beziehen.

---

13 Vgl. den Mitschnitt der Show von Stephen Colbert unter https://www.youtube.com/watch?v=CkoyqUoBY7M (letzter Zugriff am 8. September 2025).

14 Vgl. IPCC Special Report: Global Warming of 1.5°C, https://www.ipcc.ch/sr15/.

Aber der IPCC hat nicht in erster Linie eine *Tatsache* angegeben. Er gab ein kollektives Expertenurteil wieder – in diesem Fall den Konsens von 86 Autor:innen und Redakteur:innen aus 39 Ländern. Angesichts dieser Anzahl wird es unweigerlich eine Reihe von legitimen Interpretationen geben. Wenn man das Resultat in diesem Sinne versteht, ist der ganze Ansatz der Faktenüberprüfung fehl am Platz. Das wäre so, als ob die Medien nach dem 11. September 2001 die Einschätzung der Bedrohung der USA durch die Politiker einem Faktencheck unterzogen hätten.

Denken Sie auch an die Schlagzeilen, die die Nachrichtenagenturen selbst veröffentlichten, als der Bericht herauskam. Aus der *New York Times*: „Major climate report describes a strong risk of crisis as early as 2040". Die AP: „UN report on global warming carries life-or-death warning". Und spaßeshalber sei auch noch aufgeführt, was die *New York Post* zu sagen hatte: „Terrifying climate change warning: 12 years until we're doomed."

Nennen Sie mich pedantisch, aber diese Schlagzeilen unterscheiden sich meiner Meinung nach nicht wesentlich von den Aussagen der Politiker. Es wird hier dieselbe Sprache der Krise und der Deadlines gebraucht, die von den Faktenprüfern selbst zuvor kritisiert wurde.

Politiker sagen manchmal Dinge, die in eklatanter Weise im Widerspruch zum Expertenkonsens stehen; die offene Leugnung des Klimawandels ist ein naheliegendes Beispiel dafür. Wenn jemand etwas offensichtlich Falsches sagt (wie zum Beispiel, dass die Welt morgen untergeht) sollten wir es anprangern, aber wir sollten nicht damit anfangen, Fakten zu überprüfen, die gar keine Fakten sind. Jedes Expertenurteil enthält einen Interpretationsspielraum und damit eine Bandbreite an vertretbaren Lesarten. Wir sollten diesen vertretbaren Bereich diskutieren und Behauptungen, die offensichtlich unvernünftig sind, kennzeichnen. Aber wir sollten Urteile nicht mit Fakten verwechseln. Denn wenn das passiert, wird aus einer ernsthaften Diskussion eine Eishockeyschlägerei, bei der es nur um Punkte geht und am Ende trotzdem alle verlieren.

Das gleiche Argument kann natürlich auch in Bezug auf die Impfstofffrage und so ziemlich jeden anderen Aspekt des Kampfes gegen COVID-19 vorgebracht werden. Und genau darum geht es in diesem Aufsatz. Am Endes des Tages schadet es viel mehr, als es nützt, wenn man bei einer Pandemie oder einem anderen Thema, das sowohl wissenschaftlichen als auch politischen Input erfordert, das Urteil von Experten vernachlässigt oder gar übergeht. Warum sollte Sie das überzeugen? Nun, lassen Sie mich noch einmal aus *Der Sturm* zitieren: Die Vergangenheit ist der Prolog.

Aus dem Englischen übersetzt von Mathis Lessau und Hans-Christian Riechers

Die Geisteswissenschaften und die Öffentlichkeit – Szenen einer Legitimationskrise

Johannes Franzen

1 Katastrophenmeldungen

Die populistischen Angriffe auf die Wissenschaft in der Gegenwart haben die Überzeugungskraft wissenschaftlicher Erkenntnisse nicht nur geschwächt, sondern auch zu einem Legitimationsschub beigetragen. Im April 2017 etwa demonstrierten zehntausende Menschen weltweit in einem ‚March for Science' gegen die Aushöhlung wissenschaftlicher Autorität, die vor allem mit Donald Trump, dem seit 2016 amtierenden Präsidenten der USA, assoziiert wurde. Trump gehörte nicht nur zu den prominentesten Leugnern des Klimawandels, sondern stand auch stellvertretend für eine Politik, die im Sinne ‚alternativer Fakten' oder eines ‚postfaktischen Zeitalters' eine rationale, wissenschaftlich-fundierte Weltsicht zerstören will. Gegen diese Politik, die während der Corona-Pandemie als Feindbild noch einmal deutlich an Energie gewinnen konnte, formierte sich ein Widerstand, der auf die Frage nach dem Geltungsanspruch der Wissenschaft zielt. Die damit verbundene Überzeugungsarbeit umfasst, schreibt Claus Beisbart, all jene Versuche, „andere Menschen auf der Basis einschlägiger Gründe dazu zu bringen, Vertrauen in die Wissenschaften auszubilden, d.h. die allgemeine Neigung, wissenschaftlich etablierte Ergebnisse für wahr zu halten."[1]

Die heroische Rolle, die der Wissenschaft in diesem Kampf um Vertrauen und Wahrheit zukommt, wird allerdings in den meisten Fällen mit ‚harten' Wissenschaften wie Klimaforschung oder Virologie assoziiert. Die Geistes- und Sozialwissenschaften dagegen haben kaum von der politischen Vertrauenskrise der Wissenschaft profitiert. Wer auf einen ‚March for Science' gegen den Autoritätsverlust der Wissenschaften demonstriert, meint damit wohl eher nicht Anglistik oder Philosophie. Es handelt sich um eine Form des Expertentums, dessen Überzeugungskräfte weder durch Querdenker noch durch andere epistemologische Hooligans des ‚postfaktischen Zeitalters' wirklich bedroht zu sein scheint. Stattdessen muss die Energie der Überzeugungsarbeit im Fall der krisengebeutelten Geistes- und Sozialwissenschaften vor allem investiert

1 So Claus Beisbart in seinem Beitrag zu diesem Band, S. 22.

werden, um die Menschen überhaupt von ihrer Existenzberechtigung zu überzeugen.

Nun ist die ‚Krise' der Geisteswissenschaften bekanntermaßen ein auch in den Disziplinen fast liebevoll gepflegter Diskurs, der auf eine lange Geschichte zurückschauen kann. „Was in den Geisteswissenschaften geschieht", schreiben Steffen Martus und Carlos Spoerhase, „erfährt besonders dann eine erhöhte Aufmerksamkeit, wenn diskutiert wird, was ihnen gerade nicht so gut gelingt."[2] Allerdings hat die feindselige Frage ‚Wozu ist das gut' in der Gegenwart durch eine Eindruck von Polykrise und Polarisierung, und insbesondere durch die rapide sinkenden Studierendenzahlen, eher noch an Schärfe gewonnen. Gerade in den letzten Jahren mehren sich die Katastrophenmeldungen eines eskalierenden Bedeutungsverlustes. „Die Geisteswissenschaften sehen sich bedrängt", heißt es in einem Artikel der *Neuen Zürcher Zeitung* aus dem Februar 2024.[3] Einen „Abschied von Herder und Hölderlin" beschwor die *Frankfurter Rundschau* im Frühling des selben Jahres.[4] Seit 2010, vermeldete die *Frankfurter Allgemeinen Zeitung* im Januar 2025, „haben sich die Studentenzahlen in den Geisteswissenschaften international fast halbiert."[5] Und nur kurze Zeit später: „Nur jeder zehnte Student schreibt sich für Geisteswissenschaften ein."[6]

Diese Diagnosen sind weit verbreitet und werden mit einer gewissen Atemlosigkeit immer wieder vorgetragen. Es scheint sich zudem um ein internationales Phänomen zu handeln. Ein vielbeachteter Artikel im *New Yorker*

---

2 Steffen Martus und Carlos Spoerhase: Geistesarbeit. Eine Praxeologie der Geisteswissenschaften. Berlin: Suhrkamp 2022, S. 12, dort auch allgemein zum Krisendiskurs S. 12–21. Die Autoren weisen darauf hin, dass zu den Krisendiagnosen inzwischen gehört, auf die Dauerpräsenz des ‚Krisengeredes' hinzuweisen. Der Einwurf, dass die Krise nur ein Topos sei, habe inzwischen selbst topischen Charakter gewonnen (S. 16.). Ein schönes Beispiel dafür ist eine Wortmeldung von Hans Ulrich Gumbrecht, der zu den produktivsten Krisendiagnostikern seiner Disziplin gehört und der einen Text über den Mangel mitreißender Geisteswissenschaftler:innen in der Gegenwart mit dem Hinweis beginnt: „Seit der deutsche Philosoph Wilhelm Dilthey ihnen an der Wende zum zwanzigsten Jahrhundert einen gemeinsamen Namen gab, haben die als Geisteswissenschaften bekannten akademischen Disziplinen einen Diskurs von der eigenen Krise kultiviert", vgl. Hans Ulrich Gumbrecht: Uns gehen die mitreissenden Denker aus. In. Neue Zürcher Zeitung vom 17. August 2024.

3 Matthias Venetz: Das Interesse an den Geisteswissenschaften sinkt. In: Neue Zürcher Zeitung vom 21.02.2024.

4 Michael Hesse: Abschied von Herder und Hölderlin. In: Frankfurter Rundschau vom 28. April 2024.

5 Heike Schmoll: Deutschland in der Bildungskrise. In: Frankfurter Allgemeine Zeitung vom 3. Januar 2025.

6 Michael Hüther: Plötzlich vermeidlich? In: Frankfurter Allgemeine Zeitung vom 19. Feburar 2025.

von 2023 etwa ist mit dem bedrohlichen Titel „The End of the English Major" überschrieben. Hier wird das Ende einer ganzen Reihe von Studiengängen verkündet, denn die Zahlen sprechen eine klare Sprache: „During the past decade, the study of English and history at the collegiate level has fallen by a full third. Humanities enrollment in the United States has declined over all by seventeen per cent."[7] Auf der Illustration, die den Text online begleitete, ist eine Shakespeare-Büste zu sehen, die mit äußerster Besorgnis auf die brummenden Labor-Technik- und Rechengeräte schaut, die sie eingekesselt haben. Die Botschaft ist klar: Die ‚hard sciences' (Mathematik, Ingenieurswissenschaften, Naturwissenschaften) verdrängen in ihrer robusten Relevanz und Vitalität die Tradition der Literaturwissenschaft.

Eine Forderung, die im Kontext dieser Legitimationskrise an die Geisteswissenschaften mit immer größerer Aggressivität herangetragen wird, ist die Forderung nach mehr Öffentlichkeit, mehr Breitenwirksamkeit, mehr medialer und diskursiver Relevanz. Im Februar 2017 etwa veröffentlichte der *Spiegel* unter dem Titel „Schiller war Komponist" eine heftige Breitseite gegen die Germanistik, die vor allem darauf abzielte, dass sich das Fach der Öffentlichkeit verweigern würde. Die Germanistik, heißt es, habe sich regelrecht verbarrikadiert. Wer aus der akademischen Nische heraustrete, müsse nämlich in der wissenschaftlichen Community auch um sein Ansehen fürchten. Man gelte dann schnell als halbseiden und nicht seriös. Das habe dazu geführt, dass viele Wissenschaftler:innen sich einen „komplexen Sprachpanzer" zugelegt hätten, an dem „interessierte Laien" fast immer abprallen würden.[8]

Damit sind die geläufigen Argumentationsfiguren der Forderung nach mehr Öffentlichkeit an die Geisteswissenschaften größtenteils versammelt. Die „interessierten Laien" werden gegen die Wissenschaft ausgespielt, die sich der Öffentlichkeit aus Verzagtheit und wegen einer verfehlten Reputationslogik bewusst verweigert. Die „hermetische Sprache" und der „verschlüsselte Jargon" führten dazu, dass sich Menschen ausgeschlossen fühlen, dass Öffentlichkeit verhindert werde. Dabei gäbe es wichtige Aufgaben für das Fach. Wo, wird am Ende des Artikels gefragt, „sind die Germanisten, die sich mit der Sprache der Lüge, mit dem Jargon der Populisten beschäftigen? Wo sind die Germanisten, die Stellung beziehen, die in den Medien gegen ‚völkische' Parolen antreten?" Der letzte Satz des Textes lautet: „Macht euch bemerkbar!"[9]

---

7 Nathan Heller: The End of the English Major. In: The New Yorker vom 6. März 2023. Bereits am 2. April 2019 fragte Michael Massing im *New York Review of Books*: „Are the Humanities History?"

8 Martin Doerry: „Schiller war Komponist". In: Der Spiegel vom 4. Februar 2017.

9 Doerry (2017): „Schiller war Komponist".

Es ist auffällig, wie stark die Forderung nach mehr Öffentlichkeit hier direkt an ein gesellschaftliches Nützlichkeitsparadigma von Wissenschaft geknüpft wird. Doerry fragt an einer Stelle: „Wer hat eigentlich entschieden, dass dieses Land mehr als 3000 Germanisten braucht?" Deutlicher kann man das Kriterium der gesellschaftlichen Relevanz kaum aufrufen. Verbunden wird diese feindselige Frage mit der Suggestion, dass diese 3000 Germanist:innen ihren Gebrauchswert unter Beweis stellen könnten, wenn sie etwa den „Jargon der Populisten" dekonstruieren würden, und zwar für ein breites Publikum, das von diesen Erkenntnissen auch profitieren kann. Es geht also darum, direkt auf die Öffentlichkeit einzuwirken und dieser zu einem besseren Verständnis zu verhelfen – sich ‚bemerkbar' zu machen und damit relevant. Diese Forderung kommt nicht nur aus den Medien, sondern steht auch im Kontext der immer stärkeren Institutionalisierung von ‚Wissenschaftskommunikation' an den Universitäten, die von den Akteuren Transferleistungen erwartet, die das erarbeitete Wissen in die Öffentlichkeit transportieren, und die dazu beitragen sollen, die Überzeugungskräfte der Wissenschaften zu stärken.[10]

Im Folgenden möchte ich die Debatte um das Verhältnis von Geistes- und Sozialwissenschaften und ihrer Öffentlichkeit als Konfliktkonstellation in den Blick nehmen, die auf einem konstitutiven Widerspruch beruht, der die Selbstbeschreibung der Disziplinen charakterisiert. Es soll also darum gehen, Ansätze einer Konflikttheorie der Geistes- und Sozialwissenschaften vorzustellen, die in den Szenen der historischen und gegenwärtigen Legitimationskrise aufscheinen. Eine Analyse der Mechanismen von Auf- und Abwertung öffentlicher Wirkung – etwa in der Debatte um die Rolle der öffentlichen Intellektuellen – kann dazu beitragen, diese Legitimationskrise besser zu verstehen.

2 Öffentlichkeit als Nützlichkeit

In der herrischen Forderung nach mehr Öffentlichkeit kommt ein allgemeines Misstrauen gegen eine Fächergemeinschaft zum Ausdruck, deren gesellschaftlicher Nutzen sich nicht unmittelbar erschließt. Gleichzeitig transportiert diese Forderung aber auch eine teilweise hyperbolische Wirkungshoffnung.

10 Zu den theoretischen und praktischen Problemen, die in den ‚Kontaktzonen' der Wissenschaftskommunikation entstehen können, vgl. (aus der Perspektive einer ‚Wissenssoziologie der Wissenschaftskommunikation') Julika Griem: Wissenschaftskommunikation als Kontaktzone und Kontaktszene. In: Zeitschrift für Literaturwissenschaft und Linguistik (LiLi) 52 (2022), S. 423–441.

Vor allem werden in diesem Krisendiskurs die teils extrem unterschiedlichen Disziplinen in der Diskussion um ihre Relevanz oft auf eine Art miteinander vermischt, die eine sinnvolle Diskussion fast unmöglich macht. Das zeigt sich schon bei Doerry, der zwar zwischen Geschichtswissenschaft (relevant) und Germanistik (nicht relevant) unterscheidet, aber nicht zwischen den Fächergruppen, die unter dem Sammelbegriff Germanistik existieren und die als Literaturwissenschaft, Linguistik und Mediävistik ganz unterschiedliche Identitäten (und Krisendiskurse) aufweisen.

Diese Vagheit ist repräsentativ für die gesamte Debatte um das Verhältnis von Geistes- und Sozialwissenschaften und ihren angeblichen Mangel an Breitenwirksamkeit. Bereits 2007, im ‚Jahr der Geisteswissenschaften', definierte die damalige Bundesministerin für Bildung und Forschung Annette Schavan die Relevanz der Geisteswissenschaften vor allem über ihr Verhältnis zur Öffentlichkeit. In einem Beitrag, der in einem Band mit dem halb trotzig, halb flehentlich klingenden Titel *Warum die Geisteswissenschaften Zukunft haben!* veröffentlicht wurde, schreibt sie: „Die Öffentlichkeit braucht die Geisteswissenschaften, und die Geisteswissenschaften brauchen Öffentlichkeit."[11] Zwar sei es angesichts der volkswirtschaftlichen Leistungen, die die Geisteswissenschaften erbringen, „geradezu absurd", die Frage nach ihrer Nützlichkeit überhaupt zu stellen[12] – allerdings wird auch hier Breitenwirksamkeit als gesellschaftliche Erwartung eingefordert, die diese Nützlichkeit erst legitimieren muss.

Dabei wird recht schnell die Kontrastfolie einer Wissenschaft sichtbar, die sich dieser Erwartung verweigert. Die Vielfalt der Veranstaltungen, die unter dem Motto „ABC der Menschheit" von den rund 300 Partnern aus Wissenschaft, Kultur und Wirtschaft ausgerichtet wurden, zeige, schreibt Schavan, „dass die Geisteswissenschaften schon längst aus ihren Lesestuben und Elfenbeintürmen herausgekommen sind." Geisteswissenschaften, heißt es, sind Diskurs: „Dieser darf jedoch nicht nur hinter verschlossenen Türen stattfinden."[13] Es sei deshalb ein wichtiges Anliegen des ‚Jahrs der Geisteswissenschaften', diesen Diskurs in die Öffentlichkeit zu tragen. Schavan verweist stolz auf die Projekte, die mit dem Preis „Geist begeistert" prämiert wurden – darunter „ZugBildung", ein Hörprogramm für die Bahn oder „Philosophie mit Musik",

11 Annette Schavan: Das „Jahr der Geisteswissenschaften" 2007. In: Warum die Geisteswissenschaften Zukunft haben! Ein Beitrag zum Wissenschaftsjahr 2007. Hg. von Jörg-Dieter Gauger und Günther Rüther. Freiburg, Basel, Wien: Herder 2007, S. 460–471, hier S. 462.

12 Schavan (2007): Jahr der Geisteswissenschaften, S. 461.

13 Schavan (2007): Jahr der Geisteswissenschaften, S. 463 und 464.

eine multimediale Erschließung von Wittgensteins Werk. Diese Projekte seien der Beweis dafür, „dass Geisteswissenschaftler sehr wohl in der Lage sind, ihre Themen und Anliegen allgemeinverständlich und anschaulich zu vermitteln und dass die oft beschworene Erlebnisqualität kein Privileg der Naturwissenschaften sein muss."[14]

So werden die Geisteswissenschaften unvermittelt von einer Fächergruppe, deren Nützlichkeit ja angeblich außer Frage steht, zu einem akademischen Sorgenkind, das sich vor der Öffentlichkeit beweisen muss: „Sie müssen mobilisiert werden, sie müssen motiviert werden, um die Bedeutung und Relevanz ihrer Arbeit in der Mitte der Gesellschaft sichtbar zu machen."[15] Diese erstaunlich strengen Handlungsanweisungen verweisen zurück auf die wesenhafte Legitimationskrise der Geisteswissenschaften, die auch durch den fieberhaften Aktionismus eines ‚Jahrs der Geisteswissenschaften' nicht verschleiert werden konnte, und die schon darin zum Ausdruck kommt, dass die zuständige Ministerin in einer Feier der Fächer den geläufigen anti-akademischen Topos des ‚Elfenbeinturms' bedient und zur Mobilisierung im Sinne der Allgemeinverständlichkeit und Erlebnishaftigkeit aufruft.

Nun ist es kaum verwunderlich, dass die Wissenschaften sich, wie etwa David Kaldewey in seiner einschlägigen Untersuchung wissenschaftlicher Selbstbeschreibungen gezeigt hat, zwischen den Anforderungen von ‚Wahrheit' und ‚Nützlichkeit', zwischen Autonomie und gesellschaftlicher Relevanz verorten müssen.[16] „Das Bedürfnis, die gesellschaftliche Relevanz der Wissenschaft zu bewerten", schreiben auch Julian Hamann und Julia Schubert, „ist so alt wie die Wissenschaft selbst."[17] Während innerwissenschaftlich vor allem die Qualität der Forschung bewertet werde, stehe in einem gesamtgesellschaftlichen Bewertungsprozess auch der ‚societal impact' der Wissenschaft zu Disposition, gerade, weil in modernen Gesellschaften ein Großteil der Forschung durch diese Gesellschaft finanziert wird. Hinter der Unterscheidung von Qualität und Relevanz stehe die Annahme, „dass die Wissenschaft nicht nur innerwissenschaftlichen Communities, sondern auch der sie tragenden Gesellschaft gegenüber in der Pflicht stehe und deshalb auf gesellschaftlichen Nutzen hin orientiert sein müsse."[18]

14 Schavan (2007): Jahr der Geisteswissenschaften, S. 465.

15 Schavan (2007): Jahr der Geisteswissenschaften, S. 464.

16 David Kaldewey: Wahrheit und Nützlichkeit. Selbstbeschreibungen der Wissenschaft zwischen Autonomie und gesellschaftlicher Relevanz. Bielefeld: Transcript 2013.

17 Julian Hamann und Julia Schubert: Nützliche Forschung: Die Bewertung und Vermessung der gesellschaftlichen Relevanz von Wissenschaft. In: Wissenschaftsforschung. Hg. von David Kaldewey. München, Wien: De Gruyter Oldenbourg 2023, S. 221–236, hier S. 221.

18 Hamann und Schubert (2023): Nützliche Forschung, S. 221.

Legitimationskrisen von Wissenschaft entstehen unter anderem dort, wo die Vorstellungen von Qualität und Relevanz auseinanderdriften. Die Forderung nach mehr Öffentlichkeitswirksamkeit der Geistes- und Sozialwissenschaften steht im Kontext eines solchen Auseinanderdriftens. ‚Societal impact', der im Verlauf der Wissenschaftsgeschichte verloren gegangen ist, soll durch eine Öffnung hin zu einem breiteren Publikum wettgemacht werden. Das entspricht dem „demokratisch-partizipativen Bewertungsmodus", der laut Harmann und Schubert einen Relevanzbegriff bemüht, „der sich in erster Linie auf die gesellschaftliche Einbettung der Wissenschaft bezieht."[19]

Was sich hier bereits andeutet, ist eine gewisse, konstitutive Unverträglichkeit der beiden Sphären der Bewertung. Das Verhältnis der Qualität von Forschung zu ihrer gesellschaftlichen Relevanz erzeugen Reibungsprobleme. So berge der „demokratisch-partizipative Bewertungsmodus" etwa die Gefahr einer populistischen „Verführung leicht verständlicher Wissenschaft".[20] Verständlichkeit wird in diesem Fall einerseits als Qualitätskriterium relevanter Wissenschaft stark gemacht, andererseits aber auch als Bedrohung definiert, die die Wissenschaft von ihrer eigentlichen Funktion entfremden kann: „Sofern die wissenschaftliche Wissensproduktion auf der Ebene der Forschungspraxis für das Engagement von wissenschaftlichen Laien geöffnet wird, entsteht unweigerlich ein Spannungsverhältnis mit spezialisierten Fachdiskursen, die einerseits den traditionellen Kern wissenschaftlichen Engagements ausmachen, andererseits aber Laien *per definitionem* ausschließen."[21]

Damit ist der Grundkonflikt, der das Verhältnis von Wissenschaft und Öffentlichkeit prägt, klar ausgesprochen: Wissenschaft ist das, was Laien notwendigerweise ausschließt. Grundlage der professionellen Identität eines wissenschaftlichen Expertentums ist gerade die Spezialisierung, die sich der Kommunizierbarkeit an Nicht-Spezialisten verweigert. Damit erscheint allerdings der ‚interessierte Laie', den etwa Martin Doerry als Wunschpublikum einer potentiell relevanten Germanistik ins Feld führt, als Figur, die die Autonomie der Wissenschaft bedroht. Eine Wissenschaft, die der Forderung Annette Schavans folgt und die „Lesestuben und Elfenbeintürme" verlässt, läuft demnach Gefahr, ihre professionelle Identität zu verlieren.

Diese potentielle Identitätskrise hat dazu geführt, dass die Fächer ein ausgesprochen ambivalentes Verhältnis zur medialen Öffentlichkeit entwickelt haben. Bernhard Pörksen diagnostizierte in einem Essay von 2012 eine regelrechte „Angst des Geisteswissenschaftlers vor den Medien". Pörksen

19 Hamann und Schubert (2023): Nützliche Forschung, S. 226.
20 Hamann und Schubert (2023): Nützliche Forschung, S. 232.
21 Hamann und Schubert (2023): Nützliche Forschung, S. 232.

versetzt sich in die Lage der ängstlichen Wissenschaftler:in hinein, die mit den Anforderungen öffentlicher Wirkung hadert:

> Was werden sie sagen, die Kolleginnen und Kollegen? [...] Sind Medien nicht große Vereinfachungs- und Verzerrungsmaschinen, die eine Geschwindigkeit und eine ‚Überbietungsdynamik' (Peter Weingart) erzeugen? Muss man die Öffentlichkeit also womöglich als einen Ort der gefährlichen Infektion betrachten, die die eigene fachinterne Reputation im Tausch gegen ephemere Medienprominenz schwächt, dem ‚echten Denken' entgegen steht?[22]

Die Angst des Geisteswissenschaftlers vor den Medien erscheint hier zunächst als soziale Angst vor den Unkenrufen der Kolleg:innen, die sich dann in eine professionelle Angst vor dem Verlust der fachinternen Reputation übersetzt. Dieser Reputationsverlust ist im Verdacht der Vereinfachung angelegt, dem die Wissenschaft fast automatisch in dem Moment verfällt, in dem sie breitenwirksam wird, das heißt, von Nicht-Wissenschaftlern – ‚interessierten Laien' – verstanden wird. Es gebe, schreibt Pörksen, nur wenige Akteure innerhalb der Geisteswissenschaften, die sich „von wissenschaftsimmanent mächtigen, extern aber seltsam anachronistisch und angstbesetzt wirkenden Unterscheidungen (Prominenz versus Reputation, Oberfläche versus Tiefe, Fachkompetenz versus Pop Science) nicht einschüchtern lassen."[23]

Der ressentimentgeladenen Forderung von *außen*, die Fächer sollten sich gefälligst klar ausdrücken und breitenwirksam aufstellen, steht also die ebenfalls ressentimentgeladene Vorstellung *innerhalb* der Institution entgegen, Öffentlichkeit und ‚echte' Wissenschaft ließen sich nicht miteinander vereinbaren. Dabei wird deutlich, wie sich in der Frage nach dem Zusammenhang von Wissenschaft und Öffentlichkeit eine konzeptuelle und rollentheoretische Trennung vollzieht: *Entweder* man bekommt fachinterne Reputation *oder* Medienprominenz. Hier zeigt sich die ungebrochene Macht der „Autonomiediskurse", die bestimmend für die Selbstbeschreibung der modernen Wissenschaft geworden sind.[24]

Ein frühes und einflussreiches Beispiel für die Konflikthaftigkeit im Verhältnis von Wissenschaft und Öffentlichkeit findet sich in Max Webers Vortrag *Wissenschaft als Beruf* von 1917. Hier wird die Autonomie der Wissenschaft auf eine Art und Weise gegen Breitenwirksamkeit ausgespielt, die in der Gegenwart einen unmittelbaren Wiedererkennungswert erzeugt. Für Weber ist die Voraussetzung einer dauernden wissenschaftlichen Leistung die „strenge

---

22 Bernhard Pörksen: Die Angst des Geisteswissenschaftlers vor den Medien. In: Pop. Kultur und Kritik 1 (2012), S. 21–25, hier S. 22.

23 Pörksen (2012): Die Angst des Geisteswissenschaftlers, S. 22.

24 Vgl. Kaldewey (2013): Wahrheit und Nützlichkeit, S. 20.

Spezialisierung". Wer nicht in der Lage sei, „sich einmal sozusagen Scheuklappen anzuziehen" und sich in sein Spezialthema hineinzusteigern, solle der Wissenschaft fernbleiben. Was Weber fordert, ist ‚Leidenschaft' als Voraussetzung einer echten Forscherexistenz, allerdings eine Leidenschaft, die vor allem der Spezialisierung dient und die sich in einen „von jedem Draußenstehenden belächelten Rausch" steigern sollte.[25] Hier wird also direkt ein ‚Draußen' konstruiert, das sich über den eigentümlichen Rausch der Spezialisierung nur lustig machen kann. So wird der Gelehrte der Gelehrtensatire, der im Elfenbeinturm sitzt und seine Eigentümlichkeit bewahrt, als heroisches Modell affirmiert.

Dieses Modell ist bei Weber mit einer Abstinenz in Wertungsfragen verbunden, die über den Bereich der reinen Forschung und ihrer Qualität hinausgehen. Vor allem verbieten sich im wissenschaftlichen Kommunikationsmodus politische Interventionen: „Politik gehört nicht in den Hörsaal." Im Parteikampf herrschten ganz andere Regeln als im Bereich der Wissenschaft:

> Die Worte, die man braucht, sind dann nicht Mittel wissenschaftlicher Analyse, sondern politischen Werbens um die Stellungnahme der anderen. Sie sind nicht Pflugscharen zur Lockerung des Erdreiches des kontemplativen Denkens, sondern Schwerter gegen die Gegner: Kampfmittel.[26]

Für Weber verbietet sich die politische Stellungnahme im Hörsaal vor allem deshalb, weil ‚Tatsachenfeststellungen' etwa mathematischer oder logischer Sachverhalte oder der inneren Struktur von Kulturgütern ganz andere Probleme betreffen als die Frage nach dem Wert einer Kultur oder danach wie man handeln sollte.

Auf die Frage, warum nicht beides im Hörsaal behandelt werden kann, antwortet Weber: „weil der Prophet und der Demagoge nicht auf das Katheder eines Hörsaals gehören. Dem Propheten wie dem Demagogen ist gesagt: ‚Gehe hinaus auf die Gassen und rede öffentlich.'"[27] Damit werden zwei Figuren evoziert, von denen der echte Wissenschaftler sich abgrenzen muss. Religiöse und politische Meinungsführer bewegen sich auf einer anderen Zuständigkeitsebene als die Forschung. Sie betreiben das Geschäft der Werte und des

---

25 Max Weber: Wissenschaft als Beruf. Mit zeitgenössischen Resonanzen und einem Gespräch mit Dietrich Henrich. Hg. von Matthias Bormuth. Berlin: Matthes & Seitz 2018, S. 49; vgl. zur Wirkungsgeschichte des Aufsatzes ausführlich Richard Pohle: Max Weber und die Krise der Wissenschaft. Eine Debatte in Weimar. Göttingen: Vandenhoeck & Ruprecht 2009.

26 Weber (2018): Wissenschaft als Beruf, S. 71 und 72.

27 Weber (2018): Wissenschaft als Beruf, S. 73.

Wertens. Zwar würden die Studierenden heutzutage oft in ihren Professoren nach ‚Führern' suchen – dem müsse man sich aber widersetzen, denn: „nur als *Lehrer* sind wir auf das Katheder gestellt."[28] Damit sind auch die Orte der unterschiedlichen Rollenmuster klar voneinander abgetrennt. Demagogie und Prophetie finden in der Öffentlichkeit statt; innerhalb der Universität müssen andere Regeln herrschen.

Wissenschaft als Beruf steht im Kontext des „Werturteilsstreites", der bis heute die Debatte um angemessene und unangemessene Formen der wissenschaftlichen Resonanz bestimmt.[29] Es handelt sich um einen grundsätzlichen Konflikt, der in der Gegenwart etwa im Kampfbegriff des „Aktivisten" eine Entsprechung findet – eine Figur, die als Schreckgespenst einer Forscherpersönlichkeit aufgebaut wird, die statt objektiver Wissenschaft progressive Politik betreiben möchte – ein Echo des zu Webers Zeiten kursierenden Schimpfwortes vom ‚Kathedersozialisten'. Weber wird in diesem Zusammenhang immer wieder als Kronzeuge genannt. Etwa in einem Artikel in der *Zeit* von 2024, in dem der Autor beklagt, ein Glaube an den Aktivismus, der die Welt verbessern könne, gefährde den Ruf der Wissenschaft. Dagegen möchte der Autor als Alternative „eine altmodische Idee von Max Weber" ins Spiel bringen: „Sie heißt: Werturteilsfreiheit."[30] Ganz ähnlich brachte auch die Rezension einer Neuausgabe von Webers *Wissenschaft als Beruf* in der *Neuen Zürcher Zeitung* Webers Wertungsaskese gegen eine angebliche Tendenz der zeitgenössischen Wissenschaft, sich als ‚Heilsbringer' zu inszenieren, in Stellung: „Was würde Max Weber dazu sagen, dass Neurowissenschafter, Volkswirtschafter oder der Gender-Theoretiker meinen, ihre Forschung sei eine Etappe auf dem Weg zu einer definitiv ‚guten' Gesellschaftsordnung?"[31]

---

28 Weber (2018): Wissenschaft als Beruf, S. 80.

29 Vgl. Gert Albert: Der Werturteilsstreit. In: Soziologische Kontroversen. Eine andere Geschichte der Wissenschaft vom Sozialen. Hg. von Georg Kneer und Stephan Moebius. Berlin: Suhrkamp 2010, S. 14–45.

30 Martin Schröder: Wissenschaftler dürfen keine Aktivisten sein. In: Die Zeit vom 21. März 2024.

31 Christian Marty: Die Götter als Götzen entlarven. In: Neue Zürcher Zeitung vom 17. Mai 2018. Ein weiteres Beispiel findet sich in der *Frankfurter Allgemeinen Zeitung* im Dezember 2020. Auch hier polemisiert der Autor gegen angeblich aktivistische Wissenschaftler:innen und beruft sich dabei auf Webers *Wissenschaft als Beruf*: „Aktivistische Wissenschaftler waren schon Max Weber, dem vor einhundert Jahren gestorbenen Soziologen, ein Greuel. Die Aufgabe des Forschers, so Weber, sei die Suche nach möglichst objektiven Erkenntnissen. Verpflichtet seien sie einzig und allein der Wahrheit." Johannes Pennekamp: Aktivistische Wissenschaftler. In: Frankfurter Allgemeine Zeitung vom 12. Dezember 2020.

3 Das Problem des öffentlichen Intellektuellen

Max Webers strenge Aufteilung der Zuständigkeitsbereiche kann bis heute als Voraussetzung der professionellen Identität moderner Wissenschaften gelten. Zu dieser Identität gehört allerdings auch immer – Weber selbst ist ein gutes Beispiel dafür – die Herausforderung und Verführung öffentlicher Wirksamkeit. In den Geistes- und Sozialwissenschaften kulminieren die Konflikte, die im Verhältnis von Wissenschaft und Gesellschaft angelegt sind, vor allem in der Figur des *öffentlichen Intellektuellen* – eine Figur, in der Prophet, Demagoge und Forscher auf eine volatile Art und Weise aufeinandertreffen. In dieser Figur kommt das Spannungsverhältnis von Autonomie und Wirksamkeit, von Forschen und Werten, von Spezialisierung und Breitenwirksamkeit, das die Debatte um das Verhältnis der Geistes- und Sozialwissenschaften in der Öffentlichkeit bestimmt, mit besonderer Intensität zum Ausdruck.

Im Juli 2015 erweiterte Bernhard Pörksen seine Beobachtungen zum Verhältnis von Geisteswissenschaften und Medien zu einer Polemik, die unter dem Titel „Wo seid ihr, Professoren?“ in der *Zeit* veröffentlicht wurde. Dieser Text löste eine heftige Debatte aus, die sich bis in den September zog, und an der unter anderem Sandra Richter, Fritz Breithaupt und Armin Nassehi beteiligt waren.[32] In seinem Artikel beklagte Pörksen, dass die Geistes- und Sozialwissenschaften die Figur des öffentlichen Intellektuellen marginalisiert hätten. Diese Figur bezeichnet laut Pörksen einen Akteur, „der in verständlicher Sprache zeitdiagnostische Deutungsarbeit leistet, vielleicht sogar moralisch argumentiert, sich aber in jedem Fall um Wirkung bemüht.“[33] Damit sind drei wichtige Aspekte angesprochen, die im Konflikt um die Geisteswissenschaften und ihre Öffentlichkeit immer wieder zum Streitgegenstand werden: Sprache, Aktualität, Wertung.

Pörksen knüpft seine Diagnose der Selbstmarginalisierung des Intellektuellen an eine allgemeine Polemik gegen die universitären Fachkulturen und ihre pervertierte Anreizstruktur. In akademischen Institutionen stelle die Höhe der Drittmittel und die Menge an Fachaufsätzen im „Wettlauf um Evaluationspokale“ den zentralen Ausdruck von Kompetenz dar. Die Texte, die dabei entstehen, seien für eine breitere Öffentlichkeit zumeist nahezu unzugänglich. „Belohnt wird“, schreibt Pörksen, „der Aufsatz für die kleine Zahl – nicht aber die erhellende Polemik, das Ideenbuch oder die elektrisierende Synthese des Denkens, die sich an die breite Öffentlichkeit richtet.“ Die Folge sei eine reine „Zeitschriftenwissenschaft“, die die Erkenntnisse der Forschung in ein weit

32 Bernhard Pörksen: Wo seid ihr, Professoren? In: Die Zeit vom 30. Juli 2015.

33 Pörksen (2015): Wo seid ihr, Professoren?

entferntes Zentrum interner Kommunikation verlagert: „Sie verwandeln die Autoren-Existenz des wortmächtigen Individualforschers allmählich in die Indikatoren-Existenz des Wissenschaftsmanagers, der seine Erfolge mit riesigen Drittmittelsummen und Spezialveröffentlichungen feiert“[34]

Hier werden also ‚Zeitschriftenwissenschaft‘ und ‚Autoren-Existenz‘ gegeneinander ausgespielt, zwei Konzeptionen von Wissenschaft, die sich über ihr jeweiliges Verhältnis zur Öffentlichkeit definieren lassen: auf der einen Seite die hermetisch-esoterische Kommunikationsform, die vor allem *nach innen* sendet und die Veröffentlichung als Mittel zum Zweck der Drittmitteleinwerbung betrachtet; auf der anderen Seit der ‚Autor‘, der wortmächtig *nach außen* sendet, immer auf Breitenwirksamkeit bedacht. Es handelt sich natürlich um Karikaturen im Dienst der vitalen Polemik. Allerdings werden in diesen Karikaturen auch geläufige kulturelle Vorstellungen davon sichtbar, wie das Verhältnis von Geisteswissenschaften und Öffentlichkeit aussehen sollte. Die Autorschaft des ‚public intellectuals‘ entsteht in der Abgrenzung vom erbsenzählenden akademischen Manager. Gleichzeitig wird die Identität des echten Wissenschaftlers aber auch in Abgrenzung vom öffentlichkeitsgierigen Medienclown geschärft.

Dass die Autorschaft des öffentlichen Intellektuellen durchaus mit Gefahren und Kosten verbunden sein kann, beklagt Fritz Breithaupt in seinem Beitrag zur Debatte um Pörksens Polemik. Wenn man sich in Deutschland mit großen Thesen hervorwage, schreibt er, werde man direkt zur Zielscheibe einer ‚Kultur der öffentlichen Bestrafung‘: „Wer groß auftritt, so die Logik, soll umso höher fallen.“[35] Opfer dieser auf einen pedantischen Perfektionismus geeichten Wissenschaftlichkeit seien vor allem die wenigen öffentlichen Intellektuellen, die es in Deutschland gebe. Diese seien auf die Verallgemeinerung eines öffentlichkeitswirksamen spekulativen Denkens angewiesen. Die Fallhöhe sei groß: „Jemand, der etwa wie Peter Sloterdijk oder Norbert Bolz auch in den Medien erfolgreich auftritt, kommt schnell in den Verdacht des Populärphilosophen – und das ist in Deutschland kein Kompliment, sondern ein Schimpfwort.“

Auch Sandra Richter vollzieht in ihrem Beitrag zur Debatte die Abgrenzung von Professor und Intellektuellen. Die Institutionalisierung der Geistesarbeit führe im Fall der Professoren dazu, dass sie eben selten auch Intellektuelle seien, denn Wirkungshoffnung gefährde das Standesethos, das sich im 19. Jahrhundert ausgebildet habe. Richter schließt mit einem Plädoyer, dieses

34 Pörksen (2015): Wo seid ihr, Professoren?

35 Fritz Breithaupt: Mut zur steilen These. In: Die Zeit vom 20. August 2015.

Standesethos zu lockern. Ein Teil der Professorenschaft solle die kommunikative Verantwortung für das Gemeinwohl ernst nehmen, öffentlich wirken, und „Gedankenreichtum erzeugen, wo Stumpfsinn herrscht, für Verständnis werben, wo Unverständnis regiert." Der Text endet mit dem Appell: „Professorinnen und Professoren, engagiert euch!"[36] Die zentrale Eigenschaft, die wirkungsbewusste Intellektuelle laut Richter auszeichnet, ist ‚Chuzpe', die als „Unerschrockenheit, Dreistigkeit, unwiderstehliche Penetranz" definiert wird.

Die in den Beiträgen zur Debatte entworfenen Modelle stehen auf eine eigentümliche Art und Weise quer zum geläufigen Rollenmuster des autonomen Wissenschaftlers, wie es etwa Max Weber in *Wissenschaft als Beruf* beschworen hatte. Einerseits widersprechen sie ganz klar der Vorstellung des wertfreien Spezialistentums, das bei Pörksen oder Breithaupt als Feindbild einer auf Wirkung abzielenden Wissenschaft erscheint, die die große These nicht scheut und auch moralisch argumentiert. Gleichzeitig kann die von Weber geforderte ‚Leidenschaft' als Energiequelle einer heroischen Forscherexistenz angesehen werden, die sich dem grauen Manager der reinen ‚Zeitschriftenwissenschaft' entgegenstellt.

Auch die Forderung nach ‚Chuzpe' verweist auf die konstitutive Identitätskrise der Geistes- und Sozialwissenschaften, die einerseits auf ein Standesethos angewiesen sind, das die Autonomie der Forschung gewährleistet, andererseits aber auch immer wieder heroische Heterodoxie (‚Unerschrockenheit', ‚Dreistigkeit') einfordert, die den Innovationsgeist der Disziplinen gewährleisten soll.[37] Die Geistes- und Sozialwissenschaften lassen sich charakterisieren durch den ständigen Konflikt gegenläufiger Heroisierungen, die den autonomen Forscher, der sich mit Scheuklappen in sein Spezialgebiet stürzt und den Intellektuellen, der sich unerschrocken und mit Blick auf gesellschaftliche Wirkung über diese Regeln hinwegsetzt, gleichermaßen einfordern.

Die Debatte um Pörksens Polemik verdeutlicht die unhintergehbare – eigentlich notwendige – Konflikthaftigkeit, die im Verhältnis von Geistes- und Sozialwissenschaften und Öffentlichkeit angelegt ist. In der Forderung danach,

---

36 Sandra Richter: Profs, träumt nicht von gestern. In: Die Zeit vom 13. August 2015.

37 Eine renommiertes und umfangreiches Förderprogramm der Volkswagen-Stiftung hatte den Titel ‚Freigeist'. In der Beschreibung des Programms auf der Internetseite der Stiftung heißt es unter anderem: „Ein Freigeist-Fellow – das ist für die Volkswagen-Stiftung eine junge Forscherpersönlichkeit, die neue Wege geht, Freiräume zu nutzen und Widerstände zu überwinden weiß. Sie schwimmt – wenn nötig – gegen den Strom und hat Spaß am kreativen Umgang mit Unerwartetem, auch mit unvorhergesehenen Schwierigkeiten." https://www.volkswagenstiftung.de/de/foerderung/foerderangebot/freigeist-fellowships-beendet.

dem Rollenmuster des Intellektuellen zu mehr Geltung zu verhelfen, werden auch die Widerstände sichtbar, die dieser Forderung entgegenstehen. Das lässt sich gerade auch im Feld der Berichterstattung über Wissenschaft zeigen. Andreas M. Scheu und Anna-Maria Volpers haben in ihrem Beitrag zur Rolle der Sozial- und Geisteswissenschaften im öffentlichen Diskurs darauf hingewiesen, dass diese eine deutliche „Sonderrolle" einnehmen.[38] Diese Bereiche kommen in der Printberichterstattung über Forschung, in den klassischen Wissenschaftsressorts also, nur wenig vor, zumindest, wenn es um die „neutrale Präsentation von Fakten" geht. Stattdessen erfüllen Akteure aus diesen Felder vor allem die Rolle von ‚public intellectuals', was bedeutet, dass sie in Formaten wie Interviews oder Kommentaren zum Einsatz kommen, oder selbst als Autor:innen von Beiträgen in Erscheinung treten. Damit erfüllen sie natürlich genau die Funktion, die in der Debatte um Pörksens Beitrag eingefordert wurde.

Den Status des öffentlichen Intellektuellen erlangen diese Akteure dadurch, dass nicht über ihre Arbeit oder die Ergebnisse ihrer Forschung geschrieben wird, sondern dass sie selbst die Beiträge schreiben, oder als Figuren in Porträts oder Interviews zu Wort kommen. Diese aktive Autorschaft wird für die Wissenschaft und die mediale Öffentlichkeit allerdings zum Problem. Denn indem man etwa die aktuelle politische Lage aus der Perspektive der Soziolog:in kommentiert, oder sich als Literaturwissenschaftler:in in aktuelle ästhetische Debatten einmischt, geht die Distanz verloren, die eine klare Trennung von Wissenschaftsjournalismus und Wissenschaft zumindest suggeriert. Damit kann der Eindruck eines Mangels an Objektivität einhergehen. Die Forscher:in wird zur Partei in einer Kontroverse oder nimmt selbst die Rolle ein, die an der gleichen Stelle normalerweise eine Journalist:in einnehmen würde. Das führt dazu, dass die „Grenzen von Wissenschaftsberichtserstattung und der Berichterstattung über Politik, Wirtschaft oder Gesellschaft etc. verschwimmen."[39]

Hier hat man es dann tatsächlich mit einem organisationssoziologischen Kontaminationsphänomen zu tun, das die von Pörksen parodierte Angst vor der ‚Infektion' plausibel erscheinen lässt. Wenn die Kommunikation von den Forscher:innen selbst vorgenommen wird und nicht von ‚Grenzstellen' der Wissenschaftsdarstellung wie Wissenschaftsredaktionen oder universitäre

38 Andreas M. Scheu und Anna-Maria Volpers: Sozial- und Geisteswissenschaften im öffentlichen Diskurs. In: Forschungsfeld Wissenschaftskommunikation. Hg. von Heinz Bonfadelli, Birte Fähnrich, Corinna Lüthje, Jutta Milde, Markus Rhomberg und Mike S. Schäfer. Wiesbaden: Springer 2017, S. 391–406, hier S. 400.

39 Scheu und Volpers (2017): Sozial- und Geisteswissenschaften, S. 400.

Pressestellen,[40] dann lautet eine Frage, die man sich in der Rezeption durchaus stellen muss: Wo hört die Wissenschaft auf, wo beginnt der Journalismus? Diese Verwirrung wird noch dadurch gesteigert, dass, wie Scheu und Volters feststellen, zahlreiche Journalis:innen selbst Geistes- und Sozialwissenschaften studiert haben. Das erzeugt Zuständigkeitskonkurrenzen, da die Journalist:innen oft eigene Deutungsautorität in ästhetischen oder sozialen Streitfragen beanspruchen, anstatt sich, wie im Fall der meisten naturwissenschaftlichen Forschung, als Übersetzer:in einer wissenschaftlichen Leistung zu betätigen, die sie selbst nicht erbringen könnten.

Diese journalistische Autorität im eigenen Feld erkennen die Geistes- und Sozialwissenschaftler:innen natürlich implizit an, wenn sie sich im selben medialen Rahmen als Autor:innen betätigen. Die damit einhergehenden Autoritätskonflikte lassen sich in gewisser Weise auf das gesamte (potentielle) Publikum öffentlicher Geisteswissenschaften ausweiten, das zum ‚Mitreden' eingeladen wird. So werden Akte der Wissenschaftskommunikation, die im Fall der meisten ‚hard sciences' an ein Publikum adressiert sind, „das weder die Absicht hat noch die Fähigkeit, mit eigener Forschung daran anzuschließen",[41] zu einem Ort epistemischer Demokratisierung, der zu einer Autoritätskrise der Wissenschaftler:innen beitragen kann.

Die Rollenvermischung, die in der Figur des öffentlichen Intellektuellen stattfindet, bewirkt eine prekäre wissenschaftliche Autorschaft, die durch ihren Verstoß gegen das moderne Autonomieparadigma der Forschung heftigen Anfechtungen ausgesetzt ist. Für Max Weber etwa beginnt mit dem eigenen Werturteil das Ende der Wissenschaft. An einer Stelle in *Wissenschaft als Beruf* schreibt er: „Ich erbiete mich, an den Werken unserer Historiker den Nachweis zu führen, daß wo immer der Mann der Wissenschaft mit seinem eigenen Werturteil kommt, das volle Verstehen der Tatsachen *aufhört*."[42] Auch Scheu und Volpers benennen die Gefahren der öffentlichen Wirkung in diesem Sinne als ein Problem heteronomer Begehrlichkeiten: „Die Bedeutungssteigerung öffentlicher Sichtbarkeit innerhalb des Wissenschaftssystems [...] könnte hier deshalb Anpassungen an Mechanismen öffentlicher Aufmerksamkeitsgenerierung provozieren, die den Kern wissenschaftlicher Praxis betreffen: Werturteilsfreiheit und Autonomie."[43]

---

40 Vgl. Simone Rödder: Organisationstheoretische Perspektiven auf Wissenschaftskommunikation. Hg. von Heinz Bonfandelli, Birte Fähnrich, Corinna Lüthje, Jutta Milde, Markus Rhomberg und Mike S. Schäfer. Wiesbaden: Springer 2017, S. 63–81.

41 Rödder (2017): Wissenschaftskommunikation, S. 66.

42 Weber (2018): Wissenschaft als Beruf, S. 74.

43 Scheu und Volpers (2017): Sozial- und Geisteswissenschaften, S. 401.

4 Eine Kultur der Bestrafung?

Der geisteswissenschaftliche Krisendiskurs der Gegenwart zeichnet sich durch eine eigentümliche Nostalgie nach einer Zeit aus, in der vermeintlich die Stars aus verschiedenen Disziplinen die mediale Öffentlichkeit beherrschten. Wo, fragt etwa Martin Doerry in seiner Polemik gegen die Germanistik, „sind heute Koryphäen wie Hans Mayer oder Peter Wapnewski, Eberhard Lämmert oder der Rhetorikprofessor Walter Jens, der mit seinen Fontane- und Thomas-Mann-Interpretationen ganze Generationen von Studenten prägte?“[44] In einem Artikel aus dem Sommer 2024 bringt auch Hans Ulrich Gumbrecht die Krise der Geisteswissenschaften mit einem angeblichen Mangel an öffentlichen Koryphäen in Verbindung: „Den Geisteswissenschaften von heute fehlen mitreissende Protagonisten, Denker, deren Vorlesungen Erlebniswert haben, deren Meinungen öffentliche Kontroversen auslösen und deren Bücher zu Bestsellern werden.“[45] Und auch Heike Schmoll nennt als einen der Gründe dafür, warum die Studierendenzahlen sich seit 2010 international fast halbiert haben, dass „die großen Namen, die mitreißenden Hochschullehrer fehlen, deren Vorlesungen selbst ein Erlebnis sind. Ein Jürgen Habermas oder ein Michel Foucault haben keine Nachfolger unter den jüngeren Hochschullehrern.“[46]

Diese Nostalgie lässt sich dadurch charakterisieren, dass sie die Konflikte, die die Öffentlichkeitswirksamkeit dieser Figuren in ihrer jeweiligen Gegenwart erzeugten, verdrängt oder heroisiert. Oft wird eine prekäre wissenschaftliche Autorschaft erst aus der der zeitlichen Distanz der kulturellen Nobilitierung zu einer verklärten Institution, an der man den Mangel an Glamour in den Disziplinen in der eigenen Gegenwart messen kann. In ihrem Buch *Geistesarbeit. Eine Praxeologie der Geisteswissenschaften* zitieren Steffen Martus und Carlos Spoerhase aus einem Außengutachten, dass der Literaturwissenschaftler Friedrich Sengle 1964 über eine Bewerbung Peter Szondis an der Universität Frankfurt verfasst hatte. Dort fällt der arrivierte Wissenschaftler mit äußerster Verachtung über den jungen Kollegen her. Szondi sei wegen seiner „publizistischen Erfolge“ und seiner verfrühten Habilitation „so etwas wie ein verwöhntes Starlet am junggermanistischen Himmel geworden.“[47] Er gebärde sich „monarchisch und absolutistisch“ und habe dadurch erreicht, „daß er aufgefallen ist“.

---

44 Doerry (2017): „Schiller war Komponist“.

45 Gumbrecht (2024): Uns gehen die mitreissenden Denker aus. Gumbrecht nennt als Beispiele aus der ‚goldenen Epoche‘: Hélène Cixous oder Judith Butler, wie auch Michel Foucault, Richard Rorty oder Jürgen Habermas.

46 Schmoll (2025): Deutschland in der Bildungskrise.

47 Martus und Spoerhase (2022): Geistesarbeit, S. 34. Szondis Buch *Theorie des modernen Dramas* hatte sich bis 1971 über 50.000 Mal verkauft (S. 30).

Seine Habilitation sei nicht mehr als eine Seminararbeit gewesen, was im Fach durchaus als Verfallssymptom gewertet würde. Aus dem „vermutlich begabten Kollegen", heißt es süffisant, könnte noch etwas werden, „wenn er seine wissenschaftliche und menschliche Position überprüft." Das vernichtende Fazit lautet allerdings: vorläufig noch nicht lehrstuhlreif.[48]

Die von Pörksen diagnostizierte Angst des Geisteswissenschaftlers vor den Medien erscheint in diesem Fall durchaus begründet, denn im Gutachten Sengles kann der publizistische Erfolg Szondis unvermittelt in den Vorwurf mangelnder wissenschaftlicher Ernsthaftigkeit umgemünzt werden. Die Polemik richtet sich (unter anderem) gegen den Typus des Geisteswissenschaftlers als öffentlichen Intellektuellen, den Szondi in vielfacher Hinsicht verkörperte,[49] und der hier als schnell mobilisiertes Feindbild in Erscheinung tritt. Es handelt sich um einen jungen Menschen, der mehr durch aufmerksamkeitsökonomische Finesse als durch wissenschaftliche Brillanz besticht und sich so um die Arbeit einer echten Qualifikation herumgedrückt hat. Martus und Spoerhase gehen an anderer Stelle auch auf die deutlichen genderpolitischen Implikationen des Wortes ‚Starlet' ein.[50] Die publizistische Breitenwirksamkeit Szondis verleiht seiner wissenschaftlichen Identität in Sengles Gutachten etwas Weibliches, Weibisches. Der maskulinen Wissenschaftlichkeit wird, so könnte man sagen, die feminine Eitelkeit einer öffentlichen Autorschaft entgegengestellt, die narzisstisch nach außen wirkt, anstatt selbstgenügsam im Inneren der Institution zu arbeiten.

Auch das Feindbild des durch publizistische Prominenz verwöhnten ‚Starlet' findet ein Echo in Max Webers *Wissenschaft als Beruf*, wo er gegen den Kult der ‚Persönlichkeit' polemisiert, dem sich die Jugend leider anheimgegeben habe. „‚Persönlichkeit' auf wissenschaftlichem Gebiet hat nur der, der *rein der Sache* dient."[51] Das sei in der Wissenschaft nichts anders als in der Kunst. Selbst für Goethe – einer echten Persönlichkeit – habe es sich gerächt, dass „er sich die Freiheit nahm: sein ‚Leben' zum Kunstwerk machen zu wollen." Hier werden die Autonomie der Kunst und die Autonomie der Wissenschaft

48 Martus und Spoerhase (2022): Geistesarbeit, S. 34.

49 „Szondi war ein international sichtbarer Literaturwissenschaftler und kosmopolitischer Intellektueller, der sehr an Kontakten zu öffentlichen Intellektuellen, zu Personen aus den Bereichen Literatur, Theater und Philosophie interessiert war, sich auch als Übersetzer und Büchermacher betätigte und oft für den Rundfunk und Zeitungen arbeitete". Martus und Spoerhase (2022): Geistesarbeit, S. 32–33.

50 Steffen Martus und Carlos Spoerhase: Praxeologie der Geisteswissenschaften – revisited. In: Internationales Archiv für Sozialgeschichte der deutschen Literatur (IASL) 49/2 (2024), S. 323–340, hier. S. 338.

51 Weber (2018): Wissenschaft als Beruf, S. 54.

analogisiert. Die Trennung von Werk und Autor gilt demnach auch für den Wissenschaftler, dessen Person sich nicht vor das Werk schieben darf. „Auf dem Gebiet der Wissenschaft aber", schreibt Weber, „ist derjenige ganz gewiß keine ‚Persönlichkeit', der als Impresario der Sache, der er sich hingeben sollte, mit auf die Bühne tritt [...]." In der Figur des ‚Impresario der Sache' spiegelt sich das Feindbild eines akademischen Akteurs, der die Wissenschaft nur darstellt – vor allem als Darsteller seiner selbst – und dem die „innere Hingabe" fehlt, die ihn zu einem echten Fachmann machen würde.[52]

Eine Figur, die die Konflikte um das Verhältnis von Geistes- und Sozialwissenschaften und der Öffentlichkeit in der Gegenwart auf eindrückliche Art und Weise verkörpert, ist der Autor Richard David Precht. In Martin Doerrys Artikel etwa wird Precht zu einer regelrechten Gegenfigur der krisengebeutelten Germanistik aufgebaut. Precht zeichne sich, heißt es hier, als einer der schärfsten Gegner der ‚hochgezüchteten Fachsprache' aus, die in den Fächern herrsche – ein, wie Precht im Artikel zitiert wird, „arrogant-schnöseliger Jargon". Die Implikation ist klar: Weil Precht sich verständlich ausdrückt, hat er mit seinen philosophischen Büchern öffentlichen Erfolg, was wiederum dazu geführt habe, dass er „nun bei vielen Akademikern in Verruf geraten ist."[53] In diesem Fall wurde demnach eine Medienprominenz tatsächlich gegen die akademische Reputation ausgetauscht, allerdings gegen den Willen des Betroffenen.

Precht kommt auch in Bernhard Pörksens Essay von 2012 vor, wo direkt zu Beginn ein Gespräch zitiert wird, dass Precht in der *Zeit* mit dem Widerstandskämpfer Stéphane Hessel geführt hatte und in dem er für mehr Engagement und mehr Einmischung der Geisteswissenschaften plädierte. Dieses Plädoyer habe „etwas Peinliches und doch elementar Richtiges".[54] Selbst Pörksen, der ja nachdrücklich für mehr Breitenwirksamkeit der Geisteswissenschaften eintritt, kommt also nicht umhin, sich von der tendenziellen Naivität der öffentlichen Persona Prechts abzugrenzen, die seinen Auftritt „ein bisschen peinlich und penetrant" erscheinen lässt. Auch die Forderung nach mehr Öffentlichkeit kennt ihre Grenzen, gerade dann, wenn die Prominenz eines Akteurs einen gewissen Sättigungsgrad erreicht hat. Precht wurde nach dem Erfolg seines philosophischen Sachbuches *Wer bin ich – und wenn ja wie viele* von 2007 zu einem medial extrem sichtbaren Kommentator, der nicht nur Bücher über Liebe, Schule, Tierrechte, Künstliche Intelligenz, Arbeit, Außenpolitik etc. veröffentlichte, sondern auch oft in die Medien eingeladen wurde.

52 Weber (2018): Wissenschaft als Beruf, S. 54–55.
53 Doerry (2017): „Schiller war Komponist".
54 Pörksen (2012): Die Angst des Geisteswissenschaftlers, S. 21.

Im Jahr 2012 ersetze seine Sendung „Precht" das „Philosophische Quartett" mit Rüdiger Safranski und Peter Sloterdijk. Aus diesem Zusammenhang stammt auch eine der heftigsten Abwertungen des Autors, die bis heute mit ihm assoziiert wird. In einem Interview mit der *Zeit* kommentierte Sloterdijk die Absetzung des „Philosophischen Quartetts" und die neue Sendung folgendermaßen:

> Precht ist vom Handwerk her Journalist und als solcher Popularisator von Beruf. Ob er wirklich, wie das ZDF annimmt, zu einer Verjüngung des Publikums beitragen wird, bezweifle ich allerdings. Seine Klientel gleicht eher der von André Rieu, den hören auch vor allem Damen über fünfzig in spätidealistischer Stimmung.[55]

Dieses Urteil war natürlich aus dem Ärger über die Absetzung der eigenen Sendung heraus motiviert, verrät aber auch einiges über die Abwertungsmechanismen öffentlicher Intellektueller, die hier in einer mehrfachen Analogisierung vollzogen wird. Das beginnt beim Wort „Handwerk", das auf eine professionelle alltägliche und damit profane Verrichtung verweist, die mit den Höhen geistiger Arbeit nichts zu tun hat. Dieses Handwerk wird allerdings auch näher bestimmt. Precht ist „Journalist" und damit „Popularisator", der keine eigenen wissenschaftlichen oder intellektuellen Leistungen hervorbringt, sondern nur die Ergebnisse anderer popularisiert. Im Berufsbild des Journalisten wird eine Figur evoziert, die stark mit den Grenzverletzungen, die das akademische Feld bedrohen, assoziiert ist. Einschlägig erscheint aber vor allem der Vergleich mit dem populären Geiger und Orchesterleiter Andé Rieu, der dafür bekannt ist, Kanon und Habitus der klassischen Musik für ein möglichst breites Publikum zugänglich zu machen.

Rieu erzeugt als Figur viel Spott. Eines seiner Konzerte wurde etwa im *Spiegel* in der Rubrik „Schlimmste Veranstaltungen der Welt" als Exzess der Geschmacklosigkeit zwischen Walzerkitsch, Kunstblumen und Sisi-Kleidern beschrieben.[56] Wenn Sloterdijk Precht mit Rieu vergleicht, dann geht es darum, ihn als Autor dastehen zu lassen, der im Namen der Popularität jeden Anspruch an ein gewisses Niveau aufgegeben hat. Gleichzeitig geht es aber auch darum, Precht im Sinne Max Webers als reinen ‚Impresario der Sache' zu denunzieren, dem es nicht um die Sache selbst geht. Das Massenpublikum, das bei den Konzerten Rieus hingerissen seiner Performance folgt, findet in

55 Rüdiger Safranski und Peter Sloterdijk: „Vielleicht waren wir zu früh". In: Die Zeit vom 10. Mai 2025.

56 Ann-Kathrin Nezik und Alexander Kühn: Millionen Pudel können nicht irren. In: Spiegel Online 10. März 2017.

Sloterdijks Polemik seine Entsprechung in „den Damen über fünfzig in spätidealistischer Stimmung", die für Precht schwärmen. Auch in diesem Fall werden genderpolitische Implikationen deutlich, die in der Abwertung des allzu Populären mitschwingen. Das schlechte Publikum, das sowohl auf Rieu oder Precht hereinfällt, sollen mittelalte Damen sein, die sich für den Impressario begeistern und nicht für die Sache selbst. Die Sphäre der Popularisierung erscheint als Ort des Femininen, des Oberflächlichen, der Bühne, des Scheins.

Der Vergleich mit André Rieu war so effektiv, dass er Precht noch Jahre später hinterherhing und ihn bis in die Artikel zu seinem sechzigsten Geburtstag verfolgte. In einem Text in der *Welt* heißt es etwa: „Mit dem Erfolg und seinen manchmal kontroversen Positionen blieb die Kritik nicht aus. Pop-Philosoph wurde er genannt, Bürgerphilosoph und ein ‚Bescheidwisser, der ständig irrt'. Auch ‚André Rieu der Philosophie' blieb ihm nicht erspart."[57] Man kann beobachten wie hier die Legitimationskraft des ‚demokratisch-partizipativen Bewertungsmodus' kippt. Der Fall Precht zeigt, dass das große Ziel der Wissenschaftskommunikation, die Bürger zur erreichen, einen katastrophalen Reputationsverlust bewirken kann, wenn der Erfolg dieser Kommunikation zu groß wird.

Vor diesem Hintergrund ist es auch nicht mehr verwunderlich, dass ausgerechnet Peter Sloterdijk in seiner Polemik gegen Precht die geläufigen Argumente gegen die Popularisierung von Geisteswissenschaften reproduziert. Als ehemaliger Moderator einer Fernsehserie, als Autor vielbeachteter Bücher und regelmäßiger Verfasser von teils kontroversen Zeitungsbeiträgen weist er sich ja eigentlich ebenfalls als ein Popularisator aus. Für Fritz Breithaupt ist er deshalb auch eine jener Figuren, die durch den Begriff des „Populärphilosophen" ungerechterweise abgewertet werden. In der Kontroverse um seine Polemik gegen Precht wurde Sloterdijk etwa in der *Frankfurter Rundschau* dann selbst als „Dieter Bohlen der Philosophie" bezeichnet.[58]

Die prekäre wissenschaftliche Autorschaft eines Peter Sloterdijk, der eben nicht nur Verfasser von vielbeachteten Büchern und Artikeln, sondern auch Professor und jahrelang Rektor der Staatlichen Hochschule für Gestaltung Karlsruhe war, ist auf ständige Abgrenzungsarbeit angewiesen. Gerade, wenn man selbst als öffentlicher Autor vom innerakademischen Reputationsverlust bedroht ist, muss man sich gegen jene Figuren zur Wehr setzen, die es mit der Breitenwirksamkeit übertrieben haben. Es erscheint deshalb naheliegend, dass sich gerade ein Akteur wie Sloterdijk an der von Breithaupt beklagten

---

57 Vom Philosophischen zum Politischen: Precht wird 60. In. Welt Online vom 8. Dezember 2024.

58 Dirk Pilz: Der Dieter Bohlen der Philosophie. In: Frankfurter Rundschau vom 15. Mai 2012.

‚Kultur der öffentlichen Bestrafung' öffentlicher Intellektueller beteiligt. Prechts eigene Polemik gegen den „arrogant-schnöseligen Jargon" des akademischen Feldes erscheint vor diesem Hintergrund wiederum als Racheakt für die erlittene institutionelle Exkommunikation.

Der Fall illustriert noch einmal eindrücklich die Konfliktträchtigkeit des Verhältnisses von Geistes- und Sozialwissenschaften und Öffentlichkeit. In der Forderung nach mehr Breitenwirksamkeit schwingt ein Misstrauen gegenüber ihrer Relevanz, gegenüber ihrer Nützlichkeit mit. Wo Akteure dieser Wissenschaften sich dann aber – etwa im Kommunikationsmodell des öffentlichen Intellektuellen – um Breitenwirksamkeit bemühen, drohen sie, ihre wissenschaftliche Identität zu verlieren. Dieser Widerspruch ist in der Selbsterzählung der Fächer konstitutiv angelegt. In den heftigen Konflikten, die sich um diesen Widerspruch herum anlagern, wird deutlich, dass es sich wohl auch um einen unauflösbaren Widerspruch handelt.

***

Vor diesem Hintergrund erscheint es ratsam, zunächst auf charismatische Plädoyers zu verzichten, die entweder mehr Öffentlichkeit einfordern oder empört auf die unbedingte Autonomie der Wissenschaft verweisen, die sich vor niemandem rechtfertigen muss. Das eine kann in den panischen Aktionismus der gegenwärtigen Wissenschaftskommunikation führen, die die Wissenschaftler:innen am liebsten mit Bauchläden in die Fußgängerzonen schicken würde, um den Bürgern die Forschung nahezubringen, damit diese Bürger sich nicht abwenden und der Wissenschaft die Ressourcen entziehen. Auf der der anderen Seite steht ein herrischer, fast religiöser Glaube an die Autonomie der Wissenschaft, die in der von Pörksen parodierten ‚Zeitschriftenwissenschaft' enden kann, deren einziger Bezugspunkt die feldinternen reputationslogischen Gewinne bildet.

Ein produktiver Umgang mit den unvermeidlichen Konflikten, die sich zwischen den inneren und äußeren Sphären der Wissenschaft, zwischen Objektivität und Werturteil, zwischen Autonomie und Öffentlichkeit ergeben, könnte es sein, die jeweils andere Seite dieser Konflikte als Korrektiv aufzufassen, das verhindert, dass die Forschung in das ein oder andere Extrem kippt. Zu viel Breitenwirksamkeit kann tatsächlich dazu führen, dass Geistesarbeit jede Form von institutioneller Erdung verliert und als frei flottierende Meinung nur noch Relevanz (bestätigt durch ein großes Publikum) und keine Qualität mehr besitzt. Die Öffentlichkeit, etwa in Form des ‚interessieren Laien' kann wiederum als ein Korrektiv dienen, das verhindert, dass die Forschung jeden Bezug zur Gesellschaft und Kultur ihrer eigenen Gegenwart verliert. Hilfreich erscheint also auch für die Wissenschaftler:in ein gutes Mischungsverhältnis verschiedener impliziter Leser:innen, die die eigene Forschung beeinflussen. Auch in dieser Hinsicht ist der von Martus und Spoerhase in ihrem Buch *Geistesarbeit* eingeforderte Praxisbezug maßgeblich. Das Verhältnis von Wissenschaft und Öffentlichkeit kommt konkret in einer Reihe formaler und methodischer Entscheidungen zum Ausdruck, die am Ende vor allem beeinflussen, wie die Texte aussehen, die dabei herauskommen

Die Analyse der Konflikte, die im Verhältnis von Wissenschaft und Öffentlichkeit entstehen, macht deutlich, dass gerade die Geistes- und Sozialwissenschaften besonders anfällig für bedrohliche Grenzüberschreitungen und Grenzverletzungen sind. Eine Figur wie der öffentliche Intellektuelle etwa bezieht ihre Umstrittenheit, aber auch ihre Attraktivität, gerade aus der Flexibilität in Bezug auf die Regeln der verschiedenen Institutionen – eine Flexibilität, die ihr den Vorwurf mangelnder Professionalität einbringen kann, gleichzeitig aber auch ihre Strahlkraft ermöglicht. Die Konfliktgeschichte der Geistes- und Sozialwissenschaften zeigt, dass es sich um einen ausgesprochen produktiven Konflikt handelt, um einen Motor, der die Fachgeschichten auch immer vorangetrieben hat. Die Prozesse, die die Überzeugungskräfte der Disziplinen bedrohen, sind oft die gleichen Prozesse, die diese Überzeugungskräfte stärken können. Ein erster Schritt, um aus der zeitgenössischen Defensive der Geistes- und Sozialwissenschaften herauszutreten könnte sein, die Debatte nicht mehr als Krisendiskurs zu führen, der immer auf die Diagnose eines Mangels hinausläuft, sondern sich auf diese besondere Produktivität des Konfliktes zu berufen.

Verschwörungstheorien als heterodoxes Wissen

Roland Imhoff

Verschwörungstheorien sind in aller Munde. Sie scheinen – verlässt man sich auf den medial erzeugten Eindruck – ein neuartiges oder zumindest neuartig relevantes Phänomen zu sein, das für ein Vielzahl gesellschaftlicher Probleme verantwortlich ist – von zu geringen Impfquoten über gewalthaltige Proteste bis hin zu der Weigerung, dem Klimawandel ernsthaft entgegenzutreten. Korrekte, wissenschaftliche Erkenntnisse sehen sich mit popularisierten Heterodoxien konfrontiert, wie, dass gefährliche Viren wahlweise gar nicht existieren oder gezielt als Biowaffe entwickelt wurden[1] oder dass sämtliche Fakten zum menschengemachten Klimawandel von einer grünen Wissenschaftslobby frei erfunden sind, um eigene Fördergelder zu maximieren. Diese eigentlich als randständig und bizarr wahrgenommenen, offensichtlich falschen Behauptungen beanspruchen Legitimität und scheinen den reibungslosen Ablauf gesellschaftlicher Problemlösungsprozesse (Eindämmung einer Pandemie oder des menschengemachten Klimawandels) empfindlich zu stören. In dieser Form sind Verschwörungstheorien Paradebeispiele heterodoxen Wissens, die problematischerweise außerordentliche Überzeugungskräfte entfalten. Der vorliegende Beitrag geht von einer definitorischen Abgrenzung (Was sind Verschwörungstheorien und sind sie notwendigerweise heterodoxes Wissen?) über zu den psychologischen Motiven hinter Verschwörungsglauben, um abschließend Möglichkeiten gesellschaftlichen Umgangs mit diesem zu diskutieren.

1 Was sind Verschwörungstheorien?

Der Begriff der Verschwörungstheorie scheint nahezu selbstevident. Jede und jeder scheint ein klares Verständnis davon zu haben, was eine Verschwörungstheorie ist oder kennt zumindest prominente Beispiele: Dass der Einsturz des World Trade Centers am 11. September 2001 in Wirklichkeit von amerikanischen Geheimdiensten von langer Hand geplant worden sei. Dass Impfungen zu Autismus führen. Dass die Amerikaner nie auf dem Mond gewesen seien.

1 Vgl. Roland Imhoff und Pia Lamberty: A Bioweapon or a Hoax? The Link Between Distinct Conspiracy Beliefs About the Coronavirus Disease (COVID-19) Outbreak and Pandemic Behavior. In: Social Psychological and Personality Science 11/8 (2020), S. 1110–1118.

Dass Bill Gates die Covid-19-Pandemie erfunden habe, um im Konzert mit der Weltgesundheitsorganisation und nationalen Regierungen ein Impfregime durchzusetzen, das Menschen durch injizierte Mikrochips willfährig mache.

Trotz des scheinbar selbst-evidenten Charakters stößt eine definitorische Auseinandersetzung hier schnell auf Probleme. Zum einen erfüllen zahlreiche im Alltagsgebrauch als Verschwörungstheorien markierte Aussagen nicht einmal die Minimaldefinition, dass es eine Verschwörung gebe. „Impfungen verursachen Autismus" ist erst einmal eine (durch Evidenz nicht zu erhärtende) Ursache-Wirkungs-Behauptung. Zur Verschwörungstheorie wird sie erst, wenn sich machtvolle Gruppen im Geheimen aus sinistren Gründen dazu verabredet haben, diesen Umstand zu verschweigen. Ein zweites, sehr viel größeres Problem ist die alltagssprachliche Konfundierung des Begriffs mit zwei Qualitäten: dass Verschwörungstheorien einer wie auch immer gearteten offiziellen Version widersprächen (also heterodoxes Wissen darstellen) und dass sie faktisch falsch seien.

Beides lässt sich gut am Beispiel des 11. September 2001 demonstrieren: Dass die US-Geheimdienste sich im Geheimen verabredet haben, das World Trade Center durch Explosionen zum Einsturz zu bringen, gilt als Verschwörungstheorie. Dass Mohammed Atta sich mit weiteren Al-Qaida-Sympathisanten in Hamburg-Harburg im Geheimen verabredet hat, um das World Trade Center durch Passagierflugzeuge zum Einsturz zu bringen, gilt nicht als Verschwörungstheorie. Warum ist das so? In beiden Fällen hat eine Gruppe von Verschwörern sich im Geheimen verabredet, einen Plan in ihrem Sinne und zum Schaden der Allgemeinheit umzusetzen. Vielleicht ist eine Terrorzelle aber kein gutes Beispiel für eine Verschwörung, weil die Verabredung zu Anschlägen gewissermaßen ihr Markenkern ist. Es ist nicht gut als Abweichung vom Erwarteten skandalisierbar. Es gibt jedoch eine Reihe weiterer historisch gut belegter Verschwörungen, die dieses Kriterium erfüllen. So gilt als gut belegt, dass das amerikanische FBI im Rahmen seines Cointelpro-Programms systematisch Mitglieder der Bürgerrechts- und Studentenbewegung infiltriert, eingeschüchtert, ausspioniert und diskreditiert hat und versucht hat, ihnen durch falsche Evidenz Straftaten anzuhängen. Was wie eine weitere paranoide Verschwörungstheorie über Geheimdienste klingt, ist in den Akten, die die *Citizens' Commission to Investigate the FBI* im März 1971 aus einem FBI-Büro in Pennsylvania gestohlen hat, gut dokumentiert. Hört die schon vor Offenlegung der Akten formulierte Verschwörungstheorie der Machenschaften des FBI also auf, eine zu sein, sobald die Akten offenlagen?

Eine besondere Pointe liefert hier die Diskussion um den Ursprung der SARS-Cov-2 Virus. Sehr früh zu Beginn der Pandemie wurde die Hypothese, es könnte sich um einen Laborunfall handeln, von medizinischen Autoritäten als Verschwörungstheorie verworfen.[2] Und tatsächlich operiert ein großer Teil der sozialwissenschaftlichen Forschung zu Verschwörungstheorien im Rahmen der Covid-Pandemie nicht nur mit Zustimmung zu Aussagen, dass das Virus gar nicht existiere, sondern auch Aussagen, die das Virus als menschengemacht bezeichnen.[3] Fünf Jahre später gibt es seriöse wissenschaftliche Berechnungen, die einen Laborunfall im Wuhan Institute for Virology für sehr viel wahrscheinlicher halten als die lange vertretene Version einer Zoonose auf dem Markt.[4] Auch diverse westliche Geheimdienste halten diese Laborunfallhypothese für wahrscheinlicher. Heißt dies nun, dass die Theorie, die Welt sei intentional getäuscht worden, indem dieser Unfall von einflussreichen chinesischen Wissenschaftlern und Politikern geheim gehalten wurde, keine Verschwörungstheorie mehr ist?

Die meisten Menschen sind tatsächlich zögerlich, die Behauptung einer Verschwörung, für die es belastbare Evidenz gibt, als Verschwörungstheorie zu bezeichnen. Diese Konfundierung mit der verfügbaren Evidenzbasis ist aber problematisch. Zum einen hätten Verschwörungstheorien so immer nur die anderen, man selber läge ja keiner Falschannahme auf. Der Begriff verkommt somit zur Chiffre für Unwahrheit, zum politischen Kampfbegriff. Zum anderen ist Wissen über die Welt stets vorläufig und einem konstanten Updating im Lichte verfügbarer Evidenz unterworfen. Damit könnte auch der Status einer Aussage als Verschwörungstheorie (oder nicht) zuweilen hochfrequent oszillieren – stets im Lichte neuer Entdeckungen. Das ist nicht problematisch, wenn der Begriff wirklich nur als evaluative Qualifizierung von Aussagen als „nicht der momentan verfügbaren Evidenz entsprechend" verwendet wird. Zur Erforschung der Frage, warum Menschen Verschwörungstheorien anhängen, ist eine solche Definition aber gänzlich untauglich, weil alles gesammelte Wissen über die Psychologie des Verschwörungsglaubens über den Haufen geworfen werden müsste, sobald sich der Status der in den Studien untersuchten spezifischen Theorien ändert.

Aus diesem Grund wird im Weiteren der Wahrheitsgehalt nicht als notwendiges Kriterium für die Definition einer Verschwörungstheorie angesehen (auch wenn viele populäre Theorien empirisch nicht gut mit der verfügbaren Evidenz vereinbar sind). Ebenso wie beim Wahrheitsgehalt ist es erst einmal

---

2 Charles Cashier u.a.: Statement in Support of the Scientists, Public Health Professionals, and Medical Professionals of China Combatting COVID-19. In: Lancet 395 (2020), Art. 10226.

3 Vgl. Imhoff und Lamberty (2020): A Bioweapon or a Hoax?

4 Andrew T. Levin: A Bayesian Assessment of the Origins of COVID-19 Using Spatiotemporal and Zoonotic Data. Working Paper 33428. National Bureau of Economic Research, 2025 (https://www.nber.org/papers/w33428). Zugriff vom 19. März 2025.

eine offene Frage, ob der Begriff der Verschwörungstheorien für solche Theorien vorbehalten sein sollte, die einer vermeintlich offiziellen Version der Ereignisse widersprechen. Theorien, die zum Beispiel den 11. September 2001, entgegen der offiziellen Version, als *inside job* skandalisieren, oder solche, die die offizielle Version eines tragischen Autounfalls im Fall des Tods von Lady Di anzweifeln, oder aber solche, die der lange konsensuellen Auffassung, der SARS-Cov-2-Virus sei mit hoher Wahrscheinlichkeit eine Zoonose, kein Vertrauen schenken. Das klingt erst einmal plausibel und für viele Fälle adäquat. Allerdings ist diese Vorstellung von Verschwörungstheorien als ausschließlich heterodoxes Wissen sowohl regional als auch historisch sehr eingeengt. Verschwörungstheorien galten in den meisten westlichen Ländern nach 1945 als *fringe knowledge*, als gesellschaftlich geächtete randständige Überzeugungen. Davor jedoch war und in anderen Teilen der Welt ist dies nicht der Fall. Die Vorstellung, dass es eine jüdische Weltverschwörung gäbe, war im Nationalsozialismus keine randständige Meinung, kein heterodoxes Wissen, sondern höchst offizielle Regierungsposition. Ebenso haben nahezu alle US-Präsidenten bis zu diesem Zeitpunkt (genauer bis Dwight D. Eisenhower) verschwörungstheoretische Rhetorik gepflegt.[5] Auch heute werden Verschwörungstheorien wieder aus dem Weißen Haus und großen Teilen der US-Administration verbreitet – ob es Donald Trumps Behauptungen eines Wahlbetrugs 2021 sind oder der US-amerikanische Gesundheitsminister Robert F. Kennedy jr., der behauptet, keine Impfung sei sicher und wirksam. In anderen Weltregionen gibt es keine Hinweise darauf, dass der Impuls sich die Welt durch Rückgriff auf geheime Pläne böser mächtiger Gruppen zu erklären, jemals als problematisch angesehen wurde – je mehr russische Probanden der russischen Regierung Vladimir Putins trauen, desto mehr stimmen sie Verschwörungstheorien zu – Verschwörungstheorien sind hier Mainstream. Auch für die Heterodoxie gibt es also gute Gründe, dies nicht als definitorische Notwendigkeit, sondern empirische Frage zu betrachten.

Für eine ernsthafte Beschäftigung mit dem Thema, warum Menschen an Verschwörungstheorien glauben, bleibt uns also wenig mehr als eine Minimaldefinition von Verschwörungstheorien als der Überzeugung, dass ein Ereignis durch geheime Absprachen einer Gruppe von Personen zustande gekommen ist und zwar zu deren Vorteil und dem Schaden der Allgemeinheit.

---

5 Michael Butter: „Nichts ist, wie es scheint". Über Verschwörungstheorien. Berlin: Suhrkamp 2018, S. 149.

2 Das Konzept der Verschwörungsmentalität

Zuallererst ist zu konstatieren, dass diese Überzeugung tatsächlich nur zu sehr geringem Teil von dem konkreten Ereignis, das erklärt werden soll, abhängt. Statistisch gesehen clustert die Zustimmung zu unterschiedlichen Verschwörungstheorien eng zusammen: Personen, die glauben, dass der 11. September 2001 ein *inside job* war, glauben mit sehr hoher Wahrscheinlichkeit auch eher, dass die Amerikaner nie auf dem Mond waren, Lady Di noch lebt oder – wenn sie tot ist – umgebracht wurde, usw. Dieses empirische Datum hoher Korrelationen zwischen der Zustimmung zu jedweden Verschwörungstheorien (auch wenn diese sich logisch widersprechen), ist über verschiedene Kontexte hinweg äußerst robust und liefert die Grundlage für die Annahme, dass sich Menschen in dem Grad unterscheiden, zu dem sie es plausibel finden, dass geheime Machenschaften mächtiger Gruppen hinter den Ereignissen stehen. Die Psychologie spricht von der individuellen Ausprägung der Verschwörungsmentalität.[6] Diese lässt sich durch die Zustimmung zu eher allgemeinen Aussagen erfassen, die eben keine konkrete Verschwörung benennen, quasi ohne Ross und Reiter auskommen (z.B. „Politiker und andere Führungspersönlichkeiten sind nur Marionetten der dahinterstehenden Mächte.").

Den Glauben an Verschwörungstheorien über solche abstrakten Aussagen zur Verschwörungsmentalität zu erfassen, hat neben seiner heuristischen Praktikabilität (wenn die Zustimmung zu Verschwörungstheorien ohnehin hoch korreliert ist, brauche ich nicht jede einzeln zu erfassen) auch erkenntnislogische Vorteile. So wird die Antwort auf Fragen wie diejenigen, ob Verschwörungstheorien mehr von politisch rechts eingestellten Personen, von Personen mit geringer Bildung oder von Personen mit einem ausgeprägten Bedürfnis nach Einzigartigkeit geglaubt werden, davon abhängen, zu welchen Verschwörungstheorien ich die Zustimmung erfasse.[7] Greife ich hierbei auf klassisch rechtsextreme Verschwörungstheorien zurück (wie z.B., dass politische Eliten Migration steuern, um lokale Kulturen zu zerstören), so ist es nahezu trivial, dass ich rechts mehr Zustimmung erhalte als links oder in

---

6 Vgl. Martin Bruder u.a.: Measuring Individual Differences in Generic Beliefs in Conspiracy Theories Across Cultures: Conspiracy Mentality Questionnaire. In: Frontiers in Psychology 4 (2013), Art. 225; Roland Imhoff und Martin Bruder: Speaking (Un-)Truth to Power: Conspiracy Mentality as a Generalized Political Attitude. European Journal of Personality 28/1 (2014), S. 25–43.

7 Vgl. Roland Imhoff, Tisa Bertlich und Marius Frenken: Tearing apart the „Evil" Twins: A General Conspiracy Mentality Is Not the Same as Specific Conspiracy Beliefs. In: Current Opinion in Psychology 46 (2022), Art. 101349.

der Mitte. Nutze ich Aussagen, die den basalen Naturgesetzen oder der Logik widersprechen, so ist es vielleicht nicht verwunderlich, dass Menschen mit hohem Bildungsgrad sich schwerer tun, diesen zuzustimmen. Und schließlich sind für Menschen mit ausgeprägtem Bedürfnis nach Einzigartigkeit vermutlich insbesondere diejenigen Verschwörungstheorien interessant, deren Propagierung sie wirklich einzigartig macht, die nicht schon von allen anderen geglaubt, nacherzählt und verbreitet werden.[8] Die Verschwörungsmentalität hat hier den leichten Vorteil, nicht politisch vorbelastet, nicht *prima facie* richtig oder falsch und auch nicht klarerweise exklusiv oder nicht zu sein.

Verschwörungsmentalität ist inhaltlich als Weltbild zu fassen, als Vorstellung davon, wie Ereignisse und Phänomene in die Welt kommen. Hierbei landet die Erklärung stets bei den intentionalen Plänen bösartiger GeheimnisträgerInnen. Nichts passiert aus Zufall, hinter allem steckt ein Plan. Diese ideale Reinform maximaler Verschwörungsmentalität findet sich allerdings nur selten. Wie die meisten psychologischen Konstrukte ist Verschwörungsmentalität kontinuierlich gedacht, als feingliedrige Abstufung zwischen unterschiedlichen Graden der Zustimmung. Wenn in der Folge also von Zusammenhängen anderer Variablen mit Verschwörungsmentalität berichtet wird, geht es nie um eine binäre Gegenüberstellung von Menschen ‚mit' und ‚ohne' Verschwörungsmentalität, sondern um korrelative Zusammenhänge, um ein je mehr, desto mehr. Dies mag vereinzelt im Bestreben nach sprachlicher Vereinfachung untergehen, ist jedoch stets mitgemeint.

Mit dem Instrument der Verschwörungsmentalität zur Hand, stellt sich auch die Frage nach der Heterodoxie neu. Vereinzelte, gut widerlegbare Verschwörungstheorien mögen randständigen Status haben, aber wie ist es mit dem dahinterliegenden Weltbild? Wie verbreitet ist das? Und ist es an – wie auch immer definierten – gesellschaftlichen Rändern prononcierter?

Verschwörungsmentalität als Weltsicht ist relativ kontinuierlich verteilt. Es sind nicht einige wenige, die den Aussagen voll zustimmen, und die große Mehrheit, die diese rundheraus ablehnt. Tatsächlich ist die mittlere Zustimmung relativ normalverteilt um den Mittelpunkt der Skala.[9] Das heißt, die große Mehrheit der Befragten (in repräsentativen Stichproben) changiert zwischen tendenzieller Zustimmung und Ablehnung. Vergleichsweise wenige Befragte erreichen extreme Ausprägungen, lehnen also die Möglichkeit von

8 Vgl. Roland Imhoff und Pia Lamberty: Too Special to Be Duped: Need for Uniqueness Motivates Conspiracy Beliefs. In: European Journal of Social Psychology 47/6 (2017), S. 724–734.

9 Roland Imhoff: Beyond (Right-Wing) Authoritarianism: Conspiracy Mentality As an Incremental Predictor of Prejudice. In: The Psychology of Conspiracy. Hg. von Michał Bilewicz, Aleksandria Cichocka, & Wiktor Soral. London: Routledge 2015, S. 122–141.

Verschwörungen hinter den Dingen kategorisch ab oder stimmen sämtlichen Aussagen emphatisch zu. Das ist erst einmal plausibel, wenn wir – wie oben an Beispielen illustriert – davon ausgehen müssen, dass Verschwörungen tatsächlich Teil des menschlichen Verhaltensarsenals sind und es deshalb nicht *prima facie* falsch ist, sie zu vermuten. Tatsächlich gibt es Hinweise darauf, dass Verschwörungsmentalität in Ländern ausgeprägter ist, in denen es vermutlich tatsächlich mehr Intransparenz gibt.[10]

Dennoch ist eine extrem ausgeprägte Verschwörungsmentalität für liberale Demokratien, zumindest in ihrer Extremform, randständig, also *fringe knowledge*. So ist die Zustimmung zu solch einer Weltsicht an den politischen Rändern ausgeprägter. Eine Studie über 26 Länder hinweg setzte Verschwörungsmentalität zu der politischen Selbstpositionierung der Befragten auf einem Links-Recht-Schema, sowie zu der ExpertInneneinschätzung zu der Verortung der von den Befragten gewählten Partei (Sonntagsfrage) auf diesem Schema in Beziehung.[11] Für beide Maße politischer Orientierung zeigte sich, dass Verschwörungsmentalität am linken wie am rechten Rand ausgeprägter war als in der politischen Mitte, insbesondere bei rechtsextremen Befragten.[12] Starke Zusammenhänge finden sich auch mit anderen heterodoxen Glaubenssystemen, wie der Überzeugung der Wirksamkeit von Homöopathie und anderen alternativen Heilmethoden, bei gleichzeitiger Skepsis gegenüber evidenzbasierter Medizin.[13]

Ein psychologischer Zugang zu der Frage der Randständigkeit, auch der nicht mehr an konkreten Verschwörungstheorien festgemachten Verschwörungsmentalität, findet sich in seinem Zusammenhang mit dem Bedürfnis nach Einzigartigkeit. Personen, denen es wichtig ist, einzigartig, etwas Besonderes, zu sein und eben nicht dem Mainstream anzugehören, äußern

---

10 Operationalisiert über den Korruptionsindex, vgl. Sinan Alper: There Are Higher Levels of Conspiracy Beliefs in More Corrupt Countries. In: European Journal of Social Psychology 53/3, S. 503–517; Sinan Alper und Roland Imhoff: Suspecting Foul Play When It Is Objectively There: The Association of Political Orientation with General and Partisan Conspiracy Beliefs as a Function of Corruption Levels. In: Social Psychological and Personality Science 14/5 (2023), S. 610–620; Roland Imhoff: Conspiracy Theories Through a Cross-Cultural Lens. In: Online Readings in Psychology and Culture 5/3 (2022), Art. 8.

11 Roland Imhoff, Felix Zimmer u.a.: Conspiracy Mentality and Political Orientation across 26 countries. In: Nature Human Behaviour 6/3 (2022), S. 392–403.

12 Michał Bilewicz und Roland Imhoff: Political Conspiracy Beliefs and Their Alignment on the Left-Right Political Spectrum. In: Social Research: An International Quarterly 89/3, S. 679–706.

13 Vgl. Pia Lamberty und Roland Imhoff: Powerful Pharma and its Marginalized Alternatives: Effect of Individual Differences in Conspiracy Mentality on Attitudes towards Medical Approaches. Social Psychology, 49/5 (2018), S. 255–270.

auch eine stärkere Verschwörungsmentalität.[14] Hier ergeben sich interessante Implikationen: Wenn Verschwörungstheorien in bestimmten Ländern tatsächlich eher orthodoxes als heterodoxes Wissen darstellen, sollte sich in diesen Ländern der Zusammenhang von Verschwörungsglauben mit dem Bedürfnis nach Einzigartigkeit weniger stark zeigen (es ist in diesen Kontexten nicht besonders einzigartig oder originell, verschwörungstheoretische Rhetorik zu bedienen). Und tatsächlich finden wir Hinweise aus einer vergleichenden (unveröffentlichten) Studie, dass sich der Zusammenhang in Deutschland und den USA stabil zeigt, bei Befragten aus der Ukraine und Kasachstan aber nicht mehr nachgewiesen werden kann.[15]

3 Psychologische Faktoren hinter Verschwörungsglauben

Trotz dieser faktischen (nicht schon in der Definition präjudizierten) Randständigkeit ausgeprägten Verschwörungsglaubens (in westlichen Demokratien), liefern diese – so die Annahme zahlreicher psychologischer Zugänge – Antworten auf grundlegende menschliche Bedürfnisse und können so als Coping verstanden werden, um mit Unsicherheit, nicht zureichender Kontrolle über das eigene Leben und sozialer Entfremdung umzugehen.[16] Insbesondere in Krisensituationen haben Verschwörungsnarrative asymmetrische Vorteile, indem sie nicht unbedingt zutreffendere, aber zufriedenstellendere Erklärungen für das Geschehen liefern.

Einer dieser asymmetrischen Vorteile besteht in der *Proportionalitätsverzerrung*. Menschen sind geneigt, für gewichtige Ereignisse (Krisen) adäquat gewichtige, also dazu proportionale, Ursachen anzunehmen.[17] Hier haben Erklärungen auf Basis der Verkettung scheinbar nichtiger Zufälle einen

---

14 Vgl. Imhoff und Lamberty (2017): Too Special to Be Duped; Roland Imhoff und Pia Lamberty: How Paranoid Are Conspiracy Believers? Towards a More Fine-Grained Understanding of the Connect and Disconnect Between Paranoia and Belief in Conspiracy Theories. In: European Journal of Social Psychology 48/7 (2018), S. 909–926; sowie metaanalytisch: Mikey Biddlestone u.a.: Reasons to Believe: A Systematic Review and Meta-Analytic Synthesis of the Motives Associated with Conspiracy Beliefs. In: Psychological Bulletin 151/1 (2025).

15 Vgl. hierzu die Ergebnisse der derzeit noch unpublizierten Studie Roland Imhoff u.a.: Exploring Cultural Differences in Conspiracy Mentality.

16 Karen M. Douglas u.a.: The Psychology of Conspiracy Theories. In: Current Directions in Psychological Science, 26/6 (2017), S. 538–542.

17 Patrick J. Leman und Marco Cinnirella: A Major Event Has a Major Cause: Evidence for the Role of Heuristics in Reasoning About Conspiracy Theories. In: Social Psychological Review 9/2 (2007), S. 18–28.

Nachteil: Es fühlt sich nicht proportional angemessen an, einen zufälligen Tier-Mensch-Kontakt auf einem Markt als Auslöser eines monatelangen globalen Stillstands aufgrund einer Pandemie anzunehmen (und vielleicht stimmt das ja auch gar nicht). Eine Verschwörung der Eliten dieser Welt mit Softwaremogulen und der Weltgesundheitsorganisation hingegen wäre ein ‚dickes Ding', eine Erklärung, die proportional zum Ereignis scheint. Empirische Bestätigung für die Relevanz der Proportionalitätsverzerrung findet sich zum Beispiel in Experimenten, in denen Probanden gebeten werden einzuschätzen, mit welcher Wahrscheinlichkeit eine Verschwörung hinter mysteriösen Todesfällen in der Nähe einer Chemiefabrik steckt. Diejenigen Befragten, denen mitgeteilt wurde, dass sechzehn Menschen Beschwerden entwickelt haben und fünf gestorben sind, hielten eine Verschwörung für wahrscheinlicher als diejenigen, die über lediglich ein Todesopfer informiert wurden.[18]

Ein zweiter asymmetrischer Vorteil, den Verschwörungstheorien haben können, ist ihre Stabilität. Menschen haben ein Bedürfnis nach epistemischer Sicherheit, zu wissen, wie die Welt ist. Sich ständig verändernde Einsichten und neue Evidenz können dieses Bedürfnis frustrieren, da man sich gewissermaßen auf nichts mehr verlassen kann. Insbesondere Informationsgenerierung in krisenhaften Ereignissen ist hoch dynamisch: Erst basiert Übertragung auf Tröpfcheninfektion, dann Aerosolen, erst sind Masken sinnlos, dann sogar verpflichtend, erst hat Ibuprofen Nebenwirkungen, dann doch nicht. Wissenschaftliche Theorien gehen mit einem eindeutigen Widerspruch um, indem sie sich updaten, die Theorie adaptieren (durch Zusatzannahmen) oder verwerfen. Verschwörungstheorien zeichnen sich dagegen durch eine größere zeitliche Stabilität aus. Zum einen sind sie weniger präzise formuliert und häufig vor allem mit Argumenten bestückt, warum die ‚offizielle' Version nicht zutreffen kann,[19] sie setzen sich also weniger kritischen Tests aus. Zum anderen können sie die menschliche Tendenz zur konfirmatorischen Informationsverarbeitung, der durch Vorannahmen verzerrten Aufnahme und Gewichtung von Informationen,[20] auf die Spitze treiben, indem Evidenz gegen die Verschwörungstheorie als Teil eines perfiden Ablenkungsmanövers

18 Scott Radnitz und Patrick Underwood: Is Belief in Conspiracy Theories Pathological? A Survey Experiment on the Cognitive Roots of Extreme Suspicion. In: British Journal of Political Science 47/1 (2017), S. 113–129.

19 Michael J. Wood und Karen M. Douglas: „What About Building 7?" A Social Psychological Study of Online Discussion of 9/11 Conspiracy Theories. In: Frontiers in Psychology 4 (2013), Art. 409.

20 Aileen Oeberst und Roland Imhoff: Towards Parsimony in Bias Research. Proposing a Common Framework of Belief-Consistent Information Processing. In: Perspectives on Psychological Science 18/6 (2023), S. 1464–1487.

diffamiert wird. Schließlich ist die Rettung der Theorie durch Hinzufügen von Zusatzannahmen nicht gleichermaßen als ein Makel betrachtet.[21] Während die Klimawissenschaften ständig neue Modelle und Berechnungsmethoden generieren, kann die Verschwörungstheorie beim Narrativ bleiben, das sei alles erlogen. Während medizinische Forschung durch SARS-Cov-2 eine selten erlebte Beschleunigung nicht nur der Forschungstätigkeit, sondern auch der Revision von Theorien erfuhr, konnte die Verschwörungstheorie, dass Bill Gates die Pandemie in Kooperation mit der WHO geplant habe, relativ unverändert weitertradiert werden.

Ein dritter asymmetrischer Vorteil von Verschwörungstheorien ist es, dass sie – im Gegensatz zu anderen Erklärungen – stets Handlungsmacht und Kontrolle erlauben. Großen, krisenmäßigen Ereignissen (wie Naturkatastrophen, Pandemien, Flugzeugabstürzen) fühlen Menschen sich vergleichsweise hilflos ausgeliefert. Wenn ich diese auf zufällige oder zumindest nicht so leicht kontrollierbare Ursachen zurückführe (tektonische Verschiebungen, Zoonosen, technische Defekte) erlebe ich ein Gefühl der Hilflosigkeit: Ich kann nichts tun und es kann mich jederzeit wieder treffen. Kontrolle kommt jedoch ins Spiel, wenn Ereignisse intentional von handelnden AgentInnen verursacht werden. Auf diese AgentInnen kann ich Einfluss nehmen. Durch Götter verursachte Naturkatastrophen werden beherrschbar, wenn ich diese durch Opfergaben oder gefällige Lebensführung besänftigen kann. Katastrophen, hinter denen eine Verschwörung steckt, sind kontrollierbar, indem den VerschwörerInnen das Handwerk gelegt wird.

So kommt vermeintlich reelle Kontrolle ins Spiel. Die Illusion der Kontrolle wird allerdings auch schon dadurch bestärkt, dass sich das Gefühl einstellt, die Dinge zu durchschauen, Muster zu erkennen. Diese kompensatorische Bereitschaft, Kontrollgefühle zu steigern, indem Muster in Bildern, welche objektiv nur Rauschen darstellen, ‚entdeckt' werden, ließ sich auch experimentell demonstrieren.[22] Auch Verschwörungsglaube korreliert positiv mit dem Erkennen von Intentionalität und Mustern insbesondere dann, wenn es keine Muster zu entdecken gibt.[23]

---

21 Romy Jaster: Die Epistemologie der Verschwörungstheorie. In: Die Psychologie der Verschwörungstheorien: „Von dunklen Mächten sonderbar belogen …". Hg. von Roland Imhoff. Göttingen: Hogrefe 2023, S. 139–156.

22 Jennifer A. Whitson und Adam D. Galinsky: Lacking Control Increases Illusory Pattern Perception. In: Science 322/5898 (2008), S. 115–117.

23 Jan-Willem van Prooijen u.a.: Connecting the Dots: Illusory Pattern Perception Predicts Belief in Conspiracies and the Supernatural. In: European Journal of Social Psychology, 48/3 (2018), S. 320–335.

Einige Autor:innen gehen so weit, diese erhöhte Bereitschaft, Muster – und Verschwörungen – zu entdecken, als adaptive Anpassung an eine Umwelt zu verstehen, in der das Verpassen solcher Muster mehr Kosten erzeugt als ein falscher Alarm.[24] Wenn es sein kann, dass andere sich gegen mich verschworen haben oder nicht und ich das entweder vermute oder nicht, liege ich in zwei Fällen richtig: ich vermute keine Verschwörung und es gibt auch keine oder ich vermute zu Recht eine. Die zwei Fehler, die ich machen kann, haben jedoch dieser Theorie nach unterschiedliche Implikationen. Einen falschen Alarm zu begehen, also einmal zu oft eine Verschwörung zu vermuten, hat nur relativ geringe Kosten. Ich verscherze es mir vielleicht mit meinen Mitmenschen, die ich bezichtige, bleibe aber ansonsten wohlauf. Bei einem Verpasser, also in Anwesenheit einer Verschwörung gegen mich arglos zu bleiben, hingegen, bezahle ich im Extremfall mit dem Leben. Ergo, so die evolutionspsychologisch inspirierte Erklärung, sollte es sich im Laufe menschlicher Evolution als besonders maladaptiv erwiesen haben, arglos zu sein. Übervorsichtige Zeitgenossen hingegen hatten eine höhere Lebenswahrscheinlichkeit und damit auch einen Vorteil bei der selektiven Reproduktion. Wie bei vielen evolutionspsychologischen Überlegungen lassen sich diese weder belegen noch eindeutig widerlegen, und sie liefern auch maximal eine ultimate Hintergrunderklärung für näher zu bestimmende proximate Mechanismen des Verschwörungsglaubens.

4 Eine Frage des Vertrauens

Bis hierhin haben wir diskutiert, inwiefern Verschwörungstheorien in manchen Punkten einen Vorteil gegenüber anderen Erklärungen haben. Dies kann mit erklären, warum sie populär sind, auch wenn sie auf dem zentralen Kriterium einer Erklärung häufig schlechter abschneiden: der Vereinbarkeit mit der verfügbaren Evidenz. An dieser Stelle lohnt es sich jedoch, eine distanzierende Bewegung von der naiven Annahme vorzunehmen, es wäre selbsterklärend, was Evidenz ist, was Fakten seien und wofür diese sprächen. Auch ohne sich davon zu verabschieden, dass es eine empirische Realität gibt, müssen wir konstatieren, dass wir diese zum geringsten Teil in erster Person erfahren. Der mit Abstand größte Teil unseres Wissen über die Welt stammt aus zweiter Hand: aus Zeitungsberichten, aus Schulbüchern, aus wissenschaftlichen Artikeln,

---

24 Jan-Willem van Prooijen und Mark van Vugt: Conspiracy Theories: Evolved Functions and Psychological Mechanisms. In: Perspectives on Psychological Science, 13/6 (2018), S. 770–788.

aus dem Internet. Ob ich eine dort gelesene oder gehörte Behauptung als Fakt akzeptiere, hängt nicht nur von der Schlüssigkeit der Argumentation ab, sondern vor allem auch davon, ob ich der Quelle oder dem Medium vertraue.

In komplexen Wissensgesellschaften kann ich nicht alles selbst erfahren. Ich muss den Berichten und Bildern aus anderen Ländern vertrauen, wenn ich nicht selbst dorthin reisen möchte. Ich muss den Berechnungen der KlimawissenschaftlerInnen vertrauen, wenn ich nicht selbst nachrechnen möchte oder kann. Ich muss auf medizinische oder andere ExpertInnen vertrauen, wenn ich mir nicht selbst die relevante Expertise aneignen möchte oder kann.[25] Diese Übereinkunft der Akzeptanz geteilter Expertise haben wir an anderer Stelle als „epistemischen Gesellschaftsvertrag“ bezeichnet.[26] Und eben diesen Vertrag kündigen Verschwörungstheorien wie auch andere heterodoxe Wissenssysteme. Qualitätsmedien? Lügenpresse! Wissenschaft? Do your own research! Offizielle Institutionen? Teil der Verschwörung!

Woher kommt dieses tiefsitzende Misstrauen in traditionell akzeptierte Wissensquellen? Diese Frage zu beantworten würde heißen, die Ursprünge einer ausgeprägten Verschwörungsmentalität zu verstehen. Hierzu fehlen uns sowohl hinreichend belastbare längsschnittliche als auch entwicklungspsychologische Einsichten. Individuelle Ausprägungen an Verschwörungsmentalität sind zeitlich überaus stabil[27] und kaum veränderbar.[28] Dennoch gibt es Hinweise darauf, dass dieses geringe Vertrauen in andere nicht notwendigerweise auf die politische Sphäre beschränkt ist. Menschen mit ausgeprägtem Verschwörungsglauben vertrauen ihren Mitmenschen weniger,[29] lesen in Gesichtern eher Hinweise auf geringe Vertrauenswürdigkeit,[30] vermuten allgemein

---

25 Roland Imhoff, Pia Lamberty und Olivier Klein: Using power as a Negative Cue: How Conspiracy Mentality Affects Epistemic Trust in Sources of Historical Knowledge. Personality and Social Psychology Bulletin 44/9 (2018), S. 1364–1379.

26 Roland Imhoff: Verschwörungsmentalität und Antisemitismus. In: Gruppenbezogene Menschenfeindlichkeit in der modernen Gesellschaft - Transdisziplinäre Perspektiven auf Aggression, Gewalt und Exzess gegen die Anderen. Hg. von Bernhard Bogerts, Joachim Häfele, & Benny Schmidt. Wiesbaden: Springer 2020, S. 69–90, hier S. 84.

27 Vgl. Imhoff und Bruder (2014): Speaking (Un-)Truth to Power.

28 Vgl. Roland Imhoff, Tisa Bertlich und Marius Frenken (2022): Tearing Apart the „Evil“ Twins.

29 Vgl. Michael Schepisi u.a.: Conspiracy Mentality Differently Shapes Interpersonal Trust When Money or Digital Privacy Is at Stake. In: Journal of Trust Research 14/1 (2024), S. 78–95.

30 Vgl. Marius Frenken und Roland Imhoff: Don’t Trust Anybody: Conspiracy Mentality and the Detection of Facial Trustworthiness Cues. In: Applied Cognitive Psychology 37/2 (2023), S. 256–265.

eher negative Intentionen, auch hinter alltäglichen Verhaltensweisen[31] und verhalten sich in ökonomischen Spielen zu ihrem eigenen Nachteil, indem sie ihren MitspielerInnen nur eine geringe Geldsumme anvertrauen.[32] Gesellschaftliches Vertrauen ist also nicht losgelöst von interpersonalem Vertrauen. Warum dann heterodoxen Quellen (wie Russia Today oder Compact) und Wissensbeständen (wie Homöopathie oder spirituellen Denkgebäuden) vertraut wird, ist eine schwer zu beantwortende Frage. Empirisch finden wir jedoch, dass hohe Verschwörungsmentalität gar nicht zwingend mit einem größeren Vertrauen in die Glaubwürdigkeit heterodoxer Quellen einhergeht, sondern eher mit einem Misstrauen gegenüber orthodoxen Quellen. Für hoch Verschwörungsgläubige herrscht Waffengleichheit: ein YouTube-Video eines Laien ist zwar nicht mehr, aber genauso vertrauenswürdig wie die Pressemitteilung einer ExpertInnenkommission.[33]

5 Schluss

Zusammenfassend können wir festhalten: Auch wenn Verschwörungstheorien weder *notwendigerweise* falsch sind (d.h., einer Konfrontation mit verfügbaren Daten nicht standhalten) noch im Widerspruch zu einer offiziellen, orthodoxen Version stehen, trifft dies doch auf die meisten von ihnen in modernen liberalen Demokratien zu. Auf der Suche nach einer Antwort auf die Frage, was den Reiz der heterodoxen Wissensbestände ausmacht, ist zum einen festzuhalten, dass es gar nicht unbedingt an der Natur der Erklärung liegen muss, sondern ihren Quellen. Verschwörungsgläubige generalisieren ihr auch im Alltag geringes Vertrauen, insbesondere auf offiziell akzeptierte Quellen, weniger auf heterodoxe. Ob ihre Quelle ein Hobbywissenschaftler im Internet oder ein Fachmagazin ist, spielt für ihre Einschätzung von Glaubwürdigkeit eine geringe Rolle. Vor diesem Hintergrund können Verschwörungstheorien besonders gut ihre Vorteile ausspielen: Gerade weil sie heterodoxes Wissen sind, befriedigen sie ein Bedürfnis nach Einzigartigkeit. So kann sich der oder die AnhängerIn erhaben fühlen, ausgestattet mit exklusivem Geheimwissen und der besonderen Gabe, die Dinge zu durchschauen – im Gegensatz zur

31 Vgl. Marius Frenken und Roland Imhoff: Malevolent Intentions and Secret Coordination. Dissecting Cognitive Processes in Conspiracy Beliefs Via Diffusion Modeling. In: Journal of Experimental Social Psychology 103 (2022), Art. 104383.

32 Marcel Meuer und Roland Imhoff: Believing in Hidden Plots is Associated with Decreased Behavioral Trust: Conspiracy Belief as Greater Sensitivity to Social Threat or Insensitivity Towards its Absence? In: Journal of Experimental Social Psychology 93 (2021), Art. 104081.

33 Roland Imhoff, Pia Lamberty und Olivier Klein (2018): Using power as a Negative Cue.

tumben Masse der ‚Schlafschafe'. Dieses Bedürfnis nach Einzigartigkeit macht Minderheitsmeinungen attraktiv, nicht obwohl, sondern weil so wenige andere daran glauben.[34] Auch weniger exklusive Verschwörungstheorien haben in ihrem Versprechen einer möglichen Kontrolle bedrohlicher Umstände, ihrer epistemischen Sicherheit und der adäquaten Proportionalität ihrer Erklärung zum Ereignis Vorteile gegenüber herkömmlichen Theorien. Alle drei Aspekte betreffen Umstände, die evidenzbasierte Wissenschaft nicht ohne Weiteres bieten kann. Die tatsächlichen Ursachen lassen sich nicht frei danach wählen, ob sie kontrollierbar sind oder ansprechend gewichtig erscheinen. Hochgradig tödliche Epidemien werden durch winzig kleine Erreger ausgelöst, die relativ willkürlich mutieren. Bis zur Entwicklung eines Impfstoffs sind diese Infektionsketten nicht kontrollierbar oder nur mit sehr kruden physikalischen Mitteln (Abstandsgebote) eindämmbar. Wissenschaftliche Erklärungen müssen sich an sich stets wandelnde Datenlagen anpassen, wenn sie wissenschaftlich, also evidenzbasiert bleiben wollen. Gute Theorien überdauern lange, aber Sicherheit vor Revision kann keine bieten. So bleibt gegenüber heterodoxen Verlockungen also der leider nur wenig befriedigende Appell daran, Unsicherheit, Kontrollverlust und schiefe Proportionalität auszuhalten.

34 Roland Imhoff und Hans-Peter Erb: What Motivates Nonconformity? Uniqueness Seeking Blocks Majority Influence. In: Personality and Social Psychology Bulletin 35/3, S. 309–320.

Was können und müssen wir aus den Erfolgsgeschichten der Alternativen Medizin lernen?

Jutta Hübner

Schreibt die Alternativmedizin eine Erfolgsgeschichte oder sogar mehrere Erfolgsgeschichten, oder handelt es sich nur um scheinbare Erfolge, die auf Kosten von Lebenszeit und Lebensqualität unserer Patient:innen gehen? Und wenn ja, woran liegt dies, bzw. wie findet die Alternativmedizin ihre Wege in unserer Gesellschaft? Nutzt sie dafür gezielte Strategien, und können auch wir diese nutzen, um Patient:innen vor ihr zu schützen und ihnen gleichzeitig eine bessere Medizin anzubieten?

Bevor wir diesen Fragen nachgehen, bedarf es einer Definition des Begriffs Alternativmedizin und einer ganzen Reihe von verwandten Begriffen wie komplementäre Medizin, Naturheilverfahren, ganzheitliche Medizin etc.

Die international häufigste Definition und Unterscheidung von alternativer und komplementärer Medizin ist, dass Medizinmethoden im weitesten Sinne aus dem Umfeld der Naturheilkunde, nicht selten aber auch der Esoterik dann alternativ sind, wenn sie *anstelle* der von Leitlinien und/oder Expert:innen empfohlenen Therapie angewendet werden. Komplementäre Medizin sei dagegen ein paralleler, *gleichzeitiger* Einsatz dieser Methoden. Ich halte diese Unterscheidung für unbefriedigend und möchte an einem einfachen Beispiel darstellen, wieso: Nehmen wir an, ein Patient erkrankt an einer Krebserkrankung, und die empfohlene Therapie ist eine Operation mit anschließender Chemotherapie über ein halbes Jahr, gegebenenfalls kombiniert mit einer Antikörper- oder einer Immuntherapie. Verständlicherweise hat der Patient Sorgen vor den Nebenwirkungen dieser Therapie, insbesondere angesichts der langen Behandlungsdauer, er macht sich Gedanken über die Weigerung der Ärzt:innen, ein Genesungsversprechen abzugeben, und er überlegt folgerichtig, ob es nicht Behandlungsmöglichkeiten gibt, die mit hoher Zuverlässigkeit und möglichst ohne Nebenwirkungen zur Heilung führen. Zahlreiche Angebote in Praxen, Kliniken, im Internet und in sozialen Medien klingen mehr oder weniger vielversprechend. Wenn der Patient eine dieser Methoden auswählt und sie anstelle der empfohlenen Therapieabfolge durchführt, so wäre dies eine alternative Therapie im oben dargestellten Sinne. Nehmen wir an, es handelt sich um den Einsatz der Homöopathie. Möglicherweise hat der Patient aber verstanden, dass in homöopathischen Präparaten so genannter höherer

Potenz keine Restmoleküle des möglichen Wirkstoffs enthalten sind. Dies erschüttert sein Vertrauen in diese Therapie, aber trotzdem klingt sie attraktiv. Er entscheidet sich also sicherheitshalber beide unabhängig voneinander anzuwenden. In der oben dargestellten Definition wäre jetzt die Anwendung der Homöopathie eine komplementäre Therapie, obwohl sich an der Methode selber, ihrer Unvereinbarkeit mit wissenschaftlichen Grunderkenntnissen oder ihrer wissenschaftlichen Evidenz nichts geändert hat.

Um diese Inkonsistenzen zu vermeiden, verwende ich im folgenden Text diese Definition: Alternativmedizin beschreibt den Einsatz von Methoden und Substanzen, für die in klinischen Studien kein Wirksamkeitsnachweis erbracht wurde bzw. bei denen, falls Studien vorliegen, der Schaden größer ist als der Nutzen. Alternative Medizin kann also durchaus auch parallel zur empfohlenen evidenzbasierten Medizin angewendet werden – sie verwandelt sich in diesem Fall nicht in Komplementärmedizin. Für eine bestimmte in Frage stehende medizinische Intervention kann auf Basis der vorliegenden Evidenz (also den Ergebnissen aus mehr oder minder hochwertigen Studien an Patient:innen) für eine konkrete Behandlungssituation recht klar entschieden werden, ob es sich um eine alternative oder evidenzbasierte Therapie handelt. Ein weiteres Merkmal evidenzbasierter Therapien ist in der Regel, dass der Wirkmechanismus verstanden ist und den Grundregeln naturwissenschaftlicher Erkenntnisse ent- und nicht widerspricht. Komplementäre Therapien werden begleitend und ergänzend zu der eigentlichen Therapie eingesetzt. In der Onkologie haben sie nicht das Ziel, direkt Tumorzellen abzutöten und somit Heilung herbeizuführen, sondern sie sollen die Patient:innen in der Therapie und in der anschließenden Rekonvaleszenzzeit unterstützen. Dies kann sich auf körperliche Folgeerscheinungen durch die Nebenwirkungen einer Tumortherapie, aber auch auf seelische oder geistige Folgen von Diagnose und Therapie beziehen. Komplementäre Therapien entsprechen naturwissenschaftlichen Vorstellungen von kausalen Wirkweisen im menschlichen Körper und sind in Studien am Menschen und nicht allein in Zellexperimenten oder Tierexperimenten untersucht worden. Wir haben Wissen über mechanistische Erklärungen und empirische Evidenz zur Wirksamkeit und den möglichen Risiken in Form von Neben- oder Wechselwirkungen.

Wie kann es dann sein, dass, trotz der unzweifelhaften Fortschritte in der wissenschaftlichen Medizin, Alternativmedizin mehr als eine Randerscheinung ist und in unserer Gesellschaft eine weite Verbreitung gefunden hat? Eigene Forschungsergebnisse zeigen, dass vor allem die Arzt-Patienten-Beziehung eine wesentliche Rolle dafür spielt. Eine aus Patient:innen nicht zufriedenstellende Gesprächsatmosphäre, ein unzureichender Informationsfluss und die fehlende Möglichkeit, Fragen stellen zu können und diese auch verständlich beantwortet zu bekommen, führen dazu, dass Patient:innen seltener ärztlichen Empfehlungen folgen und stattdessen alternative Methoden in Betracht ziehen.[1] Die Realität, die viele Patient:innen wahrnehmen, wurde in folgender Aussage eines Studienteilnehmers so formuliert: „Es sind kurze Gespräche, Gefühle haben hier keinen Platz. Es ist komplett kaltherzig. So schwach." Und ein anderer Studienteilnehmer berichtete von seinem Kontakt mit einem Homöopathen: „Dies war das erste Mal, dass ich Hilfe bekam. Mein Eindruck ist, dass Homöopathen sich mehr Zeit nehmen".

Es besteht also ein Bedarf an kommunikativer Zuwendung und guter Information, die den Patient:innen Orientierung in ihrer Krankheitssituation aber auch das Gefühl der empathischen Zuwendung durch Ärzte gibt. Dieser Bedarf wird häufig nicht erfüllt und bietet deshalb ein Einfallstor für Akteure im Gesundheitswesen, die mit laienverständlicher Kommunikation, einfachen Erklärungsmodellen für Krankheitsgeschehen und daraus abzuleitenden nebenwirkungsarmen Heilmethoden Hoffnung spenden. Da sich die Alternativmedizin meist auf dem freien Markt durchsetzen muss, wirken hier Selektionsmechanismen auf die hohen Kommunikationsfähigkeiten, die im normalen Kassenarztsystem wenig zum Tragen kommen. Mit anderen Worten, alternativmedizinische Akteure haben eine bemerkenswerte Fähigkeit entwickelt, ihre zweifelhaften Behandlungsmethoden überzeugend anzupreisen.

Verschafft man sich einen weiten Überblick über die unterschiedlichen Angebote der alternativen Medizin und ihre Anbieter, so lassen sich Strategien herausarbeiten, die von diesen Anbietern einzeln oder auch in vielfältigen Kombinationen genutzt werden, unabhängig davon, aus welcher inhaltlichen Richtung sie kommen und aus welchen Institutionen heraus sie handeln (von Heilpraxen über Heilpraktiker:innen zu Ärzt:innen in Privatpraxen bis hin zu Unikliniken.) Diese Strategien möchte ich Ihnen im Folgenden vorstellen. Von manchen von ihnen kann durchaus auch die evidenzbasierte Medizin etwas lernen, um überzeugender aufzutreten, andere gehören aus guten Gründen nicht zu ihrem Repertoire. Es sollte Ihnen nicht viel Mühe machen, bereits an den von mir gewählten Titeln für die Strategien zu erkennen, in welche dieser beiden Kategorien sie fallen.

---

1 Tarek Taha, David Meiri, Samira Talhamy, Mira Wollner, Avivit Peer und Gil Bar-Sela: Cannabis Impacts Tumor Response Rate to Nivolumab in Patients with Advanced Malignancies. In: The Oncologist 24/4 (2019), S. 549–554.

Strategie 1: Legen Sie sich nicht genau fest! Unklare Begrifflichkeiten und Zuordnungen machen Sie unangreifbar

Ein Beispiel für diese Strategie ist die bereits erwähnte unscharfe Definition von komplementärer und alternativer Medizin. Dem Begriff der Alternativmedizin haftet trotz allen positiven Berichten in den Medien in Deutschland doch der Ruch eines Makels an. Durch die Etablierung der oben dargestellten und international weitverbreiteten Definition von komplementärer Medizin wird jede alternative Methode, solange sie nur parallel zur evidenzbasierten Behandlung eingesetzt wird, „geadelt".

Der Begriff „CAM" (Complementary and Alternative Medicine) oder KAM (für das deutsche Pendant) wird als Überbegriff verwendet, sollte aber kritisch betrachtet werden, da er wissenschaftlich fundierte komplementäre Ansätze mit nicht evidenzbasierten alternativen Methoden vermischt. Während komplementäre Verfahren als unterstützende Maßnahmen sinnvoll sein können, ist bei alternativen Heilmethoden Vorsicht geboten, nicht nur, wenn sie als Ersatz für wissenschaftlich bewährte Therapien eingesetzt werden sollen. Auch unter erfahrenen Ärzt:innen, in Fachgesellschaften und in der Politik ist die Ansicht weit verbreitet, dass Patient:innen, so lange sie nur auch die evidenzbasierte Therapie durchführen lassen, gerne parallel alternative Methoden anwenden können. Verschwiegen werden dabei die zahlreichen Risiken und Folgen in Form von Neben- und Wechselwirkungen, die schnell zu einer Abschwächung der Wirksamkeit der eigentlichen Tumortherapie führen können, ohne dass dies beim einzelnen Patienten bemerkt wird. Zu den Risiken und Folgen gehören aber auch finanzielle Ausgaben und die Investition von Zeit durch Patient:innen und Angehörige, was insbesondere bei begrenzter Lebenserwartung einen erheblichen Verlust bedeuten kann.

Patient:innen, die über die fehlenden wissenschaftlichen Wirksamkeitsnachweise einer Therapie nicht aufgeklärt werden, wird die aktive Beteiligung an Therapieentscheidungen und damit ein wesentliches Patientenrecht entzogen.

Nicht selten erlebe ich es in der Beratungssprechstunde, dass Patient:innen die leitliniengerechte Therapie gegen die Krebserkrankung durchführen, aber im Bereich des Nebenwirkungsmanagement nicht alle Möglichkeiten, die die moderne Onkologie anbietet, nutzen, weil sie „nicht noch mehr Chemie möchten", sondern stattdessen auf Globuli, Akupunkturnadeln, Energietherapien und Ähnliches setzen. Unzureichende Behandlungen von Nebenwirkungen können zu erheblichen Einschränkungen der Lebensqualität führen, und ein schlechtes Nebenwirkungsmanagement führt nicht selten zu schlechteren Therapieergebnissen. Die Strategie der Alternativmedizin, sich als „Komplementärmedizin" zu nobilitieren, kann in diesem Sinne gravierende Auswirkungen haben. Ein ähnliches Verwirrspiel finden wir um den Begriff „Sanfte Medizin" – er suggeriert wirksame und nebenwirkungsarme Behandlungen. Nicht selten werden hierunter aber Methoden genannt, deren Wirksamkeit zweifelhaft ist, sodass die geringen Nebenwirkungen mit der geringen oder gar fehlenden Wirksamkeit „bezahlt" werden.

Strategie 2: Arbeiten Sie im (Gesundheits-)System!

Mit dem Argument, dass „der Patient" oder „die Bevölkerung" dies wünscht, haben sich zahlreiche Anbieter und Angebote von alternativer Medizin im Gesundheitssystem etabliert: Hierzu gehören die staatliche Anerkennung der Heilpraktiker:innen, die Finanzierung von Homöopathie oder Akupunktur durch die gesetzlichen Krankenversicherungen sowie die Schaffung der sogenannten „Besonderen Therapierichtungen" (Homöopathie, Anthroposophie, Phytotherapie) durch den deutschen Gesetzgeber, die dazu führt, dass diese Methoden keinen Wirksamkeitsnachweis im Sinne der evidenzbasierten Medizin erbringen müssen, aber für Laien nicht unterscheidbar z.B. in der Apotheke angeboten werden können. Tatsächlich ersetzt hier der sogenannte Binnenbeweis durch Anwender/Experten dieser Methoden den evidenzbasierten Wirksamkeitsnachweis. Sogenannte „Sachverständigenkommissionen können letztendlich intern bestätigen, dass eine bestimmte alternativmedizinische Intervention oder Substanz innerhalb dieser Therapierichtung die durch Erfahrung belegte und allgemein akzeptierte sei. Eine Beteiligung unabhängiger Wissenschaftler:innen und Überprüfung der Studienlage durch sie findet im Rahmen dieser Anerkennungsverfahren nicht statt. Nicht zuletzt haben diese Therapien auch weite Verbreitung in der ärztlichen Fort- und Weiterbildung gefunden. Landesärztekammern haben in ihren Fortbildungskalendern Kurse zu nicht-evidenzbasierten Methoden. Bis vor kurzem war die Homöopathie sogar eine durch die Bundesärztekammer anerkannte Weiterbildung. Ein (Schein-)Argument ist in diesem Zusammenhang stets gewesen: Wenn Patient:innen schon solche Methoden nutzen wollen, dann sollte dies besser unter der Aufsicht eines Arztes oder einer Ärztin erfolgen, damit im Falle ernsthafter Erkrankungen rechtzeitig wirksam gehandelt werden kann. Genauso wird bzgl. der homöopathischen Globuli, die nur in Apotheken und nicht in normalen Geschäften verkauft werden dürfen, argumentiert, dass durch den Apotheker oder die Apothekerin darauf geachtet werden könne, dass keine unwirksame Behandlung bei einer ernsthaften

Symptomatik eingesetzt wird. In der Bevölkerung hat dies alles dazu geführt, dass die Abgrenzung der alternativen Medizin von wirksamen Therapien nicht mehr gelingt, denn wenn auch mein Hausarzt dies anbietet und ich es (nur) in der Apotheke kaufen kann, dann muss es ja eine „echte" Medizin sein.

Heilpraktiker:innen nehmen im deutschen Gesundheitssystem eine Sonderstellung ein. Im Gegensatz zu anderen europäischen Ländern ist der Beruf des Heilpraktikers in Deutschland staatlich anerkannt, basierend auf dem Heilpraktikergesetz von 1939. Allerdings ist die Berufsbezeichnung „Heilpraktiker" nicht mit einer standardisierten medizinischen Ausbildung verbunden. Die einzige Voraussetzung für die Berufsausübung ist das Bestehen einer amtsärztlichen Überprüfung, die hauptsächlich auf den Ausschluss von Gefahren für die Volksgesundheit abzielt.

Strategie 3: Verwenden Sie einfach verstehbare Konzepte und Rezepte

Die meisten Methoden der alternativen Medizin haben einen entscheidenden kommunikativen Vorteil: Sie haben einfache und anschauliche Krankheitstheorien, die Laien verständlich sind und häufig auch mit laienätiologischen Vorstellungen übereinstimmen oder zumindest mit ihnen kompatibel sind.

Ein modernes Beispiel für laienätiologische Argumentation ist die weit verbreitete Theorie, dass Krankheiten wie Krebs in aller Regel durch eine Übersäuerung oder Vergiftung des Körpers (z.B. durch Umweltgifte) entstanden seien und entsprechend durch eine Detoxifikation oder Basentherapie wirksam behandelt werden könnten. Selbst wenn die Kausalität stimmen würde, bliebe diese Theorie problematisch, da die Entwicklung einer Krebserkrankung oder einer anderen chronischen Erkrankung in der Regel ein irreversibler Prozess ist, den man nicht einfach durch Zurücknahme der angenommenen Ursache heilen kann. Es ist auch für die Evidenzbasierte Medizin (EbM) gut, Krankheitsverläufe und Ätiologie für Laien verständlich und anschaulich darstellen zu können. Diese Einfachheit und Anschaulichkeit darf aber natürlich nie zu Lasten der Korrektheit der Theorie gehen.

Strategie 4: Hören Sie zu – alles was für den Patienten wichtig ist, ist wichtig!

In einer kommunikativen Beziehung ist der Part des Zuhörens eine häufig unterschätzte Komponente. Kommunikation kann nur gelingen, wenn wir dem anderen zuhören. Gerade in der Behandlung von schwer kranken Patienten ist das Zuhören essentiell, um wahrnehmen zu können, was die Patienten belastet, worüber sie nachdenken, welche Fragen sie haben und was sie uns mitteilen möchten.

Viele Anbieter von alternativer Medizin und viele Methoden der alternativen Medizin haben ihre Basis im Wesentlichen im Zuhören. Prototypisch kann man dies bei der homöopathischen Anamnese erfahren. Eine Erstanamnese hat eine Länge von 60, teilweise sogar 90 Minuten. Es findet kein gelenktes Interview statt wie in der sogenannten Schulmedizin, in der Ärzte durch gezielte Fragen versuchen, möglichst schnell die wichtigen Informationen für die Diagnosestellung zu sammeln. Für Homöopath:innen ist alles wichtig, was der Patient erzählen möchte, und vor allen Dingen alles, was dem Patienten wichtig ist. Aus der Basis dieser Erzählung wird dann aus dicken Büchern (sog. Repertorien) die individuell passende Therapie herausgesucht.

Strategie 5: Forschung macht seriös – aber nur die eigene Forschung ist gute Forschung

In der Alternativmedizin ist die Kritik am aktuellen medizinischen Forschungsbetrieb weit verbreitet. In den letzten Jahren hat die Alternativmedizin aber eine Kehrtwende gemacht. Konnte man sie vorher als wissenschaftsfeindlich einstufen, so macht sie sich nun gezielt das Prestige der Wissenschaftlichkeit zunutze, indem sie auf Homepages, in Büchern und Broschüren und im individuellen Patienten-Gespräch auf die „umfangreichen Forschungsergebnisse" für die eigene Methode hinweist. Patient:innen bekommen Listen mit wissenschaftlichen Referenzen ausgehändigt, die das Therapieangebot unterstützen sollen. Alle diese Referenzen sind englischsprachig. Für den Laien ist deshalb allein schon aus dem Titel nicht zu erkennen, dass es sich in aller Regel um Laborexperimente oder allenfalls Fallberichte handelt.

Aber sollte Ihre Methode im konkreten Einzelfall ausnahmsweise trotzdem keine Wirksamkeit aufweisen, dann wenden Sie diese Strategie an: Weisen Sie darauf hin, wie essentiell es ist, dass sich die Patientin ganz genau an die komplexen Therapieanweisungen der Heilmethode hält. Dieses „genau" hat den entscheidenden Vorteil, dass die Patientin selber schuld ist, falls es nicht klappt, weil sie Therapievorgaben nicht eingehalten hat oder noch nicht genug (für Mittel oder Therapiesitzungen) investiert hat. Keinesfalls ist die Methode selber oder der Anbieter schuld.

Strategie 6: Auch wenn es falsch ist: Einfach regelmäßig wiederholen!

Variante 1 und besonders effektiv: Wer heilt, hat recht!

Es gibt kaum eine geschicktere Formulierung als „Wer heilt, hat recht!". Denn natürlich ist es das oberste Ziel in der Medizin, dem einzelnen Patienten zu helfen, ihn möglichst zu heilen oder zumindest seine Symptome zu lindern. Dass wer heilt, recht hat, ist aber trotzdem eine sehr problematische Formulierung. Denn sie suggeriert natürlich, dass die Heilerin mit ihrem spezifischen Krankheitsverständnis und ihrer medizinischen Intervention „recht" habe, weil es dem Patienten ja besser geht. Genau dies kann man aber eben nicht einfach so aus positiven Heileffekten schließen. Es kann viele Gründe dafür geben, dass es einer Patientin im Verlauf einer medizinischen Behandlung besser geht. Die Krankheit kann etwa zum Zeitpunkt der medizinischen Behandlung schon auf einem natürlichen Weg abklingen, oder Placebo-Effekte führen zu einer kurzzeitigen Besserung. Wenn man zeigen möchte, dass man mit seiner spezifischen Therapie „recht" hatte, muss man das schon etwas aufwendiger und am Besten im Rahmen von kontrollierten Zufallsstudien testen, die mögliche Fehlinterpretationen möglichst effektiv ausschließen. Wer zu heilen scheint, hat nur recht, wenn er auch gut empirisch und theoretisch *rechtfertigen* kann, dass wirklich er oder sie, bzw. seine oder ihre medizinische Intervention, geheilt hat. Patient:innen haben ein Anrecht auf wirksame und geprüfte Therapien und auf eine umfängliche Aufklärung. Solange es evidenzbasierte Optionen für sie gibt, müssen wir sie ihnen erklären. Gibt es keine mehr, so heißt das aber mitnichten, dass man nichts mehr für sie tun kann, wie man häufig hört, sondern spätestens dann stehen die Wege und Möglichkeiten der Palliativmedizin und letztendlich der Sterbebegleitung in einem humanen Gesundheitssystem zur Verfügung und können gar nicht früh genug erklärt und vorgestellt werden.

Variante 2: Globuli und Co sind billig

Immer wieder wird behauptet, dass die meisten alternativmedizinischen Methoden im Vergleich zu den teuren onkologischen Methoden und Medikamente sehr billig und damit gut für das Gesundheitssystem seien. Wenn der Nutzen aber nicht über eine Placebo- oder Scheintherapie hinausgeht, sind die Kosten pro Wirksamkeit jedoch hoch. Therapieverzicht zugunsten einer Scheintherapie kann im Zweifelsfall sogar das Leben kosten.

Es ist auch falsch, dass immer wieder behauptet wird, dass Bevölkerungsgruppen, die Homöopathie bevorzugt anwenden, aufgrund der niedrigen Kosten der Globuli billiger seien als Patienten, die sich an wissenschaftlich arbeitende Hausärzt:innen wenden. Eine Studie zeigt, dass Gesamtkosten von Versicherten in Deutschland, die zusätzliche Homöopathie nutzten, nach 18 Monaten höher waren als die der Nicht-Homöopathie-Nutzer.[2]

Variante 3: Es gibt kein Geld für Studien zu KAM

Dies ist eine der häufigsten Behauptung in der Alternativmedizin. Schaut man sich den Umsatz zum Beispiel für homöopathische Arzneien aus Apotheken im Jahr 2020 an, so findet man eine Zahl von 666 Mio. Euro (+ 5,9% im Vergleich zum Vorjahr),[3] die doch einen Spielraum für Forschung erwarten ließe. Allerdings ist durch die oben erwähnte Einrichtung der „Besonderen Therapierichtungen" die Notwendigkeit der Durchführung von wissenschaftlichen Studien für die Firmen gestrichen worden – ob ein alternativmedizinisches Medikament zugelassen werden kann oder nicht, darf eh „intern" entschieden werden.

Variante 4: Nutzt vielleicht nicht, schadet aber auch nicht!

Fast genauso häufig hört man, sogar von Ärzt:innen, die nichts von Alternativmedizin halten, dieses Argument. Wie oben schon dargestellt, ist dies aber nicht zwangsläufig der Fall. Verpasste früh einsetzende Therapien, die in der Onkologie eine Heilung herbeiführen können, verstrichene Zeit bei chronisch fortschreitenden Erkrankungen, die zu einer zunehmenden Zerstörung zum Beispiel von Gelenken in der Rheumatologie führen, sind irreversibel. Wechselwirkungen können zu einer Abschwächung der Wirkung führen. Deshalb sollte uns allen eine Studie aus dem Universitätsklinikum Heidelberg die Augen öffnen, in der gezeigt werden konnte, dass die Einnahme von ganz normalen Nahrungsergänzungsmittel mit Antioxidantien durch Patient:innen mit Brustkrebs während einer Chemo- oder Strahlentherapie zu einer erheblichen Abschwächung der Wirkung, erhöhten Rezidivrate und erhöhten Sterblichkeit führt.[4] Die Daten sind auch in einer zweiten Studie bestätigt worden.[5]

---

2 Julia K. Ostermann, Thomas Reinhold und Claudia M. Witt: Can Additional Homeopathic Treatment Save Costs? A Retrosepctive Cost-Analysis Based on 44.500 Insured Persons. In: PLoS ONE 10/7 (2015), e0134657.

3 Arzneimittelmarkt in Deutschland, Verband Klassischer Homöopathen Deutschlands; https://www.vkhd.de/presse/zahlen-zur-homoeopathie; Stand vom 17. Januar 2020

4 Audrey Y. Jung, Xinting Cai, Kathrin Thoene, Nadia Obi, Stefanie Jaskulski, Sabine Behrens, Dieter Flesch-Janys und Jenny Chang-Claude: Antioxidant Supplementation and Breast Cancer Prognosis in Postmenopausal Women Undergoing Chemotherapy and Radiation Therapy; American Journal for Clinical Nutrition 109/1 (2019), S. 69–78.

5 Christine B. Ambrosone, Gary R. Zirpoli, Alan D. Hutson, William E. McCann, Susan E. McCann, William E. Barlow u.a.: Dietary Supplement Use During Chemotherapy and

Ebenfalls retrospektiv wurde gezeigt, dass die Einnahme von Cannabinoiden das Ansprechen auf moderne Immuntherapien praktisch halbiert.[6] Auch diese Daten sind mittlerweile von einer zweiten Forschergruppe bestätigt worden.

Variante 5: Der Patient will es aber …!
… aber nur, wenn es wirkt und nicht schadet! Zumindest habe ich noch keinen Patienten erlebt, der dem nicht zustimmt.

Strategie 7: Haben Sie einleuchtende Erklärungen und wissenschaftliche „Beweise"!

Unter Strategie 6 haben wir bereits darauf hingewiesen, dass vielfach präklinische Daten als Beweis für die Wirksamkeit einer Therapie zitiert werden. Nicht selten werden molekulare Mechanismen grundsätzlich richtig beschrieben, aber in den falschen Kontext gesetzt. Ein seit Jahren weit verbreitetes Beispiel ist der sogenannte Warburg-Effekt. So wurde als erstes mit dem Ziel, Krebszellen auszuhungern, vorgeschlagen, Kohlenhydrate weitgehend zu reduzieren, bis eine Ketose im Stoffwechsel entsteht (sogenannte ketogene Ernährung). Tatsächlich gibt es keinen Beweis aus einer klinischen Studie, dass dies Tumorwachstum verringern oder die Wirksamkeit einer Tumortherapie verbessern kann. Trotzdem ist seit einigen Jahren ketogene Ernährung unter onkologischen Patienten weit verbreitet, ebenso wie das Fasten oder Intervallfasten im Rahmen einer Tumortherapie.

Auch hier müssen wir die Frage stellen, ob es einen möglichen Schaden gibt. Zunächst einmal ist der Verzicht auf Nahrung oder die deutliche Einschränkung der Nahrungsaufnahme auf jeden Fall eine deutliche Einbuße. Gleichzeitig kann es durch diese einseitigen Ernährungsweisen zu einer Mangelernährung, einem Fehlen von Makro- und/oder Mikronährstoffen kommen. Solch eine Mangelernährung ist für Patient:innen mit einer malignen Erkrankung lebensgefährlich.

Egal wie unmittelbar einleuchtend eine scheinbar wissenschaftliche Erklärung zu sein scheint, wir sollten uns in einem medizinischen Kontext nur auf sie verlassen, wenn sie auch (und am besten mehrfach) in aufwendigen klinischen Studien bestätigt werden konnte.

Survival Outcomes of Patients With Breast Cancer Enrolled in a Cooperative Group Clinical Trial (SWOG S0221); Journal of Clinical Oncology 38/8 (2019), S. 804–814.

6 Tarek Taha u.a. (2019): Cannabis Impacts.

Strategie 8: Nutzen Sie die Methoden der EbM und toppen Sie diese!

Vertreter der Alternativmedizin nutzen zunehmend die empirischen Methoden der EbM – eine zunehmende Anzahl von systematischen Reviews meistens sogar mit Metaanalysen werden publiziert. Damit wird suggeriert, dass die höchste Evidenzstufe vorliegt, ohne dass sicher geprüft wird, ob die Bewertungen der Qualität der Studien in den Metaanalysen korrekt sind und die Daten sich überhaupt für eine sog. aggregierte Evidenz eignen. Zahlreiche Beispiele finden sich u.a. zu den Themen Akupunktur oder Misteltherapie mit eingeschlossenen Studien zweifelhafter Qualität, die in Metaanalysen positive Effekte zeigen, obwohl die qualitativ hochwertigen Studien negativ für die jeweilige Methode ausgefallen sind.

Strategie 10: Nachwuchsförderung ist essentiell!

Studierende der Medizin erhalten im Rahmen ihres gesamten Studiums keine wissenschaftlich basierte Ausbildung zu den Themen der komplementären oder alternativen Medizin. Damit fehlen ihnen wesentliche Grundlagen, um Patient:innen ausgewogen und evidenzbasiert aufzuklären. Unter anderem die Carstens-Stiftung und die Hufelandgesellschaft bemühen sich um eine Ausbildung von Medizinstudierenden und bieten Lehre und Seminare über alternativmedizinische Methoden kostenlos an. Die Anthroposophische Medizin verfolgt schon seit vielen Jahren explizit einen „Masterplan zur Akademisierung“ ihrer alternativen Medizin. Studierende sollten im Rahmen ihres Medizinstudiums besser dafür gewappnet werden, dieser versuchten Einflussnahme kritisch entgegentreten zu können …

Fazit

Der anhaltende Erfolg der Alternativen Medizin ist paradoxerweise ein Indikator für Defizite in der konventionellen Medizin. In einem Gesundheitssystem mit zunehmend knappen Ressourcen werden diese Mängel noch deutlicher. Die Alternative Medizin füllt dabei eine Lücke, ohne jedoch eigene, wissenschaftlich nachweisbare Erfolge vorweisen zu können.

Ein Kernproblem liegt in der verengten Interpretation der Evidenzbasierten Medizin (EbM), die häufig auf die externe Evidenz aus klinischen Studien reduziert wird. Diese liefert jedoch nur statistische Daten – und Statistik beschreibt naturgemäß immer Unsicherheit. Dies steht im Konflikt mit dem menschlichen Bedürfnis nach Sicherheit und klaren Antworten.

Die Lösung dieses Dilemmas liegt in der ursprünglichen, ganzheitlichen Definition der EbM: Sie verbindet externe Evidenz aus Studien mit den individuellen Wertvorstellungen der Patient:innen und der internen Evidenz, also der klinischen Expertise der Behandelnden. Nur dieser integrative Ansatz kann den Bedürfnissen der Patient:innen wirklich gerecht werden. Dies setzt aber wesentliche Veränderungen im Gesundheitssystem voraus: Vor allem ist mehr Zeit nötig, um Patient:innen komplexe Zusammenhänge zur Krankheit und Therapie laienverständlich und in bedrohlich erlebten Krankheitssituationen auch mehrfach geduldig zu erklären. Es braucht mehr als Kommunikationstrainings zum Überbringen schlechter Nachrichten und v.a. braucht es ein Training im Zuhören, wie es den Patient:innen geht und was ihnen wichtig ist. Nicht zuletzt brauchen wir einen Paradigmenwechsel: Evidenzbasierte Medizin ist eine wertebasierte Medizin, die zu den Werten der Patient:innen die aus wissenschaftlicher Sicht optimal passenden Therapien vorschlägt, mit ihnen bespricht und im Krankheitsverlauf auch mehrfach reflektiert.

Überzeugungskräfte und Vertrauen im Homöopathiediskurs – eine Betrachtung aus linguistischer Perspektive

Pavla Schäfer

1 Einleitung

Im vorliegenden Beitrag werden Überzeugungskräfte und Vertrauen aus linguistischer Sicht konzeptualisiert und aufeinander bezogen. Dabei werden Ansätze aus den Bereichen der Pragmatischen Stilistik, sozialpsychologischen Einstellungs- und Persuasionsforschung, Linguistischen Vertrauensforschung und aus der Denkstilforschung herangezogen und produktiv miteinander verbunden. Überzeugungskräfte werden zunächst im Sinne der pragmatischen Stilistik als ein pragmatischer Stileffekt aufgefasst. Dieser Effekt der Kommunikation wird anschließend aus der Perspektive der Persuasionsforschung als ein persuasiver Effekt gerahmt. Das Verständnis von Überzeugungskräften im Sinne von persuasiven Effekten bereitet eine konzeptuelle Verbindung von Persuasion als Einstellungsänderung und der Bildung von Vertrauen, das als eine Einstellung aufgefasst wird. Diese konzeptuellen Verbindungen werden anschließend am Beispiel des aktuellen Homöopathiediskurses verdeutlicht. Es wird exemplarisch der Frage nachgegangen, welche Rolle Vertrauen im Homöopathiediskurs spielt und auf welchen Mechanismen die Vertrauens- bzw. Misstrauensbildung basiert. Vor dem Hintergrund der Lehre über Denkstile und Denkkollektive von Ludwik Fleck (zuerst 1935)[1] werden dabei die sich gegenüberstehenden diskursiven „Lager" als unterschiedliche Denkkollektive mit unterschiedlichen Denkstilen aufgefasst. Die denkstilbedingten Diskurshandlungen hängen dabei eng mit denkstilgemäßem Sprachgebrauch zusammen. Am Beispiel des unterschiedlichen Verständnisses von *Symptom* in der Medizin und Homöopathie wird abschließend aufgezeigt, wie sich denkstilgeprägte Unterschiede im Sprachgebrauch auf die Polarisierung des Diskurses und die Vertrauensbildung auswirken können.[2]

---

1 Ludwik Fleck: Entstehung und Entwicklung einer wissenschaftlichen Tatsache. Einführung in die Lehre vom Denkstil und Denkkollektiv. Mit einer Einleitung herausgegeben von Lothar Schäfer und Thomas Schnelle. 10. Aufl. Frankfurt a.M.: Suhrkamp 2015 [1935].

2 Die Ausführungen zum Symptomkonzept und zu Denkkollektiven basieren auf einem laufenden DFG-geförderten Forschungsprojekt der Autorin. Im Projekt werden Lehrbücher zur

Zum Einstieg werden folgende Thesen postuliert, die im Aufsatz entfaltet werden.

1. Überzeugungskraft ist *eine Frage des Stils*: Der Begriff *Überzeugungskraft* bezeichnet einen pragmatischen Stileffekt. Überzeugungskräfte entstehen als persuasiver Effekt der vom Kommunikator gewählten Stilmittel. Somit fällt die Untersuchung von Stilmitteln, die Überzeugungskräfte entfalten, in die Bereiche der Pragmastilistik und der Persuasionsforschung.
2. Überzeugungskraft ist *immer auch Beziehungsarbeit*: Was überzeugend wirkt und was nicht, ist sehr individuell. Ein und dasselbe Kommunikat kann verschiedene Effekte bei den RezipientInnen entfalten. Rational nachvollziehbare Argumente können durch ungünstige Stileffekte auf der Beziehungsebene abgeschwächt oder aufgehoben werden. In einem weiten Stilbegriff der pragmatischen Stilistik müssen Beziehungsaspekte stets berücksichtigt werden.
3. Überzeugungskraft ist *eine Frage der sozialen Einstellung*: Überzeugungskräfte werden an der Änderung einer Einstellung gemessen. Entsprechend fällt die Untersuchung von Überzeugungskräften in den Bereich der Einstellungsforschung.
4. Überzeugungskraft ist *eine Frage des Vertrauens*: Überzeugungskräfte hängen mit der wahrgenommenen Vertrauenswürdigkeit der Kommunizierenden zusammen. Eine als vertrauenswürdig wahrgenommene Person oder Institution hat deutlich bessere Chancen, durch ihre Kommunikation Überzeugungskräfte zu entfalten. Somit fällt die Untersuchung von Überzeugungskräften in den Bereich der Vertrauensforschung.
5. Überzeugungskraft ist *eine Frage des Denkstils:* Die Entfaltung von Überzeugungskräften ist stets an einen Denkstil gebunden, der die Wahrnehmung, Erkenntnis- und Handlungsroutinen ebenso wie den Sprachgebrauch der Mitglieder eines Denkkollektivs prägt. Die Erforschung denkstilgebundener Potenziale, Überzeugungskräfte zu entfalten, gehört somit in den Bereich der Denkstilforschung.
6. Überzeugungskraft ist *eine Frage des denkstilgemäßen Sprachgebrauchs*: Muster des Sprachgebrauchs spielen eine wesentliche Rolle in der Bildung von Vertrauen zwischen Mitgliedern eines Denkkollektivs und der Bildung von Misstrauen zwischen Mitgliedern unterschiedlicher

---

Inneren Medizin (IM) und klassischen Homöopathie (HP) auf Grundlage von Flecks Lehre über Denkkollektive und Denkstile untersucht. Dabei werden Muster des Sprachgebrauchs auf unterschiedlichen sprachsystematischen Ebenen als Manifestation der Denkstile in den Blick genommen.

Denkkollektive. Als Beispiel für dieses Phänomen gilt das unterschiedliche, denkstilgeprägte Symptomkonzept in der akademischen Medizin und Homöopathie.

Der Beitrag wird entlang dieser Thesen wie folgt aufgebaut: In Kapitel 2 werden Überzeugungskräfte theoretisch aus linguistischer Sicht konzeptualisiert und die Thesen 1 bis 5 entfaltet. Herangezogen werden dafür theoretische Grundlagen aus den Forschungsbereichen Pragmatische Stilistik (2.1), Einstellungsforschung (2.2), Linguistische Vertrauensforschung (2.3) und Denkstilforschung (2.4). Ausgehend von dieser breiten theoretischen Basis zu Überzeugungskräften erfolgt in Kapitel 3 eine Engführung auf den aktuellen Homöopathiediskurs (3.1) und die Rolle von Vertrauen in diesem Diskurs (3.2). Vor dem Hintergrund des polarisierten Diskurses wird anschließend in Kapitel 4 die These 6 erläutert. Am Beispiel des Symptomkonzeptes wird exemplarisch aufgezeigt, wie denkstilbedingter Sprachgebrauch die Vertrauens- bzw. Misstrauensbildung im Homöopathiediskurs beeinflussen kann. Im letzten Abschnitt (5) werden die zentralen Thesen und Erkenntnisse des Beitrags zusammengefasst.

2 Überzeugungskraft aus verschiedenen Perspektiven

2.1 *Überzeugungskraft als pragmatischer Stileffekt*

Um die erste These zu begründen, wird zunächst das Verständnis von Stil in der Pragmastilistik erörtert. Stil wird in dieser Forschungstradition, die als Erweiterung der Sprechakttheorie entstanden ist, als kommunikatives Handeln aufgefasst. Stilistisches Handeln vermittelt stets Sekundärinformationen pragmatischer Art, u.a. über das Situations- und Textverständnis, über die Selbstdarstellung des Kommunikators und die Beziehungsgestaltung zu der anvisierten Zielgruppe. Nach diesem Verständnis ist Stil ein Phänomen der Variation: „Stil ist das WIE, die bedeutsame funktions- und situationsbezogene Verwendung von Sprache und anderen kommunikativ relevanten Zeichentypen."[3] Aus pragmatischer Sicht sind Stilmittel daher kein Schmuck oder Beiwerk des Inhaltes, sondern ein Mittel zum Zweck, also ein Werkzeug. Die pragmastilistische Betrachtung von Kommunikation ist dabei auf die gesamten Kommunikationsumstände ausgerichtet. „Deshalb ist es wichtig, in einer ‚ganzheitlich', holistisch verstandenen Stilistik auch diese Hintergründe und Umstände so weit als möglich mit zu beschreiben."[4] Das Beschreiben von

---

3 Barbara Sandig: Textstilistik des Deutschen. Berlin, New York: De Gruyter 2006, S. 1.

4 Sandig (2006): Textstilistik des Deutschen, S. 2.

Stilphänomenen ist das primäre Ziel der Pragmastilistik, seine Bewertung hingegen nicht:

> Textbezogene Stilphänomene sollen so einfach, so umfassend, aber auch dem jeweiligen Tun der Beteiligten so angemessen wie möglich beschrieben werden. Wenn hier gewertet wird, so geschieht dies nicht aufgrund normativer ‚präskriptiver' Vorstellungen, sondern aufgrund der Beschreibungen: Stile können im Kontext ihre Funktionen besser oder schlechter erfüllen.[5]

Durch die umfassende Kontextualisierung und Beschreibung von Stilphänomenen erweitert sich der Untersuchungsgegenstand der Stilistik erheblich. Stil wird nicht mehr als Qualität von Texten aufgefasst, sondern als ein Phänomen, das den gesamten Kommunikationsprozess umspannt. Die Einbettung der Wahl bestimmter Stilmittel in den gesamten Kommunikationsprozess macht es möglich, die intendierte Stilwirkung (genannt auch *Stilabsicht*) des Kommunikators/der Kommunikatorin mit der realisierten Stilwirkung (auch *Stileffekt*) auf Seite eines konkreten Rezipienten/einer konkreten Rezipientin zu vergleichen. Die Stilistik konzentriert sich primär auf die Analyse des konkreten Stilhandelns in einem geschriebenen oder gesprochenen Text. Davon ausgehend werden Schlüsse auf die Stilabsicht gezogen. Über die tatsächliche Stilwirkung können ohne eine Erhebung von Einschätzungen seitens der RezipientInnen nur Mutmaßungen geäußert werden. Hier schließt die Wirkungsforschung an.

Aus der deskriptiven Perspektive auf Stilphänomene entstehen Überzeugungskräfte als ein Stileffekt der Kommunikation. Diesen Effekt können die Kommunizierenden durch die Wahl der Kommunikationsmittel und soweit möglich durch die Rahmenbedingungen beeinflussen (u.a. Zeitpunkt oder Kommunikationskanal). Stilistisches Handeln ist stets an der Zielgruppe orientiert. Wie die Kommunikation tatsächlich auf Rezipierende wirkt, ist aber letztlich ein Ergebnis komplexer Rezeptionsprozesse und liegt nicht vollständig in der Hand der TextproduzentInnen. Der Begriff *Überzeugungskraft* bezeichnet einen pragmatischen Stileffekt aus der Rezeptionsperspektive. Er unterstellt eine realisierte überzeugende Wirkung der Kommunikation. Ob die Kommunikation von RezipientInnen tatsächlich als überzeugend eingeschätzt wird, kann nur im Rahmen der Wirkungsforschung empirisch überprüft werden. Solange die realisierte Stilwirkung nicht überprüft werden kann, kann lediglich das Überzeugungspotenzial der Kommunikation beschrieben werden und in vorsichtige Überlegungen zur möglichen Stilwirkung münden.

5 Sandig (2006): Textstilistik des Deutschen, S. 4.

In die Einschätzung der möglichen Stilwirkung müssen dabei alle Faktoren der Kommunikationssituation einfließen, die auch im Prozess der Textplanung und -produktion relevant sind, u.a. die anvisierte Zielgruppe, ihr Vorwissen, ihre Interessen, Bedürfnisse, Funktionen der Kommunikation, ihre zeitliche, gesellschaftliche, kulturelle Einbettung etc.

2.2 *Überzeugungskraft als persuasiver Effekt*

Die pragmastilistischen Überlegungen sind anschlussfähig an die Persuasionsforschung, in der die Effekte des Überzeugens und Überredens im Fokus stehen. Im vorliegenden Beitrag wird mit einer Definition von *Persuasion* gearbeitet, die aus der sozialpsychologischen Einstellungsforschung stammt.[6] Dieses Verständnis weicht von dem kommunikationswissenschaftlichen und alltagssprachlichen Verständnis ab, nach dem Persuasion negativ besetzt ist und in die konzeptuelle Nähe von Manipulation gerückt wird. In der Sozialpsychologie ist Persuasion hingegen ein wertneutrales Konzept, verstanden als eine Strategie zur Einstellungsänderung. „Zur Überredung (persuasion) gehört der Einsatz von Botschaften, um Überzeugungen, Einstellungen und das Verhalten anderer Menschen zu ändern."[7] Eine weitere Strategie ist z.B. der Einsatz von Anreizen und Sanktionen. Das Ergebnis einer persuasiven Kommunikation ist die Entfaltung einer persuasiven Kraft im Sinne eines kommunikativen Effekts, der den Kommunikationspartner dazu bringt, eine bestimmte soziale Einstellung zu ändern. Eine Einstellung wird aus sozialpsychologischer Sicht definiert

> als ‚eine Gesamtbewertung eines Objekts, die auf kognitiven, affektiven und verhaltensbezogenen Informationen beruht' (Maio & Haddock, 2010, S. 4). In dieser Definition ist der Gedanke enthalten, dass das Äußern einer Einstellung bedeutet, ein evaluatives (d.h. wertendes) Urteil über ein Objekt abzugeben.[8]

Eine Einstellung kann dabei auf ganz verschiedene, unterschiedlich komplexe und konkrete wie abstrakte Objekte gerichtet sein wie auf Personen, Gegenstände, Sachverhalte, Institutionen etc. Einstellungen sind psychische Größen, die als eine Tendenz auf einer fließenden Skala zu beschreiben sind. Sie sind

---

6 Vgl. Geoffrey Haddock und Gregory R. Maio: Einstellungen. In: Sozialpsychologie. Hg. von Johannes Ullrich, Wolfgang Stroebe und Miles Hewstone. 7. Auflage. Berlin: Springer 2023, S. 193–225.

7 Wolfgang Stroebe: Strategien zur Einstellungs- und Verhaltensänderung. In: Sozialpsychologie. Hg. von Johannes Ullrich, Wolfgang Stroebe und Miles Hewstone. 7. Auflage. Berlin: Springer 2023, S. 228.

8 Haddock und Maio (2023): Einstellungen, S. 195.

nicht per se gegeben, sondern entstehen durch Kommunikations-prozesse und können durch Kommunikation ebenfalls geändert werden. Da Einstellungen immer in Kommunikationsprozesse eingebettet sind, kann die Analyse kommunikativen und damit auch stilistischen Handelns aufdecken, welche Mittel zur Persuasion verwendet werden und inwiefern sie zu den beabsichtigen Effekten beitragen können.

Ob Einstellungen stabil sind oder sich durch Kommunikation ändern lassen, hängt u.a. davon ab, welche Funktionen sie für die konkrete Person haben. Haddock und Maio[9] unterscheiden die folgenden fünf Funktionen, verstanden als „die psychologischen Bedürfnisse, die von einer Einstellung befriedigt werden“:

- Einschätzungsfunktion – Einstellungen dienen als „energiesparende Hilfsmittel zur Einschätzung von Objekten“.
- Utilitaristische Funktion – Einstellungen tragen dazu bei, „Belohnungen zu maximieren und Kosten zu minimieren“.
- Soziale Anpassungsfunktion – Einstellungen tragen dazu bei, „dass wir uns mit sympathischen anderen identifizieren“.
- Ich-Verteidigungsfunktion – Einstellungen tragen dazu bei, „unser Selbstwertgefühl zu schützen“.
- Wertausdrucksfunktion – Einstellungen tragen dazu bei, „Wertvorstellungen zum Ausdruck zu bringen“.

Sollen bestimmte Einstellungen einer Zielgruppe gezielt durch Kommunikation geändert werden, muss bedacht werden, welche Funktion(en) die jeweilige Einstellung für die Menschen hat. Es ist anzunehmen, dass Einstellungen, die lediglich die Einschätzungsfunktion erfüllen und nur aus Gewohnheit beibehalten werden, wahrscheinlicher für Kommunikation zugänglich sind als Einstellungen, die zusätzlich in die eigene Identitätsbildung der Person integriert sind und/oder dem Selbstschutz dienen. Auch die Gestaltung der gesamten Kommunikation muss jeweils angemessen sein.

Bezogen auf Überzeugungskräfte im Kontext heterodoxer Wissensbestände erscheint die Frage nach der Funktion von Einstellungen beispielsweise dann relevant, wenn die Wissenschaftskommunikation mit einem aufklärerischen Auftrag verbunden ist. Wenn die Kommunikation auf die Änderung einer Einstellung zu Sachverhalten abzielt, die aus wissenschaftlicher Sicht als heterodox gerahmt werden, sollte die Frage nach den Funktionen der positiven Einstellung zu solchen Wissensbeständen bedacht werden (ein Beispiel für aufklärerische Wissenschaftskommunikation im Zusammenhang mit der

9 Haddock und Maio (2023): Einstellungen, S. 204.

Homöopathie ist das „Informationsnetzwerk Homöopathie“[10]). Andernfalls läuft die als aufklärerisch gedachte Kommunikation Gefahr, von einem Teil der RezipientInnen ganz anders verstanden zu werden. Dabei kann die Skala der Einschätzungen von „sachlich-überzeugend“ über „sachlich falsch“ oder „unangemessen von oben herab“ bis hin zu verschwörungstheoretischen Rahmungen reichen, in denen die etablierte Wissenschaft als Machtinstrument „der Eliten“ gilt, das zur Manipulation der Massen benutzt wird.[11]

Dass soziale Einstellungen unterschiedliche Funktionen erfüllen, hängt mit deren Komplexität zusammen. Einstellungen bestehen stets aus einer kognitiven, einer emotionalen und einer verhaltensbezogenen Komponente.[12] Die drei Komponenten sind dabei miteinander verflochten und je nach Einstellung und Situation unterschiedlich gewichtet. Nicht immer und nicht für jeden sind dabei rationale Argumente überzeugend. Die Einstellungsforschung zeigt, dass Persuasion am erfolgreichsten ist, wenn man die Affinität der RezipientInnen für rationale oder affektive Argumente berücksichtigt. Haddock und Maio zeigen durch ihre Studie zur Überredung,

> dass die Wirksamkeit überredender Botschaften von individuellen Unterschieden bezüglich des Bedürfnisses nach Affekt bzw. nach Kognition abhängt. [...] Diese Ergebnisse zeigen, dass Überredung besonders gut funktioniert, wenn affektbasierte Appelle auf affektbasierte Personen treffen und kognitionsbasierte Appelle auf kognitionsbasierte Personen.[13]

Diese Erkenntnisse haben Folgen für jede Kommunikation, die das Ziel der Einstellungsänderung verfolgt. Zu den zahlreichen Faktoren auf Seite der Zielgruppe, die bei der Planung und Gestaltung der Kommunikation bedacht werden müssen, kommt die Zielgruppenangemessenheit hinsichtlich der Präferenzen für Emotion oder Kognition hinzu. Da Informationen zu den Präferenzen jedoch kaum im Vorfeld der Kommunikation zu erhalten sind und es bei heterogenen Adressatengruppen nie ein einheitliches Bild geben kann, sollte die Kommunikation idealerweise beide Präferenzen berücksichtigen. Es wäre zu überlegen, ob Legitimierungs- und Plausibilisierungsstrategien heterodoxer Wissenschaften vielleicht gerade dann erfolgreich sind, wenn sie gezielt beide Bedürfnisse ansprechen.

---

10 Vgl. https://netzwerk-homoeopathie.info.

11 Vgl. Pavla Schäfer: Verschwörungstheorien – Ein Fall für die linguistische Vertrauensforschung. In: Aptum. Zeitschrift für Sprachkritik und Sprachkultur 14/3 (2018), S. 221–238.

12 Vgl. Haddock und Maio (2023): Einstellungen, S. 195.

13 Haddock und Maio (2023): Einstellungen, S. 200–201.

2.3 *Überzeugungskraft durch Vertrauenswürdigkeit*

Vertrauen wird hier als eine von vielen sozialen Einstellungen verstanden. Mit dem Fokus auf Vertrauen begeben wir uns auf das Fachgebiet der interdisziplinären Vertrauensforschung. Im Sammelband von Schäfer und Belosevic (2024)[14] werden linguistische Grundlagen dargestellt und konkrete empirische Studien zu Vertrauen präsentiert, die sich Methoden aus der Text-, Diskurs-, Gesprächs- und Korpuslinguistik bedienen. Die linguistischen Grundlagen der Vertrauensforschung werden durch Einblicke in die Vertrauensforschung in der Erziehungswissenschaft, Soziologie, Managementforschung und Kommunikationswissenschaft ergänzt. Am Ende des Bandes werden verbindende Aspekte herausgearbeitet, die quer zu einzelnen Disziplinen und Methoden liegen und interdisziplinäre Brückenschläge ermöglichen.[15]

Ausgangsbasis für die linguistische Definition von Vertrauen ist die Auffassung, „dass vertrauensbildende Prozesse grundsätzlich semiotischer Natur sind. D.h. sie sind nicht rein sprachlich, die Sprache spielt dabei aber eine zentrale Rolle und ist stets in Verwendung anderer Zeichensysteme eingebettet [...].“[16] In der Linguistischen Vertrauensforschung wird untersucht, wie die Vertrauensbildung durch sprachliche und nichtsprachliche Mittel beeinflusst werden kann. Vertrauen wird dabei als eine soziale Einstellung verstanden.

> Es handelt sich um ein Konzept aus der (Sozial-)Psychologie, das mit linguistischen Annahmen kompatibel ist und einen analytischen Zugriff ermöglicht. Soziale Einstellungen entstehen in und durch Kommunikation und werden durch kommunikative Prozesse geändert. Sie sind stets in semiotische Prozesse eingebettet.[17]

Die Entstehung von Vertrauen ist gebunden an die subjektive Zuschreibung von Vertrauenswürdigkeit an einen sozialen Akteur. Vertrauenswürdigkeit ist

---

14 Pavla Schäfer und Milena Belosevic (Hg.): Sprache und Vertrauen. Facetten der linguistischen und interdisziplinären Vertrauensforschung. Berlin, Boston: De Gruyter 2024.

15 In ihrem Beitrag für den Band *Vertrauen und Sprache in Geschichte und Gegenwart* verortet Schäfer die Linguistische Vertrauensforschung im Rahmen der Medical Humanities und zeigt dadurch ein anderes interdisziplinäres Feld auf, in dem das Vertrauensphänomen Relevanz besitzt und das in vielfacher Hinsicht konzeptuell mit der Vertrauensforschung verbunden werden kann. Vgl. Pavla Schäfer: Linguistische Vertrauensforschung und ihr Beitrag zu den Medical Humanities. In: Vertrauen und Sprache in Geschichte und Gegenwart. Hg. von Kristin Bührig, Natalia Filatkina und Wolfgang Imo. Berlin, Boston: De Gruyter (angenommen).

16 Pavla Schäfer: Linguistische Vertrauensforschung – Skizze eines Forschungsprogramms. In: Schäfer und Belosevic (2024). Berlin, Boston: De Gruyter 2024, S. 109.

17 Schäfer (2024): Linguistische Vertrauensforschung – Skizze eines Forschungsprogramms, S. 109.

eine positive Zuschreibung. Diese positive soziale Ressource ist wichtig für soziales Handeln von allen, aber insbesondere von exponierten Akteuren. Nach der Operationalisierung von Schäfer (2016[18], 2024[19]) machen vier Faktoren das Potenzial der Vertrauensförderung aus: Kompetenz, Konsistenz, Interesse und koordiniertes Handeln. Werden alle vier Faktoren in jeweils angemessener Gewichtung kommuniziert, bietet die Kommunikation eine Grundlage für die Zuschreibung von Vertrauenswürdigkeit und damit für die Entstehung von Vertrauen. Die Vertrauensbildung ist ein zeichenbasierter Prozess. Durch Kommunikation kann man Vertrauen fördern, man kann es aber genauso durch Kommunikation schwächen oder die Vertrauensbasis ganz zerstören. Das Verhältnis zwischen Sprache und Vertrauen ist in dieser Hinsicht strukturell ambig, wie Martin Endreß[20] betont. Die Zuschreibung von Vertrauenswürdigkeit basiert im Wesentlichen auf der Wahrnehmung und Interpretation von kommunikativen Zeichen des Gegenübers, und die Interpretation ist stets vom Wissenshorizont, von eigenen Erfahrungen, Erwartungen, Rollenbildern, kulturellen Einstellungen etc. abhängig. Diese bilden den Maßstab beim Bewerten kommunikativen Handelns. Durch den Abgleich der wahrgenommenen Kommunikation eines Akteurs mit diesem Bewertungshorizont ergibt sich die Zuschreibung von (mangelnder) Vertrauenswürdigkeit in unterschiedlichen Abstufungen.[21]

Eine Kommunikation, die hohes vertrauensförderndes Potenzial besitzt, hat ebenfalls größeres Potenzial, RezipientInnen zu Einstellungsänderungen zu bewegen. Zugeschriebene Vertrauenswürdigkeit ist eine wichtige Basis für jede Überzeugungsarbeit, denn Vertrauenspersonen dienen als wesentliche Orientierungspunkte und Vorbilder bei der Einstellungsbildung. Eine Person oder Institution hingegen, die von einer anderen Person als wenig bis gar nicht vertrauenswürdig eingeschätzt wird, wird kaum Überzeugungskräfte entfalten können – unabhängig davon, ob ihre Argumente sachlich richtig und somit vermeintlich überzeugend sind.

Wie alle sozialen Einstellungen besteht auch Vertrauen aus einer kognitiven, einer affektiven und einer verhaltensbezogenen Komponente und kann unterschiedliche psychologische Funktionen erfüllen.[22] Diese Komplexität

---

18 Pavla Schäfer: Linguistische Vertrauensforschung. Eine Einführung. Berlin, Boston: De Gruyter 2016.

19 Schäfer (2024): Linguistische Vertrauensforschung – Skizze eines Forschungsprogramms.

20 Martin Endreß: Vertrauen – Gesellschaft – Sprache. Soziologische Überlegungen. In: Schäfer und Belosevic (2024), S. 41–61.

21 Zur Vertrauensbildung als semiotischem Prozess vgl. Schäfer (2016): Linguistische Vertrauensforschung, S. 39–64.

22 Zur theoretischen Konzeptualisierung von Vertrauen als linguistischer Sicht und weiterführender Literatur vgl. Schäfer (2024): Linguistische Vertrauensforschung – Skizze eines Forschungsprogramms.

von Vertrauen muss bei jeder Untersuchung der Rolle von Vertrauen im konkreten Kontext bedacht werden. So erfüllt Vertrauen z.B. eine ganz andere Funktion im Rahmen der medizinischen Kommunikation als im Kontext von Verschwörungstheorien.[23] In der Arzt-Patienten-Kommunikation verbessert Vertrauen die Qualität der Kommunikation und stellt eine wesentliche Grundlage für die durchgeführte Diagnostik und Therapie dar, es wirkt sich positiv auf die Therapietreue und Bewertung der Therapie durch PatientInnen aus.[24] In verschwörungstheoretischen Diskursen fungieren Vertrauen und Misstrauen hingegen als

> identitätsstiftende Mechanismen und dienen zur Abgrenzung der konstruierten Akteursgruppen. Die grobe Unterscheidung zwischen der blind vertrauenden Masse der Bevölkerung und den misstrauischen VerschwörungstheoretikerInnen ist ein integraler Teil der Verschwörungstheorie.[25]

Aus den theoretischen Überlegungen zur Vertrauensbildung ergibt sich, dass Kommunikation, die von einer Person als erwartbar wahrgenommen wird, unter normalen Umständen ein besseres Potenzial für die Vertrauensbildung besitzt. Diese Erkenntnis ist in der Sozialpsychologie oder der Forschung zur Interkulturalität nicht neu. In dem hier interessierenden Zusammenhang kann sie zugespitzt werden: Als vertrauenswürdig erscheinen typischerweise Akteure, die die Grundannahmen und Grundlagenkonzepte mit der Zielgruppe teilen und sie auf gleiche Weise versprachlichen. Im Umkehrschluss bedeutet das: Sprachgebrauch, der deutlich von dem abweicht, was die RezipientInnen kennen, wirkt eher befremdlich und kann u.U. die Vertrauensbildung hemmen. Diese allgemeinen Überlegungen lassen sich auf alltägliche Interaktionen wie auf Fachdiskussionen übertragen. Im Folgenden sind Diskussionen in beruflichen sozialen Gruppen und die dafür etablierten Mittel der Fachkommunikation im Blick.[26]

---

23 Vgl. Schäfer (2018): Verschwörungstheorien.

24 Vgl. Pavla Schäfer: Empathie und Vertrauen in der Arzt-Patienten-Kommunikation. In: Sprache und Empathie. Beiträge zur Grundlegung eines linguistischen Forschungsprogramms. Katharina Jacob, Klaus-Peter Konerding und Wolf-Andreas Liebert. Berlin, Boston: De Gruyter, S. 394.

25 Schäfer (2018): Verschwörungstheorien, S. 237.

26 Zur Rolle des musterhaften Sprachengebrauchs für die Etablierung von Fachkollektiven vgl. u.a.Thomas Gloning: Textgebrauch und textuelle Muster in der wissenschaftlichen Medizin des 19. Jahrhunderts. Exemplarische Untersuchungen und Forschungsaufgaben. In: Textsorten und Systemtheorie. Hg. von Christina Gansel. Göttingen: V&R Unipress 2008, S. 67–93; Britt-Marie Schuster: Auf dem Weg zur Fachsprache. Sprachliche Professionalisierung in der psychiatrischen Schreibpraxis (1800–1939). Berlin, New York: De Gruyter 2010; Pavla Schäfer: Formelhafter Sprachgebrauch in Fachdiskursen der Schulmedizin, Naturheilkunde und Homöopathie – Erste Überlegungen zu einem

2.4 *Überzeugungskraft durch denkstilgemäße Kommunikation*

Die beruflichen Gruppen, um die es hier geht – nämlich ÄrztInnen und HomöopathInnen – werden hier in Anlehnung an Fleck als Denkkollektive modelliert. Flecks Denkstillehre erlangte in den letzten 20 Jahren steigende Aufmerksamkeit in verschiedenen Disziplinen wie der Philosophie, Wissenssoziologie oder Wissensgeschichte[27] und nicht zuletzt in der Linguistik.[28] Unter *Denkkollektiven* versteht Fleck nicht nur etablierte und formal abgegrenzte Strukturen wie Berufsgruppen, sondern auch kleine und vorübergehende Denkgemeinschaften wie z.B. Projektteams.

> Definieren wir „Denkkollektiv" als Gemeinschaft der Menschen, die im Gedankenaustausch oder in gedanklicher Wechselwirkung stehen, so besitzen wir in ihm den Träger geschichtlicher Entwicklung eines Denkgebietes, eines bestimmten Wissensbestandes und Kulturstandes, also eines besonderen Denkstiles.[29]

Forschungsvorhaben. In: Formelhafte Sprache im Text und Diskurs. Hg. von Sören Stumpf und Natalia Filatkina. Berlin, Boston: De Gruyter 2018, S. 311–350; Pavla Schäfer und Mirjam Weiß: Text- und Wissensorganisation als Ebene der Variation in Lehrbüchern zur Inneren Medizin und klassischen Homöopathie. In: Variationspragmatik. Hg. von Marie-Luis Merten, Susanne Kabatnik und Sebastian Zollner. Tübingen: Narr (in Begutachtung; Sammelband zur Jahrestagung der Arbeitsgemeinschaft Linguistische Pragmatik 2023).

27 Rainer Egloff (Hg.): Tatsache – Denkstil – Kontroverse: Auseinandersetzungen mit Ludwik Fleck. Zürich: Collegium Helveticum 2005; Bożena Chołuj/Jan C. Joerden (Hg.): Von der wissenschaftlichen Tatsache zur Wissensproduktion: Ludwik Fleck und seine Bedeutung für die Wissenschaft und Praxis. Frankfurt am Main [u.a.] 2007.

28 Waldemar Czachur: Ludwik Flecks Denkstilansatz als Inspiration für die Diskurslinguistik. In: Zeitschrift des Verbandes Polnischer Germanisten 2 (2013), S. 141–150; Bettina Radeiski: Denkstil, Sprache und Diskurse: Überlegungen zur Wiederaneignung Ludwik Flecks für die Diskurswissenschaft nach Foucault. Berlin: Frank & Timme 2017; Christiane Andersen, Ulla Fix und Jürgen Schiewe (Hg.): Denkstile in der deutschen Sprachwissenschaft. Bausteine einer Fachgeschichte aus dem Blickwinkel der Wissenschaftstheorie Ludwik Flecks. Berlin: Erich Schmidt Verlag 2018; Pavla Schäfer: Schulmedizinische und homöopathische Lehrbücher als Ort der Verfestigung und Tradierung von Denkstilen. In: Linguistik und Medizin. Sprachwissenschaftliche Zugänge und interdisziplinäre Perspektiven. Hg. von Marina Iakushevich, Yvonne Ilg und Theresa Schnedermann. Berlin, Boston: De Gruyter 2021, S. 419–437; Nina Kalwa: Denkstile und Fachsprache. In: Sprache in Naturwissenschaft, Technik und Mathematik (Handbücher Sprachwissen, 14). Hg. von Vahram Atayan, Thomas Metten und Vasco Alexander Schmidt. Berlin, Boston: De Gruyter 2023, S. 405–422.

29 Fleck (2015 [1935]): Entstehung und Entwicklung einer wissenschaftlichen Tatsache, S. 54–55.

Nach dem vielzitierten Satz „Wir schauen mit den eigenen Augen, wir sehen mit den Augen des Kollektivs."[30] kann man postulieren, dass soziale Akteure nur das wahrnehmen, was sie gewohnt sind wahrzunehmen – und das ergibt sich aus der Sozialisation in einem bestimmten Denkkollektiv. Fleck sieht die tragende Rolle der Denkkollektive in ihrer aktiven Leistung im Erkenntnisprozess. Das Denkkollektiv bildet ein drittes Glied zwischen der erkennenden Person und dem Erkenntnisgegenstand:

> Der Satz „jemand erkennt etwas" verlangt analog einen Zusatz z.B.: „auf Grund des bestimmten Erkenntnisbestandes" oder besser „als Mitglied eines bestimmten Kulturmilieus" oder am besten „in einem bestimmten Denkstil, in einem bestimmten Denkkollektiv".[31]

Denkstile sind gekennzeichnet durch „gerichtetes Wahrnehmen, mit entsprechendem gedanklichen und sachlichen Verarbeiten des Wahrgenommenen"[32] und sie sind „Ergebnis theoretischer und praktischer Ausbildung der gegebenen Person"[33]. Deswegen eignen sich Lehrbücher als Untersuchungsgegenstand besonders gut für eine Denkstilanalyse.[34] Da Menschen aus demselben Denkkollektiv die Realität ähnlich wahrnehmen, entwickeln sie ähnliche Einstellungen und kommen zu ähnlichen Bewertungen. Daraus ergibt sich, dass unter Mitgliedern desselben Denkkollektivs wenig bis gar kein Begründungsaufwand für bestimmte Thesen notwendig ist. Fleck spricht von einem „Gefühl der Denksolidarität" und einer „Stimmungskameradschaft"[35]. Plausibilität innerhalb eines Denkkollektivs ist vermittelt durch den geteilten Denkstil, Legitimierungspraktiken sind nur nach außen in Bezug auf andere

30 Ludwik Fleck: Das Problem einer Theorie des Erkennens. In: Ludwik Fleck: Denkstile und Tatsachen. Gesammelte Schriften und Zeugnisse. Hg. von Sylwia Werner und Claus Zittel. Berlin: Suhrkamp 2011, S. 397.

31 Fleck (2015 [1935]): Entstehung und Entwicklung einer wissenschaftlichen Tatsache, S. 54.

32 Fleck (2015 [1935]): Entstehung und Entwicklung einer wissenschaftlichen Tatsache, S. 130.

33 Christiane Andersen u.a.: Erkenntnis als soziale Praxis. Ludwik Flecks Wissenschaftstheorie aus sprachwissenschaftlicher Sicht. In: Andersen, Fix und Schiewe (2018): Denkstile in der deutschen Sprachwissenschaft, S. 34.

34 Vgl. Henrik Hilbig und Katharina Schumann: Die Rolle von Lehrbüchern in Ludwik Flecks Lehre von Denkstil und Denkkollektiv. In: Lehrbücher der Erziehungswissenschaft – ein Spiegel der Disziplin? Hg. von Peter Kauder und Peter Vogel. Bad Heilbrunn: Julius Klinkhardt 2015, S. 43–50; ferner Schäfer (2021): Schulmedizinische und homöopathische Lehrbücher als Ort der Verfestigung und Tradierung von Denkstilen.

35 Fleck (2015 [1935]): Entstehung und Entwicklung einer wissenschaftlichen Tatsache, S. 140.

Denkkollektive notwendig. So ist das Potenzial für Überzeugungskraft immer auch davon abhängig, ob die RezipientInnen demselben Denkkollektiv angehören oder nicht.

Im Normalfall bleiben Denkstile weitgehend latent und sind so selbstverständlich, dass sie selbst nicht zur Diskussion stehen. Es sind gerade öffentliche Kontroversen, die sedimentiertes und dadurch latentes Wissen an die Oberfläche bringen und zu einem lohnenden Untersuchungsgegenstand der Denkstilforschung machen.[36]

Fleck selbst nennt Vertrauen als eine intrakollektive Ressource. Er betont die Rolle von Vertrauen in die (relativ wenigen) ExpertInnen, die auf einem Spezialgebiet arbeiten, als einen festen Bestandteil der Arbeitsteilung in einem Denkkollektiv an:

> Jede wissenschaftliche Idee, jeder künstlerische oder irgendein anderer Gedanke hat seine nicht zahlreichen „Eingeweihten" und seine zahlreicheren „Anhänger", die ihn im Vertrauen auf die Eingeweihten annehmen: Ohne eine solche Rollen- und Arbeitsteilung wäre ein Zusammenleben im Kollektiv nicht möglich. Erst diese Teilung bewirkt, daß das Kollektiv nicht die einfache Summe der Individuen ist, daß der Gedankenkreislauf in ihm schöpferische Fähigkeiten annimmt, deren Ergebnis nicht individuelles, sondern eben kollektives Werk ist.[37]

In dem hier interessierenden Kontext des Homöopathiediskurses steht aber nicht diese Ausprägung von Expertenvertrauen im Vordergrund, sondern Vertrauen bzw. Misstrauen zwischen Diskursakteuren, die als Mitglieder unterschiedlicher Denkkollektive auftreten. Fleck konzipiert Denkkollektive als relativ abgeschlossene Strukturen, wobei deren Grenzen neben formalen Strukturen wie Institutionen und Regeln auch durch Sprachgebrauch markiert werden. Fleck macht das an Beispielen zur Terminologie deutlich.

> Man kann also kurz sagen, jeder interkollektive Gedankenverkehr habe eine Verschiebung oder Veränderung der Denkwerte zur Folge. So wie gemeinsame Stimmung innerhalb des Denkkollektives zur Bestärkung der Denkwerte führt, ruft Stimmungswechsel während der interkollektiven Gedankenwanderung eine Veränderung dieser Werte in einer ganzen Skala der Möglichkeiten hervor: vom kleinen Färbungswechsel über fast vollständigen Sinnwechsel bis zur

36 Vgl. Nina Kalwa: Vom Sediment an die Oberfläche. Die Manifestation von Denkstilen in der wissenschaftlichen Kontroverse. In: Andersen, Fix und Schiewe (2018): Denkstile in der deutschen Sprachwissenschaft, S. 209–231.

37 Fleck (2011): Das Problem einer Theorie des Erkennens, S. 288.

> Vernichtung jedes Sinnes (vgl. das Schicksal des Absoluten der Philosophen in dem Naturforscher-Denkkollektiv).[38]

Im Grunde beobachtet Fleck das, was heute in der linguistischen Forschung als „semantische Kämpfe“[39] untersucht wird. Fleck selbst vertieft seine Beobachtungen zum denkstilspezifischen Sprachgebrauch nicht, er nutzt sie lediglich zur Verdeutlichung von Grenzen zwischen Denkkollektiven. Der Sprachgebrauch – und die Terminologie ist ein prominentes, aber kein einziges Beispiel – ist ein identitätsstiftendes Mittel der Kollektivbildung. Anhand der verwendeten Fachsprache können Diskursakteure sich positionieren und andere Akteure in deren Positionierung einordnen. Fleck macht deutlich, dass der Sprachgebrauch Menschen verbinden kann:

> Diese Stimmungskameradschaft ist sofort, nach einigen Sätzen fühlbar und ermöglicht erst echte Verständigung, wogegen man ohne sie nur aneinander vorbeiredet. Jeden intrakollektiven Denkverkehr beherrscht also ein spezielles Abhängigkeitsgefühl. Die allgemeine Struktur des Denkkollektivs bringt es mit sich, daß der intrakollektive Denkverkehr ipso sociologico facto – ohne Rücksicht auf den Inhalt und die logische Berechtigung – zur Bestärkung der Denkgebilde führt: Vertrauen zu den Eingeweihten, deren Abhängigkeit von der öffentlichen Meinung, gedankliche Solidarität Gleichgestellter, die im Dienste derselben Idee stehen, sind gleichgerichtete soziale Kräfte, die eine gemeinsame besondere Stimmung schaffen und den Denkgebilden Solidität und Stilgemäßheit in immer stärkerem Maße verleihen.[40]

Fleck spricht hier zwar von einer „Stimmungskameradschaft“ und „gedanklicher Solidarität“ und nicht explizit von Vertrauen. Diese Deutung liegt allerdings nahe, wenn man bedenkt, dass die Einschätzung von Vertrauenswürdigkeit maßgeblich von den eigenen Erwartungen abhängig ist und am eigenen Erfahrungshorizont gemessen wird.

---

38 Fleck (2015 [1935]): Entstehung und Entwicklung einer wissenschaftlichen Tatsache, S. 143–144.

39 Ekkehard Felder (Hg.): Semantische Kämpfe. Macht und Sprachen in den Wissenschaften. Berlin, New York: De Gruyter 2006.

40 Fleck (2015 [1935]): Entstehung und Entwicklung einer wissenschaftlichen Tatsache, S. 140.

3 Vertrauen im Homöopathiediskurs

3.1 *Der aktuelle Homöopathiediskurs*

Im Januar 2024 stellte der deutsche Bundesgesundheitsminister Karl Lauterbach die Homöopathie als Kassenleistung infrage. Seine Begründung lautete: „Leistungen, die keinen medizinisch belegbaren Nutzen haben, dürfen nicht aus Beitragsmitteln finanziert werden.“[41] Nach diesem diskursiven Ereignis entflammte eine neue Debatte um den Status der Homöopathie. Kontroverse Diskussionen um die Beziehung der Homöopathie zu der historisch jeweils aktuellen Ausprägung der akademischen Medizin begleiten die Homöopathie seit ihrer Gründung Anfang des 19. Jahrhunderts. Der öffentliche Diskurs der ersten Jahrzehnte des 21. Jahrhunderts ist dadurch spezifisch, dass die akademische Medizin auf der Grundlage der evidenzbasierten Medizin argumentiert, die in dem modernen Verständnis erst seit den 1980er Jahren existiert.[42] Lauterbachs Argument macht die evidenzbasierte Grundlage durch die Betonung des „medizinisch belegbaren Nutzens“ deutlich. Die öffentliche Debatte ist stark polarisiert, HomöopathiegegnerInnen und HomöopathievertreterInnen stehen sich zum Teil unversöhnlich gegenüber. Auch Menschen, die in die Debatte nicht aktiv involviert sind, haben zumeist ein Laienwissen zur Homöopathie, das pro oder contra Homöopathie ausfällt.[43]

Im Diskurs um den Status der Homöopathie kann man sehr gut exemplarisch beobachten, was Michael D. Gordin als „Demarkationsproblem“ bezeichnet.

> If there were a universally recognized and workable demarcation criterion (as one calls a solution of the demarcation problem), then the task of this book

---

41 https://www.tagesschau.de/inland/innenpolitik/lauterbach-homoeopathie-kassenleistung-100.html (letzter Zugriff am 21.3.2025).

42 https://www.gesundheitsinformation.de/die-geschichte-der-evidenzbasierten-medizin.html (letzter Zugriff am 21.3.2025).

43 Zu verschiedenen Aspekten der Homöopathie vgl. Marius Beyersdorff: Wer definiert Wissen? Wissensaushandlungsprozesse bei kontrovers diskutierten Themen in „Wikipedia – die freie Enzyklopädie“; eine Diskursanalyse am Beispiel der Homöopathie. Münster 2011; Josef M. Schmidt: Die philosophischen Vorstellungen Samuel Hahnemanns bei der Begründung der Homöopathie (bis zum Organon der rationellen Heilkunde, 1810). München: Sonntag Verlag 1990; Andrea Kienle-Gogolok: Sprachliche und semiotische Aspekte homöopathischer Heilbehandlung am Beispiel einer Hals-Nasen-Ohren-Praxis. Dissertation, Europa-Universität Viadrina Frankfurt/O. 2011; Viktoria Vieracker: Nosoden und Sarkoden. Einführung und Entwicklung zweiter homöopathischer Arzneimittelgruppen in der ersten Hälfte des 19. Jahrhunderts. Essen: KVC-Verlag. 2013; Andreas Matner: Das Denken der Homöopathie: Samuel Hahnemanns Lehre vom stellvertretenden Lokalsymptom. Essen: KVC-Verlag. 2022.

> would be simple: those doctrines that passed the test would be ‚science', and those that failed would be ‚pseudoscience'. Alas, the demarcation problem hat to date eluded resolution. There are good reasons to think that it will remain a puzzle, which means that debates about what counts as ‚pseudoscience' will always be with us.[44]

Die diskursive Positionierung gegen die Homöopathie wird durch eine Reihe von prominenten Akteuren vertreten. Zu ihnen zählen u.a. die Ärztin Natalie Grams und das von ihr initiierte „Informationsnetzwerk Homöopathie"[45], das unter dem Motto „Wir klären auf – Sie haben die Wahl" Aufklärungsarbeit leistet. Weiterhin zählt zu den prominenten HomöopathiekritikerInnen die Chemikerin und Wissenschaftsjournalistin Mai Thi Nguyen-Kim. Für ihre wissenschaftsjournalistische Tätigkeit – insbesondere während der Corona-Pandemie – erhielt Mai Thi Nguyen-Kim 2020 sogar das Bundesverdienstkreuz. Gegen die Homöopathie positioniert sich ebenfalls die Skeptikerbewegung mit ihrer Organisation GWUP,[46] die Homöopathie als eine „Parawissenschaft" betrachtet.

Die Homöopathie wird weniger medien- und öffentlichkeitswirksam vertreten und verteidigt als die akademische Medizin. Aktive Akteure der Homöopathie sind neben Personen, die Homöopathie praktizieren, auch Ausbildungsinstitutionen und Interessensvertretungen, allen voran der „Zentralverein homöopathischer Ärzte", der u.a. Aus- und Fortbildungen in der Homöopathie anbietet[47] oder die „Wissenschaftliche Gesellschaft für Homöopathie".[48] Darüber hinaus wird die Homöopathie aktiv im Umkreis der Fachzeitschrift „Allgemeine homöopathische Zeitung" erforscht und praktiziert.[49]

Der Homöopathiediskurs kann als ein Teil der semantischen Kämpfe in der Medizin verstanden werden. Der Linguist Albert Busch[50] untersucht die Wissenskämpfe in der Medizin und die dafür verwendeten Sprachhandlungsmuster. Unabhängig von konkreten medizinischen Themen, um die gestritten

---

44 Michael D. Gordin: On the Fringe. Where Science Meets Pseudoscience. Oxford: Oxford University Press. 2021, S. 1.

45 https://netzwerk-homoeopathie.info/homoeopathiekritik-in-a-nutshell-zum-einstieg/ (letzter Zugriff am 21.3.2025).

46 https://www.gwup.org/ (letzter Zugriff am 21.3.2025).

47 https://www.dzvhae.de/ (letzter Zugriff am 21.3.2025).

48 https://www.wisshom.de (letzter Zugriff am 21.3.2025).

49 https://www.thieme.de/de/allgemeine-homoeopathische-zeitung/profil-8031.htm (letzter Zugriff am 21.3.2025).

50 Albert Busch: Semantische Kämpfe in der Medizin. Ansätze zu einer Typologie der Wissenskämpfe. In: Ekkehard Felder (Hg.): Semantische Kämpfe. Macht und Sprachen in den Wissenschaften. Berlin, New York: De Gruyter. 2006, S. 47–71.

wird, schlägt Busch eine erste Typologie vor, die sieben Typen wissenschaftlich-semantischer Kämpfe in der Medizin unterscheidet: 1. Kampf um Etablierung von Interpretationen, 2. Kampf um Praxisstandards, 3. Kampf um Konzepte, 4. Kampf um Systematiken, 5. Kampf um Anerkennung von alternativen Verfahren, 6. Kampf um Fördermittel und 7. Kampf um fachexterne Anerkennung. Für den vorliegenden Beitrag sind vor allem die Kämpfe um Konzepte und um die Anerkennung alternativer Verfahren relevant. Den Kampf um Konzepte bezeichnet Busch als den „grundlegendsten semantischen Kampf".[51] Er veranschaulicht ihn anhand der Etablierung des Konzeptes der Salutogenese und der Einführung der Gesundheitsförderung und Public Health als eigenes Fach. Zum Kampf um Anerkennung alternativer Verfahren hält Busch fest:

> Alternative Heilverfahren wie Naturmedizin, Akupunktur, Homöopathie werden von der traditionellen westlichen Medizin nicht als gleichwertig anerkannt. Das Verhältnis zur Schulmedizin ist „seit langem von gegenseitigem Misstrauen, Abgrenzung, teilweise Ablehnung geprägt" (Willich u.a. 2004). So DIFFAMIERT etwa Erland Erdmann, Direktor der III Universitätsklinik [sic] in Köln die Homöopathie pauschal, wenn er betont: „es ist ausgeschlossen, dass sie ein wirksames Phänomen ist. Menschen haben auch von Weihwasser Heilung erfahren" (Erdmann 2004). Dennoch ist ausweislich des Bundesgesundheitsberichtes die Akzeptanz solcher Verfahren bei Patienten sehr hoch (vgl. Robert-Koch-Institut/Statistisches Bundesamt 2002). Ihre Popularität gewinnen sie zu einem großen Teil durch den Einbezug ganzheitlicher Perspektiven, die mit Laiendefinitionen von Krankheit besser kompatibel sind als das für Laien kaum zugängliche schulmedizinische Wissen.[52]

Die sieben von Busch beschriebenen Typen semantischer Kämpfe werden diskursiv ausgetragen und die Akteure bedienen sich dabei verschiedener sprachlicher Mittel, die Busch in 21 Muster kategorisiert. Die Sprachhandlungsmuster versteht Busch als „Zweck-Mittel-Konfigurationen, die in allen Kampfesformen auffindbar sein können"[53]. Das erste Muster WISSENSCHAFTLICHKEIT ABSPRECHEN ist im Homöopathiediskurs ganz zentral. Es wird primär von HomöopathiegegnerInnen mit unterschiedlichem Bildungshintergrund realisiert. Auch das Muster DIFFAMIEREN wird im öffentlichen Diskurs gegen die Homöopathie verwendet. Als ein Beispiel für diese beiden Sprachhandlungsmuster kann die Folge „Homöopathie wirkt doch" der Sendung „MAITHINK X – Die Show" von Mai Thi Nguyen-Kim auf ZDFneo gelten.[54] Die Sendung

51 Busch (2006): Semantische Kämpfe in der Medizin, S. 61.

52 Busch (2006): Semantische Kämpfe in der Medizin, S. 64.

53 Busch (2006): Semantische Kämpfe in der Medizin, S. 65.

54 https://www.zdf.de/play/shows/mai-think-x-die-show-102/maithink-x-folge-13-100?q=hom%C3%B6opathie (letzter Zugriff am 21.3.2025).

wird hier exemplarisch besprochen, um die Mechanismen der Polarisierung darzustellen.

In den ersten Minuten ihrer Show konstruiert Mai Thi die diskursiven Positionen ganz explizit als zwei unversöhnliche Lager. Auf der einen Seite stehen die *Freunde der Wissenschaft*, zu denen die im Studio anwesenden Zuschauer:innen gezählt werden, die während der Sendung immer wieder Zustimmung durch Jubel signalisieren (*und ... habt ihr Bock auf Wissenschaft?* – Jubel aus dem Publikum). Ihnen gegenüber steht die konstruierte Gruppe der *Freunde der Homöopathie*, die als *knallharte Homöopathie-Fans* ganz offensichtlich nicht zu den Freunden der Wissenschaft zählen (falls *Freunde der Homöopathie* überhaupt zuschauen sollten, haben sie sich in eine Wissenschaftssendung *verirrt*). Eine möglicherweise unentschiedene oder indifferente Gruppe dazwischen wird sprachlich nicht konstruiert. Mai Thi inszeniert sich als Expertin mit einem aufklärerischen Ziel:

> Also ich habe grob überschlagen, schon tausendmal erklärt, wieso Homöopathie nicht wirken kann und wie oft habe ich knallharte Homöopathie-Fans damit überzeugen können? Ziemlich genau Null mal, nee, so wird das nix[55].

Die Sendung wird als Unterhaltung für die erste Gruppe gerahmt:

> Heute wird's wirklich supergut, super interessant und super unterhaltsam. Also zumindest für Freunde der Wissenschaft. Nicht so unterhaltsam wird's für Freunde von Homöopathie. Die werden not so amused sein, denn heute zerstören wir die Homöopathie.

Die binäre Opposition, die durch die verwendeten sprachlichen Mittel konstruiert wird, wird durch andere semiotische Mittel wie Mai This Körpersprache, die auf den großen Bildschirm hinter ihr projizierten Bilder und den Jubel aus dem Publikum befördert.

Diese Sendung ist für den vorliegenden Beitrag aus mehreren Gründen interessant. Das Beispiel zeigt – in satirischer Zuspitzung – die weiter oben beschriebenen Mechanismen der Persuasion, der Vertrauensbildung und die diskursive Lagerbildung im Homöopathiediskurs. Es wird deutlich, dass diese Sendung nur oberflächlich auf Einstellungsänderung ausgerichtet ist. Vielmehr dient die Aufmachung der Sendung der Festigung der diskursiven Lagerbildung, die durch das anwesende Publikum mitgetragen wird. Es handelt sich um keine sachliche Wissenschaftssendung, sondern um eine *Wissenschaftsshow* (so wird die Sendung im ZDF beworben), die Unterhaltung auf Kosten

55 Die Verschriftlichung wurde von den Untertiteln der Sendung übernommen.

der *Freunde der Homöopathie* anbietet. Die Entertainerin, das anwesende Publikum und die ZuschauerInnen werden als Mitglieder desselben Lagers konstruiert. Das Publikum muss nicht erst überzeugt werden, der Konsens wird angenommen. Wer (angeblich) überzeugt werden soll, sind die (nicht zuschauenden) *Freunde der Homöopathie*. Mai Thi nutzt zur Hinführung in ihr Experiment, das sie in der Sendung vorstellt, eine Behauptung, sie hätte schon tausend Mal alles erklärt, aber die *knallharten Homöopathie-Fans* habe sie nicht überzeugen können. Damit leitet sie zu ihrem Unterhaltungsprogramm über und legitimiert ihre aufwändige Vorbereitung. Mit anderen Worten: Die *Freunde der Homöopathie* haben ihre Argumente bisher nicht verstanden oder wollten sich darauf nicht einlassen, weswegen ein noch eindrücklicheres Argument vonnöten ist. Für die potenziellen Homöopathie-nahen ZuschauerInnen dürfte der Stil der Kommunikation (Beziehung, Situation, Format, Wortwahl, Humor etc.) wenig Überzeugungskraft entfalten und das trotz logischer, naturwissenschaftlich richtiger Argumentation. Ähnliches gilt für die Zuschreibung von Vertrauenswürdigkeit: Je nach der Einstellung zum naturwissenschaftlichen und homöopathischen Wissen, je nach Sozialisation, eigenen Erfahrungen und Erwartungen etc. dürfte die Bewertung dieser Sendung stark variieren. Den negativen Effekt ihrer Sendung auf ein potenzielles Homöopathie-nahes Publikum nimmt Mai Thi sogar an und setzt ihn rhetorisch ein, um die Positionierung der eigenen In-Group zu schärfen.

In dieser Argumentation wird die Annahme deutlich, dass ein sachliches, logisch richtiges Argument zwingend überzeugend sein muss, wenn es nur deutlich genug kommuniziert wird. Mai Thi positioniert sich dabei als Verfechterin von Sachlichkeit und Logik, was mit ihrem Expertenstatus als promovierte Chemikern Hand in Hand geht. Und es ist wenig verwunderlich, dass sie als Chemikerin primär die Wirksamkeit homöopathischer Präparate infrage gestellt. Vor dem Hintergrund der weiter oben dargestellten Denkstiltheorie von Fleck kann behauptet werden, dass sie auch nicht anders kann, denn im Denkstil der modernen Chemie (und anderer Naturwissenschaften) ist eine Wirkung homöopathischer Präparate ab einem bestimmten Grad der Verdünnung nicht möglich und wörtlich nicht denkbar. Für die Mitglieder ihres Denkkollektivs (die *Freunde der Wissenschaft*) erscheint diese Erkenntnis ganz selbstverständlich und damit plausibel und überzeugend. Der Unterhaltungswert der Sendung ergibt sich aus dem Kontrast zwischen dieser Selbstverständlichkeit und der Einstellung der *Freunde der Homöopathie*, über die man sich gemeinsam lustig macht.

Die Lehrbücher, die im zugrundeliegenden Forschungsprojekt untersucht werden, sind als ein Teil dieses polarisierten öffentlichen Homöopathiediskurses zu verstehen. Diese Entscheidung erscheint nicht im gleichen Maße für die IM-Lehrbücher nachvollziehbar, wie sie für die HP-Lehrbücher notwendig ist. Es ist bezeichnend, dass der Homöopathiediskurs in den untersuchten IM-Lehrbüchern (bis auf eine Erwähnung) keine Rolle spielt. Diese thematische Lücke kann auf die stärkere Position der akademischen Medizin zurückgeführt werden. Die Homöopathie ist aus medizinischer Sicht schlichtweg nicht relevant für ein Lehrbuch. Die von Busch beschriebenen Sprachgebrauchsmuster WISSENSCHAFTLICHKEIT ABSPRECHEN und DIFFAMIEREN, die anhand der Wissenschaftsshow verdeutlich wurden, können in den untersuchten Lehrbüchern zur Inneren Medizin daher nicht gefunden werden. Vor dem Hintergrund des öffentlichen Diskurses, in dem VertreterInnen der akademischen Medizin eine prominente Rolle als HomöopathiekritikerInnen spielen, kann allerdings diese Nichtbeachtung ebenfalls als eine implizite Positionierung interpretiert werden, denn „Lehrbücher sind bereits dann positioniert, wenn konkurrierende Methoden, Inhalte und Epistemologien in ihnen erst gar nicht thematisiert werden“.[56]

Die homöopathischen Lehrbücher (und ihre Autor:innen) positionieren sich hingegen explizit im Diskurs und prangern die Polarisierung des Diskurses und öffentliche Diffamierung der Homöopathie an. Die Kontroverse um die Homöopathie und die relevanten Akteure werden in allen Lehrbüchern thematisiert, es wird Stellung bezogen, explizite Verweise auf und Abgrenzungen von der akademischen Medizin sind häufig. Manche Textpassagen sind ohne ein Wissen um den kontroversen Diskurs gar nicht in dem intendierten Sinne verständlich. Das betrifft z.B. Ausführungen in Vorworten der Lehrbücher, in denen die anvisierte Zielgruppe als *unbefangen* (HP2) bezeichnet oder die *Ernsthaftigkeit und Gewissenhaftigkeit klassisch homöopathisch arbeitender Ärzte* (HP4) betont wird. Sichtbar wird die als bekannt vorausgesetzte Kontroverse auch z.B. im Aufbau eines Kapitels (HP6), der deutlich macht, dass ein vorinformiertes und potenziell kritisch eingestelltes Zielpublikum antizipiert wird. Auf das Absprechen von Wissenschaftlichkeit reagieren VertreterInnen der Homöopathie durch das Sprachhandlungsmuster WIDERSPRECHEN. Teilweise werden zur Begründung des Widerspruchs das eigene Wissenschaftlichkeitsverständnis und die homöopathische Forschung dargestellt und gegen die akademische Medizin kontrastiert. So geht beispielsweise die *Wissenschaftliche Gesellschaft für Homöopathie* auf ihrer Webseite vor.[57] Darüber hinaus können im öffentlichen Diskurs wie in homöopathischen Lehrbüchern

56 Günter Abel: Strategien der Stabilisierung von Wissen – der Fall der Lehrbücher. In: Der Lehrbuchdiskurs über das Bauen. Hg. von Uta Hassler. Zürich: vdf Hochschulverlag 2015, S. 15.

57 https://www.wisshom.de/stand-der-forschung/ (letzter Zugriff am 21.3.2025).

die von Busch beschriebenen Muster ARGUMENTIEREND BEWERTEN, AUF PRAXISMÄNGEL HINWEISEN und METHODOLOGISCHE FEHLER VORWERFEN nachgewiesen werden.

3.2 *Die Rolle von Vertrauen und Misstrauen im Homöopathiediskurs*

Vertrauen ist nicht nur ein theoretischer Untersuchungsgegenstand. Es wird öffentlich diskutiert, spielt eine wichtige Rolle in Fachdiskursen und Vertrauen und Misstrauen haben ganz praktische Folgen für das soziale Leben in einer Gesellschaft. In Bezug auf den Diskurs um die Rolle alternativer Heilverfahren haben Willich et al. vor genau 20 Jahren die folgende Diagnose gestellt:

> Das Verhältnis von Schulmedizin und alternativen medizinischen Konzepten – hier zusammenfassend als Komplementärmedizin bezeichnet – ist im deutschen Gesundheitssystem seit langem **von gegenseitigem Misstrauen**, Abgrenzung, teilweise Ablehnung geprägt. Von einer systematischen Kooperation oder gar Integration verschiedener medizinischer Grundkonzepte kann bisher nicht die Rede sein. Allenfalls gibt es eine „asymmetrische Koexistenz", bei der an medizinischen Fakultäten fast ausschließlich Schulmedizin vermittelt und angewandt wird, in weiten Bereichen der ambulanten medizinischen Versorgung dagegen die Nutzung von Komplementärmedizin verbreitet ist.[58]

Die Stellungnahme wurde im Namen des damals jungen „Dialogforums Pluralismus in der Medizin" verfasst. Das Anliegen der beteiligten Akteure war: „Mit dem ‚Dialogforum Pluralismus in der Medizin' soll ein Diskurs auf Augenhöhe in Gang gesetzt werden." Zwanzig Jahre später dürfte die Diagnose in dieser Hinsicht nicht viel optimistischer ausfallen. In der Corona-Pandemie ist Vertrauen als Ressource sozialen Lebens in vielfacher Hinsicht infrage gestellt und problematisiert wurden. Die Frage nach dem Vertrauen bzw. Misstrauen in die Wissenschaft ist im Kontext der Pandemie virulent geworden.[59] Die Definition von Wissenschaftlichkeit, die Folgen von Vertrauen und Misstrauen in politische, wirtschaftliche, medizinische und andere soziale Akteure sind öffentlich diskutiert worden, Vertrauen und Misstrauen in politische

58 Stefan Willich u.a. (2004): Schulmedizin und Komplementärmedizin. Verständnis und Zusammenarbeit müssen vertieft werden. In: Deutsches Ärzteblatt 19, A 1314–A 1319. https://www.aerzteblatt.de/archiv/41771/Schulmedizin-und-Komplementaermedizin-Verstaendnis-und-Zusammenarbeit-muessen-vertieft-werden (letzter Zugriff am 21.3.2025).

59 Vgl. Kristin Bührig und Juliane Schopf: ‚Vertrauen' in medial vermittelter Wissenschaftskommunikation am Beispiel des Podcast „Coronavirus-Update". In: Schäfer und Belosevic (2024), S. 241–261.

Akteure ist verstärkt zur Demarkationslinie zwischen verschiedenen Lagern geworden.[60]

Im Homöopathiediskurs wird Vertrauen darüber hinaus aus einer anderen Perspektive thematisiert. Mit der evidenzbasierten Argumentation gegen die Homöopathie geht die häufige Verwunderung der HomöopathiegegnerInnen darüber einher, dass (immer noch) so viele Menschen der Homöopathie vertrauen. Die Frage nach dem Vertrauen in diese heilkundliche Richtung wird diskursiv ausgehandelt, ebenso die Frage, warum viele Menschen der akademischen Medizin weniger vertrauen und überhaupt nach einer Alternative suchen. Mit diesem thematischen Zuschnitt kann der Homöopathiediskurs als ein Vertrauensdiskurs untersucht werden. Untersuchungsgegenstand sind bei einer solchen Perspektivierung zum einen Thematisierungen von Vertrauen, Misstrauen und ggf. verwandten Konzepten, zum anderen implizite Praktiken und Ausdruckweisen der Vertrauensbildung und ggf. Vertrauenserosion.[61] Vertrauensrelevante Ebenen in diesem Diskurs sind etwa die folgenden:

- Vertrauen/Misstrauen[62] von PatientInnen in die Medizin und Homöopathie als System (Systemvertrauen), relevant für die Entscheidung hinsichtlich der Behandlungswahl, Therapietreue, Wahrnehmung der Therapie etc.
- Vertrauen/Misstrauen von PatientInnen in VertreterInnen verschiedener heilkundlicher Richtungen (persönliches Vertrauen), relevant als Entscheidungs- und Bewertungsgrundlage
- Vertrauen/Misstrauen von PatientInnen in relevante Bezugspersonen wie Familienangehörige andere PatientInnen bzw. Betroffene, Interessensvertretungen etc., relevant als Entscheidungs- und Bewertungsgrundlage
- Vertrauen/Misstrauen von PatientInnen in die Wirksamkeit der Therapie. Dieser Aspekt ist insbesondere mit Blick auf erwünschte Placebo-Effekte und unerwünschte Nocebo-Effekte relevant.

---

60 Vgl. Schäfer (2018): Verschwörungstheorien – Ein Fall für die linguistische Vertrauensforschung.

61 Zu methodischen Herausforderungen bei der Untersuchung von Vertrauen vgl. Inka Bormann und Pavla Schäfer: Vertrauensdiskurse. Überlegungen zu Vertrauen als Interpretations-kategorie in der Diskursforschung. In: Zeitschrift für Diskursforschung 2 (Sonderausgabe zum zehnjährigen Jubiläum). 2022, S. 366–375.

62 Die Beziehung zwischen Vertrauen und Misstrauen wird in der Forschung nicht einheitlich konzeptualisiert. Die Schreibweise „Vertrauen/Misstrauen" dient an dieser Stelle lediglich einer Vereinfachung und Komprimierung des Sachverhaltes. Sie soll nicht ausdrücken, dass Vertrauen und Misstrauen einander ausschließen und in einer Entweder-oder-Relation stehen. Es wird eher davon ausgegangen, dass die beiden Konzepte mehrschichtig sind und sich auf einem Kontinuum befinden.

- Vertrauen/Misstrauen aller Akteure in wissenschaftliche Standards und die Wissenschaft als Grundlage für medizinische und politische Entscheidungen
- Vertrauen/Misstrauen der (Fach-)Öffentlichkeit in Kontrollmechanismen der (Gesundheits-) Politik
- Vertrauen/Misstrauen der Öffentlichkeit in Massenmedien, Diskursakteure und medial vermittelte Inhalte (u.a. InfluencerInnen, Wissenschaftsjournalismus, prominente FürsprecherInnen, „Dr. Google")
- Vertrauen/Misstrauen zwischen VertreterInnen der Medizin und der Homöopathie
- Vertrauen/Misstrauen der PatientInnen in sich selbst (Selbstvertrauen, Selbstwirksamkeit), in ihren Körper und seine Selbstheilungskräfte. Dieser Aspekt ist insbesondere in der Homöopathie relevant, da die Therapie auf der Anregung von körpereigenen Selbstheilungskräften basiert.

Für die folgenden Überlegungen zur Rolle des Symptomkonzeptes als Faktor der Vertrauensbildung im Homöopathiediskurs ist die vorletzte Vertrauensebene relevant. Es geht um die Frage, welche Rolle das unterschiedliche, denkstilgebundene Verständnis von *Symptom* für die Entwicklung von Vertrauen innerhalb des jeweiligen Denkkollektivs und für die Entwicklung von Misstrauen zwischen VertreterInnen verschiedener Denkkollektive spielt. Im Sinne der Typologie von Busch handelt es sich um den semantischen Kampf um grundlegende Konzepte.

4 Symptomkonzept als Trigger der Polarisierung (?)

Das Symptomkonzept gehört zu den zentralen Konzepten der Medizin und ist mit anderen Konzepten wie Krankheit oder Gesundheit verwoben. Im Unterschied zum Krankheitskonzept, welches in verschiedenen Disziplinen untersucht wird, hat das Symptomkonzept bisher kaum Aufmerksamkeit auf sich gezogen. Es gehört zu den wesentlichen Erkenntnissen aus dem laufenden Forschungsprojekt, dass das Symptomkonzept in der klassischen Homöopathie ganz anders verstanden und versprachlicht wird, als dies in der akademischen Medizin der Fall ist. Die im Projekt ermittelten vielfältigen Muster des Sprachgebrauchs können in diesem Rahmen nicht ausgeführt werden. An dieser Stelle kann lediglich angedeutet werden, wie die Unterschiede im Sprachgebrauch Verstehensprozesse und die Vertrauensbildung behindern können. Nehmen wir zum Einstieg folgenden Satz aus einem HP-Lehrbuch:

1. „Beschwerden beim Herannahen von Gewitter" ist ein Leitsymptom von Rhododendron.

Bei dem Satz handelt es sich um eine im HP-Kontext unauffällige Äußerung, die HP-typisches Fachwissen auf typische Weise versprachlicht. Liest man diesen Satz ohne jede Kenntnis des homöopathischen Denkstils, dürfte man beim Verstehen des Satzes mit vielen Fragezeichen konfrontiert sein, wie etwa: Was bedeutet das Zitat und welche Funktion hat es hier? Wie kann Rhododendron ein Symptom aufweisen? Und wie hängt ein herannahendes Gewitter mit einem Symptom einer Krankheit zusammen? Nehmen wir zum Vergleich einen anderen, ebenfalls HP-typischen Satz:

> 2. Ein sehr ausgeprägtes Symptom sollte im richtigen Mittel immer vorhanden sein.

Auch hier dürfte es LeserInnen ohne jede Kenntnis des homöopathischen Denkstils schwerfallen, sich in dem Satz zu orientieren und ihn nachzuvollziehen – trotz der einfachen, regulären grammatischen Struktur und der an sich verständlichen Lexik. Es ist nicht die grammatische Struktur, die die Sätze kompliziert macht, es ist auch nicht die Fachterminologie, die das Verständnis behindert. Die Verstehensschwierigkeiten liegen auf der konzeptuellen Ebene: Was heißt hier *Mittel*? Was ist das richtige Mittel? Wie soll ein Symptom im Mittel vorhanden sein?

Beide Sätze haben gemeinsam, dass sie kurz und höchst komprimiert (und aus homöopathischer Sicht prägnant) ein komplexes Fachwissen versprachlichen, das auf der sprachlichen Oberfläche nicht repräsentiert wird. Es wird präsupponiert und muss im Verstehensprozess von den RezipientInnen richtig ergänzt werden. Welches Wissen ‚richtig' ist und herangezogen werden muss, um den Satz adäquat zu verstehen, hängt dabei von dem jeweiligen Denkstil ab. Ein gedankliches ‚Stolpern' beim Versuch, die zwei Beispielsätze zu verstehen, deutet darauf hin, dass nicht das ‚richtige' Wissen in die konzeptuellen Lücken ergänzt wurde. Wenn man ganz ohne die Kenntnis des homöopathischen Denkstils und des Symptomkonzeptes insbesondere einen homöopathischen Fachtext liest, setzt man automatisch das Laienkonzept bzw. das medizinische Symptomkonzept voraus. Die Analysen homöopathischer Lehrbücher machen allerdings deutlich, dass diese konzeptuelle Annahme die Lektüre behindert. Ohne grundlegendes homöopathisches Fachwissen sind manche Passagen aus den untersuchten Lehrbüchern irreführend, irritierend oder gar unverständlich, wie die beiden obigen Beispiele veranschaulichen.

In der akademischen Medizin wird unter *Symptom* eine „[z]usammen mit einer Erkrankung auftretende Erscheinung"[63] verstanden. Diese Definition

63 https://www.pschyrembel.de/symptom/K0M1E/doc/ (letzter Zugriff am 21.3.2025).

dürfte auch medizinischen Laien sofort einleuchten. Zum einen, weil praktisch jeder Mensch Kontakt mit medizinischen Diskursen hat, zum anderen deswegen, weil der medizinische Symptombegriff in den allgemeinen Sprachgebrauch übergegangen ist.[64] Gemeinsam haben der medizinische und der alltagssprachliche Begriff, dass ein Symptom ein Kennzeichen bzw. ein Anzeichen für etwas anderes ist – im medizinischen Sinne für eine Krankheit. Typische Muster der expliziten Versprachlichung des medizinischen Symptombegriffs sind Komposita mit *Symptom* als Zweitglied. Das Erstglied bezeichnet zumeist den konkreten Diagnosebegriff (*Asthmasymptom, Erkältungssymptom, Refluxsymptom* etc.) oder das Organsystem, dem die Symptomatik zugeordnet wird (*Kreislaufsymptom, Hautsymptom, Gelenksymptom*). Im Rahmen der morphosyntaktischen Einbettung in komplexere Phrasen ist die Genitivkonstruktion [Symptom GenP] typisch wie z.B. *Symptom zahlreicher Erkrankungen.* Beide Muster machen deutlich, dass Symptome der Krankheit zugeschrieben werden. Dies ist eine ganz selbstverständliche Grundannahme, die im medizinischen Sprachgebrauch präsupponiert wird. Und u.a. diese Annahme führt bei den zwei Beispielsätzen in die Irre.

Um die Beispielsätze adäquat (und das heißt: im homöopathischen Sinne) zu verstehen, muss man das homöopathische Symptomkonzept kennen und seine Versprachlichung erkennen. Man muss u.a. wissen, dass Symptome nicht nur der Krankheit zugeschrieben werden und nicht nur krankhafte Erscheinungen darstellen. Während die Bildung von Komposita wie *Krankheitssymptom, Asthmasymptom* oder *Arthrosesymptom* mit dem medizinischen Sprachgebrauch übereinstimmt, sind Komposita wie *Patientensymptom, Arzneisymptom* oder *Prüfungssymptom* aus Sicht des medizinischen Denkstils schwer zu verstehen. Das gilt ebenfalls für komplexere Genitivphrasen wie *Symptome aller Arzneiwirkungen*, in denen Symptome nichtkrankhaften Entitäten zugeschrieben werden. Die Bildung solcher Komposita und Phrasen präsupponiert zentrale Annahmen des homöopathischen Denkstils, die ebenfalls für das Verstehen der Beispielsätze notwendig sind.

Mit *Mittel* wird in Beispiel 2 auf ein homöopathisches Arzneimittel verwiesen. Die ausgeprägten Symptome beziehen sich also nicht auf eine Krankheit, sondern auf ein Arzneimittel. Genauso ist es in Beispiel 1 bei *Leitsymptom von Rhododendron*, einem Beispiel für die typische Konstruktion [Symptome von Arzneimittelname]. Um die Konstruktion als solche überhaupt erkennen und verstehen zu können, muss man um die Zuordnung von Symptomen zu Arzneimitteln wissen und muss die homöopathische Arzneimittelterminologie

64 Vgl. https://www.dwds.de/wb/Symptom (letzter Zugriff am 21.3.2025).

kennen. Ohne diese Kenntnis ist nicht nachvollziehbar, dass *Leitsymptom von Rhododendron* auf ein zentrales Symptom eines Arzneimittels verweist und nicht auf eine Pflanze. Ebenfalls ist es ohne homöopathisches Vorwissen schwer zu verstehen, inwiefern *„Beschwerden beim Herannahen von Gewitter"* ein Leitsymptom eines Arzneimittels (oder gar einer Pflanze) darstellen können. Hierzu braucht es die Kenntnis, dass die Symptombeschreibungen häufig in Form von direkten Zitaten angegeben werden. Auch ist notwendig zu wissen, dass sich diese Zitate zum einen aus den Patientenschilderungen im Anamnesegespräch und zum anderen aus Prüfungsprotokollen bei der Arzneimittelprüfung speisen.

Die Formulierung *im Mittel vorhanden sein* bedeutet so viel wie „in der Symptomenreihe des Arzneimittels enthalten sein". Um das zu verstehen, muss man wissen, dass das Ziel der homöopathischen Anamnese und Therapieplanung darin besteht, die Symptome des Patienten/der Patientin möglichst in Einklang mit Symptomenreihen homöopathischer Arzneimittel zu bringen. Hier kommt das zentrale homöopathische Prinzip zum Tragen – das Ähnlichkeitsprinzip, nach dem die zwei Symptomenreihen miteinander hinsichtlich deren Ähnlichkeit abgeglichen werden. Wichtig ist darüber hinaus zu wissen, dass die klassische Homöopathie stets nur ein Arzneimittel verschreibt. So ist es das Ziel, das einzige *richtige Mittel* für den konkreten Patienten/die Patientin zu finden. Die Arzneimittelfindung ist somit die zentrale Aufgabe der behandelnden Person. Nicht alle Symptome fließen dabei in die finale Arzneimittelwahl ein. Die Formulierung *das sehr ausgeprägte Symptom* verweist auf ein aufwändiges, hermeneutisches Verfahren hin, in dem die Symptome des Patienten/der Patientin *erhoben, geordnet, sortiert, gewichtet, hierarchisiert* etc., nach bestimmten Kriterien *ausgewählt* und *repertorisiert* werden.

Das hier nur sehr kursorisch angedeutete präsupponierte Wissen, das zum Verständnis der Beispielsätze notwendig ist, ist durch den homöopathischen Denkstil geprägt und es weicht vom medizinischen Fachwissen ab. Anders ausgedrückt: Es entspricht nicht dem Wissen, das im medizinischen Denkkollektiv den Status von Tatsachen besitzt. Eine Person, die den homöopathischen Denkstil nicht kennt, wird den homöopathischen Sprachgebrauch sehr wahrscheinlich als abweichend und befremdlich wahrnehmen. Formulierungen wie die Rede von Symptomen der Arzneimittel oder von einer *Differentialdiagnostik der Arzneimittel* sind im medizinischen Denkstil nicht anschlussfähig, da sie nicht denkstilkonform sind. Dabei muss man eine Wissensasymmetrie zwischen VertreterInnen der Medizin und der Homöopathie festhalten, die für die Positionierung im Diskurs und für das Verständnis des Symptomkonzeptes wesentlich ist. Homöopathisch arbeitende PraktikerInnen haben mindestens eine medizinische Basisausbildung, in sehr vielen

Fällen sind sie praktizierende ÄrztInnen, die eine Zusatzausbildung absolviert haben (daher der Begriff *Homöopathische Ärzte*[65]). Sie sind dadurch mit dem medizinischen Symptomkonzept bestens vertraut und wissen – zumindest grob – um den Unterschied im Symptomverständnis. In der homöopathischen Fachliteratur wird der Unterschied im Symptomverständnis dargestellt und reflektiert, in medizinischen Lehrbüchern ist er hingegen irrelevant.[66] MedizinerInnen, die keine homöopathische Zusatzqualifikation absolviert haben, erhalten somit keinen Einblick in das homöopathische Symptomverständnis. Es ist davon auszugehen, dass sie durch ihre fachliche Sozialisation keine Kenntnis von dem abweichenden Symptomverständnis und anderen homöopathischen Konzepten erlangt haben. Das führt dazu, dass homöopathischer Sprachgebrauch für MedizinerInnen „eine einzige unsinnige Begriffswelt" darstellen, wie es in der Marburger Erklärung von 1992 heißt.[67] Der unterschiedlich verwendete Symptombegriff dürfte zu dieser als unsinnig wahrgenommenen *Begriffswelt* beitragen. Ein anderer gravierender konzeptueller Unterschied betrifft beispielsweise das Konzept Diagnose, das in der Medizin absolut zentral ist, für die klassische Homöopathie allerdings nur eine marginale Rolle spielt. Allein die Marginalisierung der Diagnose führt zu einer Reihe von konzeptuellen und sprachlichen Unterschieden, die sich ebenfalls auf die Behandlungspraxis auswirken.

Die unterschiedliche Konzeptualisierung von *Symptom* hat praktische Folgen sowohl für die Behandelnden als auch für die PatientInnen. Ein häufig thematisierter Unterschied zwischen der akademischen Medizin und der Homöopathie ist das Anamnesegespräch, das in der homöopathischen Praxis auch über eine Stunde lang sein kann. Im Zusammenhang damit werden der Zeitdruck und die Ökonomisierung der Medizin angeprangert und das aktive Zuhören sowie die Zuwendung zu individuellen PatientInnen hervorgehoben.[68] Es sind genau diese Aspekte, die im Zusammenhang mit Vertrauen in die Homöopathie diskutiert werden, wie in einem Beitrag auf quarks.de

---

65 Vgl. deren zentrale Vertretung, den „Deutschen Zentralverein homöopathischer Ärzte", https://www.dzvhae.de/ (letzter Zugriff am 21.3.2025).

66 Vgl. Schäfer und Weiß (in Begutachtung.): Text- und Wissensorganisation als Ebene der Variation in Lehrbüchern zur Inneren Medizin und klassischen Homöopathie.

67 Der Originaltext der Marburger Erklärung ist inzwischen nicht mehr abrufbar. Abgedruckt wird sie im Blogbeitrag von Christian Reinboth vom 20.10.2009 „Homöopathie an der Uni: Magdeburg vs. Marburg" https://scienceblogs.de/frischer-wind/2009/10/20/homoopathie-an-hochschulen-uni-magdeburg-vs-uni-marburg/#comments (22.07.2025).

68 Vgl. den Beitrag von Jutta Hübner in diesem Band.

exemplarisch deutlich wird.[69] Dort wird im Abschnitt mit der Überschrift *Warum vertrauen so viele Menschen auf Homöopathie?* das *Erstgespräch von homöopathischen Ärzt:innen* hervorgehoben und resümiert: „Die meisten fühlen sich so ernster genommen mit ihren Leiden und auch besser beraten, als wenn sie nach kurzer Zeit schnell ein Antibiotikum verschrieben bekommen."

Häufig wird die zeitaufwändige Anamnese als Erklärung für die Vertrauensbildung herangezogen, und der Faktor Zeit wird betont. Was nicht im Fokus der Diskussion um die Anamnese steht, ist die Tatsache, dass der Unterschied in der Herangehensweise und im Umfang des Anamnesegesprächs maßgeblich von dem homöopathischen Symptomverständnis abhängt. Der Kategorisierungs- und Erkenntnisprozess, den die behandelnde Person durchgehen muss, um eine Diagnose zu stellen und die passende Therapie zu finden (in der Medizin) bzw. die Symptomanalyse und Repertorisation durchzuführen und das passende Arzneimittel zu finden (in der Homöopathie), ist ganz wesentlich davon abhängig, was als Symptom verstanden wird, wie die Symptome zur Krankheit stehen und was daraus folgt. Da die Homöopathie eine ganze Bandbreite an nicht krankhaften Lebenserscheinungen unter *Symptom* fasst – z.B. Lebensstil, Beruf, Interessen, Ernährung, Familienkonstellation, Emotionen, Sexualität etc. –, muss das Gespräch entsprechend diesen privaten, teils intimen und potenziell heiklen Themen vorbereitet und geführt werden. In einem untersuchten Lehrbuch wird genau dieser Aspekt mit Vertrauen in Verbindung gebracht: „Echte Symptome (im homöopathischen Sinne) lassen sich nur aus dem Gefühl der Geborgenheit und des Vertrauens ermitteln."[70] Entsprechend dem Symptomverständnis richtet sich der Fokus des Homöopathen/der Homöopathin auf andere Aspekte als in der Medizin, denn die Diagnose spielt eine marginale Rolle.

Wer ohne jegliche Vorkenntnis der Homöopathie in eine homöopathische Sprechstunde kommt, wird überrascht sein, welche Fragen ihm gestellt werden, und dass Aspekte zum Thema werden, die nach eigener Eischätzung keine Relevanz in Bezug auf das empfundene Problem und die Diagnose besitzen.[71] Je nach Situation, Voreinstellung, Wissenshorizont, Leidensdruck

---

69 Vgl. https://www.quarks.de/gesundheit/medizin/homoeopathie-wissenschaftlich-nicht-nachvollziehbar/ (letzter Zugriff am 21.3.2025).

70 Gerhard Köhler: Lehrbuch Homöopathie. Bd. 1: Grundlagen und Anwendung. Bearbeitet von Dieter Gabányi. 10., unveränderte Auflage. Stuttgart: Karl F. Haug Verlag 2012, S. 48 (Korpustext HP3).

71 Diese Erfahrung wird in den untersuchten homöopathischen Lehrbüchern häufiger thematisiert. Außerdem wurden mir solche Erfahrungen ebenfalls in Diskussionen nach meinen Vorträgen geschildert.

etc. kann eine solche Erfahrung dazu führen, dass die Person nie wieder einen Homöopathen aussucht, sie kann aber auch zum Gegenteil führen. Ähnliches gilt, wenn man ohne homöopathischen Wissenshintergrund homöopathische Texte liest oder HomöopathInnen sprechen hört. Aus den theoretischen Überlegungen in Kapitel 2 folgt, dass ein abweichender Sprachgebrauch potenziell eher zur Hemmung der Vertrauensbildung und zu Misstrauen führt und dass denkstilfremder Sprachgebrauch geringe Chancen hat, Überzeugungskräfte zu entfalten. Die konzeptuellen Unterschiede zwischen der Medizin und Homöopathie, die hier am Beispiel des Symptomkonzeptes und des Diagnosekonzeptes angedeutet wurden, können maßgeblich zur Polarisierung des Diskurses entlang der Grenzen der Denkkollektive beitragen. Diese Unterschiede zu reflektieren kann dabei helfen, die Diskussion auf wesentliche Aspekte zu lenken, über die sachlich diskutiert werden kann.

5 Zusammenfassung

Abschließend werden die eingangs formulierten Thesen zusammengefasst und der Gang der Argumentation in diesem Beitrag rekapituliert.

Überzeugungskraft ist *eine Frage des Stils*: Überzeugungskräfte entstehen als persuasiver Effekt der vom Kommunikator gewählten Stilmittel. Dabei wird ein weites Stilkonzept im Sinne der pragmatischen Stilistik angenommen, das Stil als Handeln auffasst und alle Zeichentypen, nicht nur sprachliche Zeichen, einschließt. Jede Kommunikation entfaltet bestimmte Stileffekte, die maßgeblich durch die eingesetzten Stilmittel geprägt sind. Darüber hinaus spielen die kommunikative Situation, die Beziehungskonstellation, die gewählte Textsorte, der Zeitpunkt und weitere externe Faktoren eine Rolle für die Wirkung der Kommunikation. Der Begriff *Überzeugungskraft* bezeichnet einen pragmatischen Effekt, eine Qualität konkreter Wirkung.

Überzeugungskraft ist *eine Frage der sozialen Einstellung*: Überzeugungskräfte werden an der Änderung einer (oft als unerwünscht gerahmten) Einstellung gemessen. Ihre Untersuchung gehört somit u.a. in den Bereich der Einstellungsforschung. Überzeugungskräfte können einer Kommunikation erst retrospektiv zugeschrieben werden. Eine Kommunikation kann ein Potenzial zur Überzeugungskraft enthalten, ob aber dieses Potenzial entfaltet wird, ist in jedem Einzelfall individuell. Persuasion ist dann am erfolgreichsten, wenn die Präferenz der Zielgruppe für kognitive oder affektive Argumente berücksichtigt wird. Dabei gilt, dass Überzeugungskraft *immer auch Beziehungsarbeit* ist: Rational nachvollziehbare Argumente können durch ungünstige Stileffekte auf der Beziehungsebene abgeschwächt oder gar aufgehoben werden.

Überzeugungskraft ist *eine Frage des Vertrauens*: Überzeugungskräfte hängen mit der wahrgenommenen Vertrauenswürdigkeit der Kommunizierenden zusammen. Eine als vertrauenswürdig wahrgenommene Person oder Institution hat bessere Chancen, Überzeugungskräfte zu entfalten. Zugeschriebene Vertrauenswürdigkeit ist das Ergebnis von Wahrnehmung und Interpretation, von Erwartungen und Erfahrungen der RezipientInnen. All diese kognitiven Operationen werden durch die Sozialisation in einem Denkkollektiv (mit) geprägt.

Überzeugungskraft ist somit *eine Frage des Denkstils*: Die Entfaltung von Überzeugungskräften ist stets an einen Denkstil gebunden, der die Wahrnehmung, Erkenntnisroutinen, Handlungsroutinen und sprachliche Routinen der Mitglieder eines Denkkollektivs prägt. Denkstile manifestieren sich auf allen Ebenen des Sprachgebrauchs. Überzeugungskraft ist somit auch *eine Frage des denkstilgemäßen Sprachgebrauchs*. Dabei ist nicht nur die Ebene der Fachterminologie relevant, auf der der zentrale Begriff *Symptom* verortet ist. Auf allen sprachanalytischen Ebenen können sich Denkstile musterhaft manifestieren. Muster des Sprachgebrauchs und kognitive Routinen sind miteinander verflochten. Sprachliche Routinen spiegeln kognitive Routinen wider und gleichzeitig wirken sie sich auf ihre (Re-)Produktion und Festigung aus. Menschen, die demselben Denkkollektiv angehören, wirken auf Mitglieder ihres Denkkollektivs automatisch überzeugender als Menschen, die dem Denkkollektiv fremd sind. Eine nicht denkstilgemäße Kommunikation hingegen fällt sofort als abweichend auf und sie hat in der Regel geringe Chancen, überzeugend zu wirken.

Das unterschiedliche Symptomverständnis in der Homöopathie und Medizin kann zu Missverständnissen und Irritationen führen, die – wenn sie nicht reflektiert werden – die Kommunikation zwischen Mitgliedern beider Denkkollektive behindern können und pauschalisiertes Misstrauen begünstigen – und dabei vor allem: Misstrauen von VertreterInnen der akademischen Medizin bzw. Naturwissenschaft in die Homöopathie. Sind einmal feste Diskurspositionen im Sinne einer Lagerbildung etabliert, reichen für Mitglieder eines Denkkollektivs nur kleine Anspielungen, beispielsweise konkrete Formulierungen (wie z.B. *Sepia-Patientin* oder Personifizierungen von Arzneimitteln), um die gemeinsame Einstellung und – mit Fleck gesagt – die *Stimmungskameradschaft* zu aktivieren und zu bestätigen (z.B. durch das gemeinsame Sich-ärgern oder Sich-lustig-machen). Das je spezifische Verständnis des Symptomkonzeptes hat somit das Potenzial, die Vertrauens- und Misstrauensbildung zwischen VertreterInnen der beiden Diskurslager maßgeblich zu beeinflussen.

Zur Entstehung und Entwicklung psychoendokriner Tatsachen

Erkenntnistheoretische Überlegungen mit Ludwik Fleck

Xenia Steinbach

„Was macht neue Theorien so überzeugend, dass sie sich im Wissenschaftsbetrieb etablieren können?"[1] – und speziell, neue Theorien, die aus wissenschaftlicher Sicht zwar naheliegend sind, im Detail jedoch schwer zu beweisen? Der Ausgangspunkt meiner Überlegungen ist nicht das Erstaunen über die Persistenz dauerhaft im Status des Heterodoxen verbleibender Wissensinhalte. Ebenso wenig richte ich meinen Blick auf „Geltungskrieg[e]"[2] oder Überzeugungskräfte in Form einer strategisch forcierten Überführung heterodoxen Wissens in den Kanon der etablierten Wissenschaft. Vielmehr staune ich über subtile und weitgehend unbemerkt ablaufende Prozesse der erfolgreichen Etablierung neuer und zunächst heterodoxer Wissensinhalte, denen es nach den gültigen wissenschaftlichen Kriterien ihrer Zeit weitgehend an Evidenz fehlt, da sie sich nur schwer wissenschaftlich rationalisieren lassen.[3] Welche Mechanismen oder Überzeugungskräfte machen es möglich, dass solche Theorien sich dennoch etablieren und aus heterodoxem Wissen orthodoxes Wissen wird?

Gerade der Bereich des Psychischen mit seiner immanenten Ungreifbarkeit bietet ein spannendes Feld, um diese Frage zu stellen und sie aus erkenntnistheoretischer Perspektive zu beleuchten. Im Fokus meines Beitrages stehen Theorien, die das Ungreifbare greifbar machen sollen und psychische

---

1 So lautete eine der zentralen Fragen der Tagung „Überzeugungskräfte – Strategien der Legitimierung und Plausibilisierung heterodoxer Wissenschaft" im November 2023, aus der dieser Aufsatz hervorhing.

2 Michael Schetsche und Ina Schmied-Knittel: Heterodoxie. Konzepte, Traditionen, Figuren der Abweichung. Köln: Herbert von Halem Verlag 2018, S. 9.

3 Die Soziologin Sabine Maasen weist auf die Notwendigkeit des Erstaunens über selbstverständlich gewordene Phänomene als „erste[n] wichtige[n] Schritt" einer historischen ebenso wie sozialwissenschaftlichen Diskursanalyse hin. Vgl. Sabine Maasen: Zur Therapeutisierung sexueller Selbste. ‚The Making Of' einer historischen Diskursanalyse. In: Handbuch Sozialwissenschaftliche Diskursanalyse. Band II: Forschungspraxis. Hg. von Reiner Keller, Andreas Hirseland, Werner Schneider und Willy Viehöver. Wiesbaden: VS Verlag für Sozialwissenschaften 2003, S. 119–146.

Phänomene in physiologischen Vorgängen zu materialisieren versuchen: Theorien über die Bedeutung von Hormonen für die menschliche Psyche.[4] Solche ‚psychoendokrinen' Erklärungsansätze haben heute nicht nur ihren festen Platz in der neurowissenschaftlich dominierten Psychologie, sondern kursieren auch ganz selbstverständlich in unseren Alltagsdiskursen. ‚Es sind die Hormone', heißt es oft, wenn es um Stimmungsschwankungen in Zusammenhang mit dem Menstruationszyklus oder der Schwangerschaft geht. Auch die Pubertät und das mit diesem Konzept assoziierte Verhalten von Jugendlichen ist ein beliebtes Feld für hormonelle Erklärungsansätze. Ebenso werden einzelne Hormone mit bestimmten psychischen Phänomenen assoziiert – so beispielsweise das Hormon Testosteron mit Aggressivität, Adrenalin mit Stress oder Aufregung, oder auch Dopamin und generell die Endorphine, die häufig als vermeintliche ‚Glückshormone' bezeichnet werden. Diese exemplarischen Hormon-Psyche-Verknüpfungen verweisen auf den Status der Selbstverständlichkeit, den psychoendokrine Theorien in der Gegenwart haben und – wie ich an späterer Stelle zeigen werde – bereits in den 1920er Jahren erreichten. Die damalige Selbstverständlichkeit solcher Erklärungsansätze mag jedoch erstaunen, nimmt man zur Kenntnis, dass die Hormonlehre und das Feld der Endokrinologie sich erst zu Beginn des 20. Jahrhunderts allmählich etablierten und dass dieses zunächst heterodoxe Wissen keineswegs widerstandfrei in die orthodoxen Wissensbestände aufgenommen wurde.

Die Vorstellung von über den Körper verteilen Drüsen, die ihre Sekrete in den Blutkreislauf abgeben, um an anderen Orten des Körpers ihre Wirkungen zu entfalten – zunächst bezeichnet als ‚innere Sekretion' – kam gegen Ende des 19. Jahrhunderts auf und irritierte grundlegend das damals dominierende Konzept einer Regulation physiologischer Vorgänge durch Nerven.[5] Ein physiologisches Konzept, das auf einer humoralen Wirkungsweise basierte und Krankheiten als Folge von Dysbalancen der Körperflüssigkeiten definierte, erinnerte zudem sehr an die spätestens seit Mitte des 19. Jahrhunderts obsolet geglaubte Humoralpathologie und stieß daher teilweise auf heftige Ablehnung in akademischen Kreisen.[6] Erschwerend für die Erforschung der ‚Inneren Sekretion' und die wissenschaftliche Beweisführung ihrer physiologischen Bedeutung

---

4 Teile der hier besprochenen Inhalte wurden bereits veröffentlicht in Xenia Steinbach: Hormone und Psyche – Eine Wissens- und Wissenschaftsgeschichte psychoendokriner Vorstellungen, 1900–1950. Bielefeld: Transcript 2023.

5 Vgl. Heiko Stoff: Degenerierte Nervenkörper und regenerierte Hormonkörper. In: Historische Anthropologie 11/2 (2003), S. 235.

6 Vgl. Lea Haller: Cortison. Geschichte eines Hormons, 1900–1955. Zürich: Chronos 2012, S. 30.

kam hinzu, dass die wirksamen Substanzen oder auch ‚Drüsenstoffe', die im Jahr 1905 erstmals als ‚Hormone' bezeichnet wurden, zunächst nur schwer greifbar waren.[7] Sie offenbarten sich lediglich in Wirkungen, die beispielweise im Rahmen von sogenannten ‚organotherapeutischen' Behandlungen auftraten.[8] Diese basierten auf dem Verabreichen von unstandardisiert hergestellten und meist aus Schlachtabfällen gewonnenen Drüsenextrakten bei Erkrankungen, die mit dem Ausfall einzelner Drüsen assoziiert wurden – so zum Beispiel Schilddrüsenextrakte bei Myxödem.[9] Im Umkehrschluss wurden Teile von Hormondrüsen bei Erkrankungen mit vermuteter Drüsenüberfunktion operativ entfernt – so etwa bei Morbus Basedow.[10] Die komplexen Symptombilder solcher Erkrankungen und ihre Milderung durch die jeweiligen Eingriffe verwiesen zwar auf die grundlegende Relevanz von Hormondrüsen und ihrer wirksamen Substanzen im physiologischen Geschehen. Sie erlaubten jedoch kaum Rückschlüsse auf die konkreten physiologischen Wirkungen einzelner zunächst nicht näher bestimmbarer Hormone in einem gesunden Körper, weshalb die ‚innere Sekretion' zunehmend auch tierexperimentell erforscht wurde. Neben der Anwendung von Drüsenextrakten im Tiermodell oder an Gewebeproben, wurde außerdem durch die Exstirpation, Re-Implantation oder Transplantation von Hormondrüsen systematisch nach spezifischen Wirkungen von Drüsensubstanzen gesucht.[11] Doch auch hier blieb das Problem, dass weder bekannt war, wie viele wirksame Substanzen in einer Drüse jeweils produzierten wurden, noch, wie diese Substanzen chemisch beschaffen waren, und vor allem nicht, ob die experimentell erzielten Wirkungen mit den realen physiologischen Wirkungen korrespondierten.[12] Entsprechend beschränkten sich die in der Klinik oder im Experiment gewonnenen Erkenntnisse über Hormone in den ersten Dekaden des 20. Jahrhunderts auf wenige physiologische Effekte sowie die Verortung der diese Wirkungen im Experiment hervorrufenden Substanzen in einzelnen Drüsen. Wirft man jedoch einen Blick in

7 Vgl. Heiko Stoff: Wirkstoffe: Eine Wissenschaftsgeschichte der Hormone, Vitamine und Enzyme, 1920–1970. Stuttgart: Franz Steiner 2012, S. 11.

8 Siehe dazu Julius Wagner-Jauregg: Lehrbuch der Organotherapie: mit Berücksichtigung ihrer anatomischen und physiologischen Grundlagen. Leipzig: Georg Thieme 1914.

9 Siehe z.B. George Redmayne Murray: Note on the Treatment of Myxœdema by Hypodermic Injections of an Extract of the Thyroid Gland of a Sheep. In: British Medical Journal 2/1606 (1891), S. 796–797.

10 Hans Eppinger: Die Basedowsche Krankheit. In: Innere Sekretion und Nervensystem (= Handbuch der Neurologie, hg. von Max Lewandowsky, Bd. 4). Berlin, Heidelberg: Springer 1913, S. 69–78.

11 Vgl. Stoff (2012): Wirkstoffe, S. 13.

12 Siehe z.B. Oliver Kamm u.a.: The Active Principles of the Posterior Lobe of the Pituitary Gland. In: Journal of the American Chemical Society 50/2 (1928), S. 573–601.

frühe Publikationen über Hormone aus den ersten drei Dekaden des 20. Jahrhunderts, so wird deutlich, dass Hormon-Psyche-Zusammenhänge seit den frühesten Stunden der Endokrinologie sowohl in wissenschaftlichen als auch in populärwissenschaftlichen Publikationen vielfach thematisiert wurden. Bemerkenswert ist dabei eine unübersehbare Diskrepanz zwischen einerseits einem noch höchst beschränkten und größtenteils spekulativen Kenntnisstand über die Wirkungen von Hormonen generell, und andererseits einer scheinbar unstrittigen Gewissheit über die Existenz von Hormon-Psyche-Zusammenhängen, die sich in Lehrbüchern aus dieser Zeit ebenso wie in populärwissenschaftlichen Texten artikulierte. Woher aber kam diese Gewissheit und wie konnte sich die Vorstellung einer Interdependenz zwischen Hormonen und Psyche so früh plausibilisieren und sich in orthodoxe Wissensbestände integrieren, obwohl es noch kaum wissenschaftlich gesicherte Erkenntnisse darüber gab?

Diese Frage soll im Folgenden in Anschluss an einige Überlegungen von Ludwik Fleck diskutiert werden. In einem Schlaglicht auf die 1920er Jahre werde ich zunächst den auf den ersten Blick widersprüchlichen Stand des Wissens um Hormon-Psyche-Zusammenhänge skizzieren. Anschließend stelle ich Ludwik Flecks Kreismodell des „intra- und interkollektiven Denkverkehrs"[13] vor, das bislang trotz der extensiven Rezeption der Fleck'schen Erkenntnistheorie wenig explizite Beachtung bekam.[14] Vor dem Hintergrund dieses erkenntnistheoretischen Modells werde ich argumentieren, dass die Plausibilität und Akzeptanz von Hormon-Psyche-Theorien sich in der ersten Hälfte des 20. Jahrhunderts weniger aus experimenteller Forschung und daraus hervorgehender wissenschaftlicher Evidenz ergeben hat, sondern vielmehr aus Zirkulations- und Transformationsprozessen von Ideen und Behauptungen zwischen verschiedenen Bereichen der Wissenschaft und der Öffentlichkeit. Ich betrachte also explizit nicht nur fachwissenschaftliche, sondern auch populäre Diskurse um Hormone und Psyche in der ersten Hälfte des 20. Jahrhunderts. Dabei möchte ich Überzeugungskräften nachspüren, die sich abseits der strategischen Legitimationsarbeit des akademischen Betriebs

---

13 Ludwik Fleck: Entstehung und Entwicklung einer wissenschaftlichen Tatsache. Einführung in die Lehre vom Denkstil und Denkkollektiv. Hg. von Lothar Schäfer und Thomas Schnelle. Frankfurt a.M.: Suhrkamp 1980, S. 146.

14 Ausnahmen finden sich in Hannah Rosenberg: Auf den Spuren des Falls Amalie Dietrich vor dem Hintergrund einer Heuristik im Anschluss an Ludwik Fleck. In: Eine Naturforscherin zwischen Fake, Fakt und Fiktion: Multidisziplinäre Perspektiven zu Werk und Rezeption von Amalie Dietrich. Hg. von Nicole Hoffmann und Wiebke Waburg. Wiesbaden: Springer 2021, S. 145–160; Katja Sabisch: Der Mensch als wissenschaftliche Tatsache: Wissenssoziologische Studien mit Ludwik Fleck. Berlin: Kadmos 2016.

bewegen. Am ebenso amüsanten wie erkenntnistheoretisch aufschlussreichen Fallbeispiel der Theorie des hormonellen Mutterinstinkts werde ich abschließend die Bedeutung von ‚Präideen' und von ‚populärem Wissen' im Sinne Ludwik Flecks in Prozessen der wissenschaftlichen Wissensproduktion exemplarisch herausarbeiten.

1 Wenig Wissen – viel Gewissheit: Hormone und Psyche in den 1920er Jahren

Ein Blick in populärwissenschaftliche Literatur der 1920er Jahre zeigt, dass Hormone und die Lehre von der ‚inneren Sekretion' ein sehr beliebtes Thema in dieser Zeit waren. Ebenso wird deutlich, dass bereits zu dieser Zeit weitgehende Gewissheit darüber bestand, dass Hormone einen enormen Einfluss, nicht nur auf physische, sondern explizit auch auf psychische Phänomene haben sollten. So hieß es beispielsweise in einer Ausgabe der in der Weimarer Zeit sehr beliebten Monatsschrift UHU aus dem Jahr 1924: „Bis vor kurzem wußte man nichts von der inneren Sekretion, der nicht sichtbaren Tätigkeit jener kleinen Drüsen, die eine ungeahnte Bedeutung für die körperliche und geistig-seelische Entwicklung jedes Menschen haben."[15] Anschließend wurde die Leserschaft auf ganzen zwölf reich bebilderten Seiten über all „die gewaltige[n] Einflüsse" informiert, die Hormone „auf körperliche Gestaltung, auf seelische und geistige Entwicklung" haben sollten.[16] Besondere Aufmerksamkeit kam dabei Fällen von ‚verweiblichten Männern' und ‚vermännlichten Frauen' zu. Mit der Entdeckung der ‚Inneren Sekretion', so behauptete der Autor Curt Thomalla, wurde nun endlich „ganz neues Licht auf das traurig düstere Kapitel sexueller Zwischenstufen geworfen".[17] Der Beitrag beinhaltete ausführliche Fallberichte von Frauen, die sich laut Thomalla männlich verhielten, fremdgeschlechtliche Wesenszüge zeigten und männlichen Berufen nachgingen.[18] Solche rhetorisch eindeutig negativ und pathologisch gerahmten psychischen Wesensveränderungen wurden sodann auf die Fehlfunktion der Keimdrüsen der Betroffenen zurückgeführt und für hormonell therapierbar erklärt.

---

15 Curt Thomalla: Das Drüsenrätsel. Die geheimnisvolle Wirkung der inneren Sekretion. In: UHU 2 (1924), S. 82–83.
16 Thomalla (1924): Das Drüsenrätsel, S. 84.
17 Thomalla (1924): Das Drüsenrätsel, S. 90.
18 Vgl. Thomalla (1924): Das Drüsenrätsel, S. 89.

Abb. 8.1 Thomalla (1924): Das Drüsenrätsel, S. 89.

Dieser populärwissenschaftliche Beitrag aus dem Jahr 1924 illustriert exemplarisch, welch zentrale Rolle die Vorstellung des Ursprungs geschlechtlicher Merkmale in den Keimdrüsen beim diskursiven Brückenschlag zwischen den physischen und den psychischen Wirkungen von Hormonen gespielt hat: Weiblichkeit wie Männlichkeit als tradiertes binär konzipiertes psycho-physisches Gesamtkonstrukt ließen sich mit der neuen Lehre von der ‚inneren Sekretion' in den ebenfalls binär konstruierten ‚männlichen' und ‚weiblichen' Keimdrüsen und ihren Wirkstoffen – den sogenannten Sexualhormonen – materialisieren.[19] Die Selbstverständlichkeit und weite Verbreitung dieser Argumentation in den ersten Dekaden des 20. Jahrhunderts verdeutlicht, dass sie im Grunde gar keiner streng wissenschaftlichen Beweisführung bedurfte, knüpfte sie doch an tradierte Wissensbestände an und speziell die Vorstellung der Geschlechtsorgane als Sitz der psycho-physischen Weiblichkeit und Männlichkeit. Jahrzehnte vor dem Aufkommen der Hormonlehre, im Jahr 1856, schrieb beispielsweise der einflussreiche deutsche Pathologe Rudolf von Virchow:

> *Das Weib ist eben Weib nur durch seine Generationsdrüse* [Keimdrüse]; alle Eigenthümlichkeiten seines Körpers und Geistes oder seiner Ernährung und

19 Vgl. Nelly Oudshoorn: Beyond the Natural Body: An Archaeology of Sex Hormones. London, New York: Routledge 1994.

> Nerventhätigkeit: [...] diese Tiefe des Gefühls, diese Wahrheit der unmittelbaren Anschauung, diese Sanftmuth, Hingebung und Treue – kurz, Alles, was wir an dem wahren Weibe Weibliches bewundern und verehren, ist nur eine Dependenz des Eierstocks [...]. Man nehme den Eierstock hinweg, und das Mannweib in seiner hässlichsten Halbheit mit den groben und harten Formen, den starken Knochen, dem Schnurrbart, der rauhen Stimme, der flachen Brust, dem missgünstigen und selbstsüchtigen Gemüth und dem schiefen Urtheil steht vor uns.[20]

Die neue Konzeption von männlichen und weiblichen Keimdrüsen als Hormondrüsen fügte sich um die Jahrhundertwende zum 20. Jahrhundert nahtlos in die längst etablierte Vorstellung von Eierstöcken und Hoden als Ursprungsort der stereotypen weiblichen oder männlichen Psychophysis ein[21] und wurde anschließend als argumentative Grundlage dafür genutzt, dass Hormone auch generell einen enormen Einfluss auf die menschliche Psyche haben sollten. Doch was war der Stand des Wissens über Hormon-Psyche-Zusammenhänge aus Sicht der Wissenschaft dieser Zeit?

Erste Anhaltspunkte dafür liefern Handbücher über die ‚innere Sekretion' aus den ersten drei Dekaden des 20. Jahrhunderts. Ihnen lässt sich entnehmen, dass die Hormonlehre auch in der Wissenschaft als „Lehre von der hormonalen Beeinflussung des Körpers und der Psyche"[22] definiert wurde. Abseits dieser Definition enthielten sie jedoch nur wenige Verweise auf konkrete wissenschaftliche Erkenntnisse über Hormon-Psyche-Zusammenhänge. Diese beschränkten sich auf Publikationen über den Zusammenhang zwischen der Funktion der Keimdrüsen und der psychischen Sexualdifferenzierung bei Nagetieren sowie auf klinische Beobachtungen von meist diffusen psychischen Beeinträchtigungen bei PatientInnen mit verschiedenen endokrinen Erkrankungen.[23] In keinem der einschlägigen Handbücher aus dieser Zeit wird jedoch auf systematische psychoendokrinologische Forschung an Menschen eingegangen, sodass die wissenschaftliche Grundlage für die so gefestigt erscheinende Behauptung der Bedeutung von Hormonen für psychische Phänomene ein Desideratum bleibt.

---

20 Rudolf Virchow: Gesammelte Abhandlungen zur wissenschaftlichen Medicin. Frankfurt a.M.: Meidinger 1856, S. 747 (Hervorhebung im Original).

21 Vgl. Chandak Sengoopta: The Most Secret Quintessence of Life: Sex, Glands, and Hormones, 1850–1950. Chicago, London: University of Chicago Press 2006, S. 42ff.

22 Paul Trendelenburg: Die Hormone. Ihre Physiologie und Pharmakologie. Erster Band. Berlin: Springer 1929, S. 1.

23 Siehe exemplarisch Fritz Laquer: Hormone und Innere Sekretion. Dresden, Leipzig: Steinkopff 1928; Trendelenburg (1929): Die Hormone.

Ein detaillierteres Bild über den Stand des Wissens über Hormon-Psyche-Zusammenhänge in den ersten drei Dekaden des 20. Jahrhunderts zeichnen dagegen Zeitschriftenaufsätze und besonders ein Aufsatz des Mediziners und Physiologen Adolf Oswald aus dem Jahr 1928 mit dem Titel „Beziehungen der Inneren Sekretion zu psychischen Störungen und Psychosen". Darin erklärt Oswald zunächst, dass die Idee eines Zusammenhangs zwischen Hormonen und der menschlichen Psyche schon im Rahmen der allerersten Erkrankungen aufgekommen sei, deren Ursache man in der Funktionsstörung von Drüsen gesehen habe.[24] So beispielsweise das berühmte Schreckensbild der sogenannten „Kretins" oder „Kretinen", also Menschen mit körperlichen Missbildungen und meist auch deutlicher geistiger und psychomotorischer Retardierung – eine Erkrankung, die bereits im ausgehenden 19. Jahrhundert mit einer Fehlfunktion der Schilddrüse assoziiert wurde.[25] Angesichts der vielfältigen psychischen Erkrankungen, denen die Medizin und Psychiatrie in den 1920er Jahren weitgehend hilflos gegenüber stand, sei es nicht verwunderlich, schrieb der österreichische Mediziner Julius Bauer im Jahr 1927, dass die neue Lehre von der ‚inneren Sekretion' enorme Hoffnungen weckte, neue Erklärungsansätze und neue Behandlungsmethoden für psychische Leiden zu finden.[26] Im Gegensatz zur physiologischen Hormonforschung, wo man meist im experimentellen Tierversuch zu Erkenntnissen gelangte, seien die Methoden im Bereich der menschlichen Psyche aber weitgehend darauf beschränkt, systematisch zu beobachten, welche psychischen Veränderungen sich bei klar diagnostizierbaren Hormondrüsenerkrankungen einstellen würden.[27] Entsprechend diskutierte auch Oswald ausführlich eine Vielzahl von Publikationen über solche Beobachtungen an Menschen. Diese erbrächten jedoch allesamt keine Erkenntnisse darüber, welchen Einfluss die jeweiligen Drüsen auf die gesunde Psyche übten. Selbst im Bereich des Pathologischen würden sie kaum eine Zuordnung von klar eingrenzbaren psychischen Symptomen zu bekannten Drüsenerkrankungen erlauben.[28] Oswald erwähnte auch einige tierexperimentelle Untersuchungen über die Wirkungen von Keimdrüsen auf das Fortpflanzungsverhalten von Nagetieren, die aus seiner Sicht jedoch „für

---

24 Vgl. Adolf Oswald: Die Beziehungen der Inneren Sekretion zu psychischen Störungen und Psychosen. In: Klinische Wochenschrift 7/ 25 (1928), S. 1161.

25 Vgl. Jean Vague: Die Geschichte der Endokrinologie bis zum Zweiten Weltkrieg. In: Illustrierte Geschichte der Medizin. Band V. Hg. von Richard Toellner. Augsburg: Bechtermünz 2000, S. 2681.

26 Vgl. Julius Bauer: Innere Sekretion. Ihre Physiologie, Pathologie und Klinik. Berlin, Wien: Springer 1927, S. 445.

27 Vgl. Oswald (1928): Die Beziehungen, S. 1161.

28 Vgl. Oswald (1928): Die Beziehungen, S. 1163.

Feststellungen auf psychischem Gebiet keine hinreichende Grundlage zu verschaffen“ vermochten.[29]

Der vergleichende Blick auf die verschiedenen Publikationen aus den 1920er Jahren offenbart also einen Kontrast: Einerseits die weitreichenden Behauptungen in populären Beiträgen und die auch noch in den Handbüchern zur ‚inneren Sekretion‘ klar auffindbare Rhetorik der Allgemeingültigkeit und Gewissheit des Hormon-Psyche-Konnex. Andererseits scheint es Ende der 1920er Jahre doch kaum nach wissenschaftlichen Kriterien dieser Zeit gesicherte Erkenntnisse über Hormon-Psyche-Zusammenhänge generell und insbesondere bei Menschen gegeben zu haben. Wie kommt es dann trotzdem zu der Überzeugung von ihrer Existenz und welche Schlüsse lassen sich daraus ziehen für die grundsätzliche Frage nach dem Übergang von neuem Wissen in etablierte – orthodoxe – Wissensbestände?

2 Erkenntnistheorie mit Ludwik Fleck

Folgen wir den erkenntnistheoretischen Überlegungen von Ludwik Fleck, so beobachten wir hier buchstäblich die „Entstehung und Entwicklung einer wissenschaftlichen Tatsache“, die sich als Transformationsprozess von Ideen im Rahmen von „Gedankenwanderung[en]“[30] zwischen verschiedenen Kreisen einer „Denkgemeinschaft“[31] vollzieht. Zentral in Flecks anti-positivistischer Erkenntnistheorie ist die kulturelle Bedingtheit, Sozialität und Historizität der wissenschaftlichen Erkenntnisproduktion.[32] Das, was wir gemeinhin als ‚Tatsachen‘ bezeichnen, ist für Fleck stets Produkt von kollektivem Gedankenaustausch innerhalb und zwischen verschiedenen „Denkkollektiven“.[33] Wissensproduktion ist also Gemeinschaftsarbeit. Und: Wissensproduktion ist für Fleck keineswegs auf ein vermeintliches Vakuum wissenschaftlicher Fachkreise beschränkt. In seiner aus heutiger Sicht programmatischen Schrift aus dem Jahr 1935 entwirft er eine Art Kreismodell, das sowohl den Transfer von Gedanken und Theorien innerhalb der Wissenschaft differenziert zu betrachten erlaubt, als auch den Blick für die Bedeutung von alltäglichen und tradierten Wissensbeständen sowie von

29 Oswald (1928): Die Beziehungen, S. 1161.

30 Fleck (1980): Entstehung und Entwicklung, S. 144.

31 Fleck (1980): Entstehung und Entwicklung, S. 129.

32 Vgl. Katja Sabisch: Die Denkstilanalyse nach Ludwik Fleck als Methode der qualitativen Sozialforschung – Theorie und Anwendung. In: Forum Qualitative Sozialforschung 18/2 (2017), S. [1].

33 Vgl. Fleck (1980): Entstehung und Entwicklung, S. 129–145.

außerwissenschaftlichen AkteurInnen für die Entstehung von Wissen schärft. Die hierarchische Unterteilung der ‚Denkgemeinschaft' in verschiedene Sphären des Fleck'schen Kreismodells orientiert sich stets am jeweiligen „Denkgebilde" – so zum Bespiel an einer bestimmten „wissenschaftliche[n] Idee", um die herum sich eine ‚Denkgemeinschaft' bildet.[34] In der Kernsphäre seines Modells verortet Fleck den sogenannten „spezielle[n] Fachmann [sic]" im Hinblick auf eine spezifische wissenschaftliche Fragestellung.[35] Das wissenschaftliche Tun solcher Fachpersonen bezeichnet Fleck als „Zeitschriftwissenschaft".[36] Das zentrale Charakteristikum der hier geäußerten Gedanken sei die persönliche Note, ihre Vorläufigkeit und die Unsicherheit im Hinblick auf die Allgemeingültigkeit der hier geäußerten Behauptungen.[37] Hier seien zudem typischerweise widerstreitende Meinungen und entgegenstehende Theorien zu finden.[38] Umgeben sei dieser Kreis von dem weit größeren Kreis der „allgemeine[n] Fachmänner [sic]".[39] Sie sind mit Fleck Teil desselben ‚Denkkollektivs', den er als „esoterischen Kreis" der Fachwissenschaft bezeichnet.[40] Die Wissenschaft dieser Sphäre nennt er „Handbuchwissenschaft".[41] Im Unterschied zur ‚Zeitschriftwissenschaft', zeichne sich das ‚Handbuchwissen' durch seine Unpersönlichkeit, Gewissheit bis hin zur Allgemeingültigkeit aus.[42] In Prozessen der ‚Gedankenwanderungen' innerhalb des ‚esoterischen Kreises' würden vielfältige und oft widersprüchliche Gedanken bereits in ein „geordnete[s] System" überführt.[43] Dies erfolge durch kollektive Verhandlungen und die Auswahl einzelner Standpunkte, die der Gemeinschaft für wahr gelten sollen – und dies, ohne dass sie im Detail schon bewiesen sein müssen, so Fleck:

> Im geordneten System einer Wissenschaft, wie ein Handbuch es darstellt, erscheint eine Aussage eo ipso viel gewisser, viel bewiesener als in der fragmentarischen Zeitschrift-Darstellung. Sie wird zu einem bestimmten Denkzwang.[44]

34 Fleck (1980): Entstehung und Entwicklung, S. 138.
35 Fleck (1980): Entstehung und Entwicklung, S. 147.
36 Fleck (1980): Entstehung und Entwicklung, S. 156.
37 Vgl. Fleck (1980): Entstehung und Entwicklung, S. 156–157.
38 Vgl. Fleck (1980): Entstehung und Entwicklung, S. 156–157.
39 Fleck (1980): Entstehung und Entwicklung, S. 147.
40 Fleck (1980): Entstehung und Entwicklung, S. 147.
41 Fleck (1980): Entstehung und Entwicklung, S. 156.
42 Vgl. Fleck (1980): Entstehung und Entwicklung, S. 156–157.
43 Fleck (1980): Entstehung und Entwicklung, S. 160.
44 Fleck (1980): Entstehung und Entwicklung, S. 160.

Blicken wir nun zurück auf die bereits angesprochenen Texte aus den 1920er Jahren, so sehen wir den Beitrag von Adolf Oswald als ein Beispiel für Flecks ‚Zeitschriftwissenschaft' – mit seiner Vorläufigkeit, dem Detailreichtum der Argumente und dem Verweis auf die im Detail mangelhafte Beweisbarkeit eines aus Sicht der wissenschaftlichen ‚Denkgemeinschaft' naheliegenden Phänomens. Daneben sehen wir in den Handbüchern eine bereits ganz deutliche Gewissheit und Allgemeingültigkeit der Annahme von Hormon-Psyche-Zusammenhängen. Sie steht für die denkkollektive Entscheidung, diesen zwar im Detail schwer wissenschaftlich zu belegenden, jedoch aus Sicht des Kollektivs naheliegenden Zusammenhang als tatsächlich zu akzeptieren und damit die Grundlage für weitere Forschungen in diese Richtung zu legen. Sehr vorläufiges Wissen hat somit bereits hier den Status der Gewissheit erlangt, ohne im Detail belegt worden zu sein.

Nun folgt ein weiterer Schritt in der Fleck'schen Argumentation: Der ‚esoterische Kreis' der Fachwissenschaft liege eingebettet in einen „exoterischen Kreis" – den Kreis der „gebildeten Dilettanten", womit bei Fleck Angehörige der wissenschaftlichen ‚Denkgemeinschaft' gemeint sind, die im Hinblick auf eine bestimmte Fragestellung keine Fachleute sind, sowie alle Individuen, die am Gedankenaustausch rund um die Fragestellung teilnehmen, aber keine Wissenschaft betreiben.[45] Das Wissen, das in dieser Sphäre des exoterischen Kreises kursiert, bezeichnet Fleck als „populäre Wissenschaft".[46] Als seine zentralen Charakteristika nennt er: „Gewissheit, Einfachheit und Anschaulichkeit".[47] Anders als in einer unilinearen Konzeption von Populärwissenschaft als bloße Vereinfachung und neutrale Darstellung komplexer wissenschaftlicher Inhalte für LaiInnen, betont Fleck die Relevanz ‚populärer Wissenschaft' für die wissenschaftliche Wissensproduktion und schreibt:

> Da populäre Wissenschaft den größten Teil der Wissensgebiete eines jeden Menschen versorgt, da ihr auch der exakteste Fachmann viele Begriffe, viele Vergleiche und seine allgemeinen Anschauungen verdankt, ist sie allgemeinwirkender Faktor jedes Erkennens und muß als erkenntnistheoretisches Problem gelten.[48]

Wieder mit Blick auf das Quellenmaterial aus den 1920er Jahren erkennen wir in den populärwissenschaftlichen Beiträgen über Hormone, wie der schon in der ‚Handbuchwissenschaft' als Tatsache definierte grundlegende Zusammenhang

---

45 Fleck (1980): Entstehung und Entwicklung, S. 147–148.
46 Fleck (1980): Entstehung und Entwicklung, S. 148.
47 Fleck (1980): Entstehung und Entwicklung, S. 152.
48 Fleck (1980): Entstehung und Entwicklung, S. 148–149.

zwischen Hormonen und der menschlichen Psyche weitere Verfestigung erfährt, indem er an einfachen und konkreten Beispielen veranschaulicht wird und damit noch mehr zu so etwas wie ‚Wirklichkeit' avanciert. Es ist dieses Wissen, das laut Fleck „die spezifische öffentliche Meinung und die Weltanschauung [bildet]", und aus dem auch die Fachleute viele ihrer Begriffe und ihrer grundlegenden Überzeugungen beziehen.[49] Diese Aussage Flecks ist zentral, da sie betont, dass die ‚Gedankenwanderung' keineswegs unilinear aus den inneren Kreisen der Wissenschaft nach außen verläuft. Stattdessen gibt es laut Fleck eine stete Zirkulation von Gedanken zwischen allen Sphären. Entsprechend ist auch jede spezielle Fachperson in dieser Logik hinsichtlich aller außerhalb ihrer fachspezifischen Tätigkeit liegenden Aspekte Teil von einer der anderen Sphären und nimmt Wissen aus diesen Bereichen auf. Konkret erfolgt die Übertragung von Gedanken aus den ‚populären' Wissensbeständen in die innersten Kreise der wissenschaftlichen ‚Denkgemeinschaft' bei Fleck beispielsweise, wenn sogenannte „Urideen" oder auch „Präideen" in den Prozess der Wissensproduktion im ‚esoterischen Kreis' einfließen.[50] Mit den Worten der Soziologin Ruth Müller ist die Fleck'sche ‚Präidee' „eine Idee, die forschungsgenerierend wirkt, gleichzeitig aber oft unhinterfragte Annahmen enthält, die in einer bestimmten ‚Denkgemeinschaft' zu einem bestimmten historischen Zeitpunkt als gegeben gelten."[51] Eine solche ‚Präidee' im frühen Diskurs um Hormone und Psyche war die Verortung von psycho-physischer Weiblichkeit und Männlichkeit in den Keimdrüsen. Diese Vorstellung fand in der jungen Endokrinologie Anklang und regte ‚Gedankenwanderungen' an, aus denen verschiedene ‚hormonelle Tatsachen' auf teils sehr dünner wissenschaftlicher Grundlage hervorgingen. Dabei vermischte sich ebenso tradiertes wie fragwürdiges vor-wissenschaftliches Wissen mit bereits anerkannten Wissensbeständen der noch jungen Hormonlehre und etablierte sich in dieser amalgamierten Form als orthodoxes allgemein anerkanntes Wissen. Dies soll im Folgenden vor dem Hintergrund der soeben dargelegten erkenntnistheoretischen Überlegungen Ludwik Flecks und am Fallbeispiel einer ‚Gedankenwanderung' rund um die Theorie des hormonellen Mutterinstinkts im deutschsprachigen Raum in der ersten Hälfte des 20. Jahrhunderts vertieft betrachtet werden.

---

49 Fleck (1980): Entstehung und Entwicklung, S. 150.

50 Fleck (1980): Entstehung und Entwicklung, S. 35.

51 Ruth Müller: Biomedizin und Geschlecht. Annäherung an ein Verhältnis aus der Perspektive der Wissenschafts- und Technikforschung. In: Geschlecht und Gesundheit. Hg. von Ulrich M. Gassner, Julia von Hayek, Alexandra Manzei und Florian Steger. Baden-Baden: Nomos 2018, S. 101.

3 Der hormonelle Mutterinstinkt – eine ‚Gedankenwanderung'

Wie bereits dargelegt, spielten die Keimdrüsen und die in ihnen verorteten binär konzipierten Sexualhormone eine prominente Rolle in der jungen Endokrinologie. Sie wurden insbesondere in den ersten drei Dekaden des 20. Jahrhunderts zu einer enormen Projektionsfläche für politische und soziokulturelle Belange.[52] Zugleich waren sie Wissensobjekte, in deren Konstruktion wie in wohl kaum einem anderen Bereich der Endokrinologie längst tradierte kulturelle Vorstellungen eingeflossen sind.[53] Die Entdeckung vermeintlich ‚weiblicher' und ‚männlicher' Hormone in den Keimdrüsen befeuerte nicht nur eine neuartige Essentialisierung der um die Wende zum 20. Jahrhundert erodierenden dichotomen Geschlechterordnung, sondern barg auch das Potential ihrer pharmakologischen Wiederherstellung.[54] Obgleich gerade die zumindest theoretische Möglichkeit der willkürlichen Umwandlung von Geschlecht durch Hormonbehandlung auch die Befreiung von der alten Geschlechterordnung implizierte, zeigt die binäre Konzeption der Keimdrüsenhormone als ‚männliche' und ‚weibliche' Hormone eine bis heute anhaltende Beharrungstendenz.[55] Daran konnten auch Ergebnisse aus biochemischen Untersuchungen der 1930er Jahre, die das Vorkommen und die physiologische Relevanz von ‚weiblichen' wie ‚männlichen' Sexualhormonen in beiden Geschlechtern postulierten, kaum etwas ändern.[56] Die geschlechtsbinäre Hormonisierung betraf dabei wie bereits dargelegt nicht nur physische Merkmale, sondern brachte auch die Theorie der hormonellen Bedingtheit einer typisch ‚männlichen' und ‚weiblichen' Psyche hervor. Entsprechend war die hormonelle Ausdeutung des Mutterinstinkts, der schon lange vor dem Aufkommen der Endokrinologie als naturgegebenes weibliches Repertoire an Verhaltens- und Emotionsreaktionen konzipiert wurde,[57] durchaus naheliegend. Das Besondere aus wissenshistorischer Perspektive besteht also nicht in der Beobachtung, *dass* auch dieser Aspekt in der ersten Hälfte des 20. Jahrhunderts hormonell gedeutet wurde, sondern darin, *wie* dies

52 Vgl. Celia Roberts: Messengers of Sex. Hormones, Biomedicine and Feminism. Cambridge: Cambridge University Press 2007.

53 Vgl. Oudshoorn (1994): Beyond the Natural Body.

54 Vgl. Stoff (2003): Degenerierte Nervenkörper.

55 Vgl. Christina Ratmoko: Damit die Chemie stimmt. Die Anfänge der industriellen Herstellung von weiblichen und männlichen Sexualhormonen 1914–1938. Zürich: Chronos 2010, S. 257.

56 Ratmoko (2010): Damit die Chemie stimmt, S. 257.

57 Ausführlich zur Kulturgeschichte der Mütterlichkeit siehe z.B. Yvonne Schütze: Die gute Mutter. Zur Geschichte des normativen Musters ‚Mutterliebe'. Bielefeld: Kleine 1986.

geschah.[58] Denn gerade die Anknüpfung an kulturell tradierte ‚Präideen' – so meine These – ermöglichte die rasche Verbreitung und Verfestigung dieser endokrinologisch argumentierenden Theorie, trotz einer höchst mangelhaften wissenschaftlichen Beweislage. Das Aufkommen und die Verbreitung der Theorie des hormonellen Mutterinstinkts ist ein besonders einprägsames Fallbeispiel zur Veranschaulichung der Fleck'schen Erkenntnistheorie und soll im Folgenden entlang der ‚Gedankenwanderung' einer Geschichte – der Geschichte von der Rhesusäffin und dem Meerschweinchen – rekonstruiert werden.

Diese ‚Gedankenwanderung' beginnt im Jahr 1929 mit einer Randbemerkung des deutschen Endokrinologen Karl Ehrhardt in einem Artikel zur Verbesserung eines der ersten hormonellen Schwangerschaftstests – der sogenannten Aschheim-Zondek-Reaktion.[59] Der Test basierte auf dem Nachweis eines in der Hypophyse gebildeten Hormons im Urin von Schwangeren.[60] Es wurde angenommen, dass dieses Hormon die Produktion der Keimdrüsenhormone aktivierte und betrachtete es deshalb als eine Art übergeordnetes Sexualhormon.[61] Ehrhardt berichtete in seiner Publikation von einer ganzen Reihe an Tierexperimenten, in denen er erfolglos versucht haben soll, den Schwangerschaftstest zu optimieren und zu beschleunigen.[62] Dazu experimentierte er mit einem pharmaindustriell hergestellten Hormonpräparat, das er als „Prähormon" bezeichnete.[63] Diese Publikation enthielt mehrere Abbildungen mit ausführlichen Kommentaren, die in keinem direkten Zusammenhang mit dem Haupttext standen und laut Ehrhardt weitere Effekte des ‚Prähormons'

58 Lisa Malich verweist zudem auf das zu dieser Zeit zunehmende Aufkommen eines „Mutterkultes" im deutschsprachigen Raum, der ebenfalls eine verstärkende Rolle für der Verbreitung und Popularisierung des Diskurses um den hormonellen Mutterinstinkt gespielt haben kann. Vgl. Lisa Malich: Von Frauen und Vögeln. Zur Wissensgeschichte des Nestbauinstinkts. In: Popularisierungen von Geschlechterwissen seit der Vormoderne. Konzepte und Analysen. Hg. von Muriel González Athenas und Falko Schnicke (= Historische Zeitschrift, Beihefte, 79). Berlin, Boston: De Gruyter Oldenbourg 2020, S. 239–268, hier S. 256.

59 Karl Ehrhardt: Beitrag zur Hypophysen-Vorderlappen-Reaktion unter besonderer Berücksichtigung der Aschheim-Zondekschen Schwangerschaftsreaktion. In: Klinische Wochenschrift 8/44 (1929), S. 2044–2047.

60 Ausführlich dazu in Andreas Jüttemann: Auf dem Weg zum Schwangerschaftstest. Das Laboratorium der II. Gynäkologischen Universitätsklinik unter Selmar Aschheim und Bernhard Zondek. Hg. von Thomas Beddies und Heinz-Peter Schmiedebach. Berlin-Brandenburg: be.bra, 2020.

61 Vgl. Anne Fausto-Sterling: Sexing the Body. Gender Politics and the Construction of Sexuality. New York: Basic Books 2000, S. 164–169.

62 Ehrhardt (1929): Beitrag zur Hypophysen-Vorderlappen-Reaktion, S. 2044–2046.

63 Ehrhardt (1929): Beitrag zur Hypophysen-Vorderlappen-Reaktion, S. 2046.

abbilden sollten.[64] Unter anderem veröffentlichte er darin eine Photographie einer Rhesusäffin mit folgendem Kommentar:

Abb. 8.2
Ehrhardt (1929): Beitrag zur Hypophysen-Vorderlappen-Reaktion, S. 2045.

> Durch langdauernde Prähormonbehandlung konnte bei Rhesusaffen Vergrößerung des Uterus und der Brustdrüsen erzielt werden. [...] Auffällig war die Beobachtung, daß eine mit Prähormon behandelte Rhesusäffin ein neugeborenes Meerschweinchen, das im gleichen Käfig zur Welt kam, adoptierte, wie zum Säugen anlegte, beständig mit sich herumtrug und gegen alle Angriffe der übrigen Stallgefährten zu schützen wußte. Ob dieser plötzlich erwachte Mutterinstinkt gegenüber einer fremden Tierart, der bei dem Tier vorher nie beobachtet werden konnte, mit den durch die Behandlung ausgelösten Veränderungen (Vergrößerung der Brustdrüsen und des Uterus) in Zusammenhang zu bringen ist, was eine an sich naheliegende Annahme wäre, muß dahingestellt bleiben. Für diese Annahme spricht allerdings die Tatsache, daß das Tier später, nach doppelseitiger Ovarektomie [Keimdrüsenentfernung], sich fast nicht mehr um seinen ehemaligen Schützling kümmerte und es schließlich geschehen ließ, daß derselbe von einem anderen Rhesusaffen getötet wurde.[65]

Alle Charakteristika der Fleck'schen ‚Zeitschriftwissenschaft' aufweisend, berichtete Ehrhardt hier von einer einmaligen und zufälligen Verhaltensbeobachtung am Rande seiner nicht verhaltensexperimentell ausgelegten Versuchsreihe. Unter Betonung der Unsicherheit und Vorläufigkeit dieser Annahme sprach er die Vermutung aus, das von ihm beobachtete Verhalten der Rhesusäffin könnte auf durch Hypophysen-Hormon ausgelöste psychophysische Veränderungen zurückführbar sein und deutete dieses Verhalten als hormonell ausgelösten Mutterinstinkt. Ehrhardts vage formulierte These stand im Einklang mit Erkenntnissen aus tierexperimenteller Forschung dieser Zeit,

64 Vgl. Ehrhardt (1929): Beitrag zur Hypophysen-Vorderlappen-Reaktion, S. 2044–2045.
65 Ehrhardt (1929): Beitrag zur Hypophysen-Vorderlappen-Reaktion, S. 2045.

weil dort bereits erste Zusammenhänge zwischen Keimdrüsenhormonen und dem Brutpflegeverhalten bei Nagetieren und Vögeln postuliert wurden.[66] Die Überführung der Idee des hormonellen Mutterinstinkts in Tatsachenwissen und die Übertragung ihrer Gültigkeit auf Menschen erfolgte in den Folgejahren jedoch zunächst nicht im Rahmen systematischer experimenteller Überprüfung, sondern im Rahmen ihrer Rezeption in populärwissenschaftlichen Publikationen.

Eine erste Erwähnung erschien im fünften Band der damals vielgelesenen populärwissenschaftlichen Buchreihe von Dr. Fritz Kahn mit dem Titel *Das Leben des Menschen* aus dem Jahr 1931. In einem 80-seitigen Kapitel über die Geschlechtsorgane rezipierte Kahn die wichtigsten Ergebnisse der Sexualhormonforschung der zurückliegenden drei Jahrzehnte. Er schrieb: „Mütterlichkeit ist, wie man in der Tierwelt überall beobachten kann, eine hormonale Angelegenheit."[67] Dies sei bereits experimentell belegt, was Kahn am Beispiel von Ehrhardts einmaliger Beobachtung illustrierte.[68] Er übernahm Ehrhardts Abbildung und kommentierte:

> Um die in ihr erwachte Mutterliebe zu befriedigen, nahm sie einem Meerschweinchen, das in demselben Käfig gehalten wurde, ein Junges fort, trug es ständig mit sich herum und schützte es gegen Angriffe der Stallgefährten. Unter dem Übermaß von Hormonen entwickelte dieses Tier eine Mutterliebe, wie sie in diesem Ausmaß an normalen Weibchen nie beobachtet wird. Als man der Äffin beide Eierstöcke nahm, erloschen ihre weiblichen Instinkte. Sie kümmerte sich nicht mehr um ihr Adoptivkind und sah, da das Gefühl in ihr Erloschen war, gelassen zu, wie es von einem anderen Affen getötet wurde.[69]

Noch weitgehend nahe an den Originalformulierungen Ehrhardts, erzählte Kahn hier doch eine wesentlich dramatischere Geschichte und wählte Begriffe wie ‚Mutterliebe' und ‚Adoptivkind', die eindeutig dem Wortschatz menschlichen Sozialverhaltens entstammten. Allem voran aber nutzte er Ehrhardts Fallbeispiel als vermeintlichen verhaltensexperimentellen Beleg für eine Vorstellung, die laut seiner Formulierung längst augenscheinliche Evidenz besaß. Als Paradebeispiel für in Fleck'schem Sinne ‚populäre Wissenschaft' erscheint das Konzept des hormonellen Mutterinstinkts hier als anschaulich dargelegte, gefestigte und allgemein anerkannte Tatsache.

---

66 Vgl. Frank A. Beach: Historical Origins of Modern Research on Hormones and Behavior. In: Hormones and Behavior 15/ 4 (1981), S. 326; 336.

67 Fritz Kahn: Das Leben des Menschen. Band V. Stuttgart: Franckh'sche Verlagshandlung 1931, S. 226.

68 Kahn (1931): Das Leben des Menschen, S. 226–227.

69 Kahn (1931): Das Leben des Menschen, S. 227.

Das Aufgreifen von Karl Ehrhardts zufälliger Verhaltensbeobachtung an der Rhesusäffin in populären Darstellungen war keineswegs ein Einzelfall, sondern sie kursierte vermehrt in populärwissenschaftlichen Publikationen der 1930er und hielt sich bis in die 1970er Jahre.[70] Ein besonders einprägsames Beispiel für die Transformation von Gedanken aus dem inneren Kreis der Wissenschaft beim Übertritt in die Sphäre der ‚populären Wissenschaft' nach Ludwik Fleck findet sich in einem populärwissenschaftlichen Band im Jahr 1963, worin der Autor die einmalige kuriose Beobachtung Ehrhardts als Beobachtung im Rahmen systematischer Verhaltensexperimente inszenierte:

> [...] So wurde z.B. jungfräulichen Affenweibchen das [...] Hormon des Hypophysenvorderlappens eingespritzt [...]. Die Affenmädchen nahmen daraufhin den im gleichen Zwinger gehaltenen Meerschweinchen die Jungen weg, liebkosten sie, trugen sie wie echte Affenmütter mit sich herum, fütterten und schützten sie. Die Mutterliebe stammte hier also ‚aus der Retorte' [...]. Ähnliches läßt sich oft auch bei der Menschenmutter beobachten. Manche junge Frau, die zunächst keine Kinder haben möchte, um ihr ‚Leben zu genießen' oder sich nicht die Figur zu verderben, ändert ihre Einstellung, sobald das Kind dann trotzdem unterwegs ist [...]. Das zeigt, daß auch beim Menschen mit Hormonen nicht nur körperliche, sondern auch seelische Zustände reguliert werden können.[71]

Da sich keine wissenschaftlichen Publikationen finden lassen, die solche Experimente belegen würden, liegt die Annahme nahe, dass es sich auch hierbei um einen erneuten Widerhall der Publikation Karl Ehrhardts aus dem Jahr 1929 handelt. Zugleich wird besonders deutlich, wie tradierte Annahmen oder auch ‚Präideen', sich mit wissenschaftlicher Forschung vermischen können und wie wenig wissenschaftliche Evidenz erforderlich sein kann, um neue Wissensinhalte zu plausibilisieren und zu stabilisieren.

Richten wir den Blick noch einmal zurück auf die 1930er Jahre und die innerwissenschaftlichen Ereignisse in der Endokrinologie dieser Zeit, so beobachten wir eine weitere Transformation – nun im Sinne einer Materialisierung der Vorstellung vom hormonellen Mutterinstinkt – sowie eine interessante daran anschließende Rezeption innerhalb der deutschsprachigen Psychiatrie. Im Jahr 1935 berichtete der US-amerikanische Biologe Oscar Riddle von

---

70 Siehe etwa [Anonym]: Mutterinstinkt durch Hormone. In: Kosmos – Handweiser für Naturfreunde 29 (5) 1932, S. 182; Hermann Giersberg: Verständliche Wissenschaft Bd. 32 – Hormone. Berlin, Springer, 1943, S. 96; Gerhard Venzmer: Deine Hormone – Dein Schicksal? Von den Treibstoffen des Lebens. Stuttgart: Franckh'sche Verlagshandlung 1933, S. 175; Gerhard Venzmer: Das Phänomen der Hormone. Wirkkräfte des Lebens. Düsseldorf, Wien: Econ 1971, S. 52–53.

71 Helmuth M. Böttcher: Das Hormonbuch. Die Geschichte der Hormonforschung. Köln, Berlin: Kiepenheuer 1963, S. 576.

Verhaltensexperimenten an Ratten, in denen er unterschiedliche hormonelle Substanzen aus der Hypophyse getestet hatte.[72] Eine dieser Substanzen – das Hormon Prolaktin – sollte in seinen Beobachtungen ein Verhalten bei jungfräulichen weiblichen Versuchstieren ausgelöst haben, das Riddle als „maternal instinct" bezeichnete.[73] Mit dieser Publikation materialisierte sich die bereits kursierende Idee des hormonell ausgelösten Mutterinstinkts in einem konkreten Hormon. Das Hormon Prolaktin avancierte dadurch zum Hormon der Mütterlichkeit und wurde in dieser Rolle in den 1940er Jahren auch zum Gegenstand psychiatrischer Diskurse.

Der Züricher Psychiater Edwin Blickenstorfer berichtete im Zeitraum zwischen 1949 und 1953 von mehreren Fällen pathologischer psychischer ‚Vermütterlichung' von männlichen Patienten.[74] Er brachte diese in Zusammenhang mit einer Erkrankung der Hypophyse und konkret mit einer Überproduktion des auch bei Männern natürlich vorkommenden Hormons Prolaktin.[75] Die psychiatrischen Fallberichte in Blickenstorfers Veröffentlichungen lesen sich nahezu karikaturhaft. Er beschrieb seine Patienten vor ihrer Erkrankung als vor klischeehafter Männlichkeit strotzende Individuen, die diese Männlichkeit aus zunächst unklaren Gründen einbüßten und dabei einerseits zunehmend die klassischen Symptome einer Akromegalie entwickelten – also einer meist tumorbedingten Überfunktion der Hypophyse, bei der sich Organe und die äußeren Körperteile vergrößern bzw. ‚verplumpen'. Andererseits haben sie laut Blickenstorfer ein Sozialverhalten gezeigt, das der Psychiater als pathologische ‚Vermütterlichung' bezeichnete und als „*Folgeerscheinung weiblich-mütterlicher Hormonverhältnisse*" interpretierte.[76] So habe beispielsweise ein Polizeibeamter, der vor seiner Erkrankung eine „hart zu nennende Männlichkeit" besaß, plötzlich Haushaltsbücher gelesen, beteiligte sich mit Freude an der Hausarbeit und sehnte sich so sehr nach Kindern, dass er „entgegen dem Wunsch seiner Frau" zunächst zwei fremde Kleinkinder zur Pflege

72 Oscar Riddle: Aspects and Implications of the Hormonal Control of the Maternal Instinct. In: Proceedings of the American Philosophical Society 75/6 (1935), 521–525.

73 Riddle (1935): Aspects and Implications, S. 521.

74 Edwin Blickenstorfer: Mutterinstinkte bei einem Manne mit krankhafter Bildung von lactotropem Hypophysenhormon. In: Archiv für Psychiatrie und Zeitschrift Neurologie 182 (1949), S. 536–542; Edwin Blickenstorfer,: Neugestaltung kranken Daseins unter dem Einfluß der Mutterschaftshormone. In: Psyche. Zeitschrift für Psychoanalyse und ihre Anwendungen 6/6 (1952), S. 321–335. Edwin Blickenstorfer: Genealogie und Psychopathologie bei 51 Akromegalen. In: Acta Endocrinologica 13 (1953), S. 123–137.

75 Vgl. Blickenstorfer (1949): Mutterinstinkte, S. 541.

76 Blickenstorfer (1952): Neugestaltung, S. 329 (Hervorhebung im Original).

aufgenommen haben soll.[77] Dank Sexualhormontherapie gelang es ihm anschließend, ein eigenes Kind zu zeugen, um das er sich laut Blickenstorfers Fallbericht „in ‚fraulich-mütterlicher Art'" kümmerte und das er „sogar selber" trockenlegte.[78] Der Fall des Polizisten deutete aus Sicht des Psychiaters darauf hin, *„daß auch bei Menschen – unabhängig vom Geschlecht – das Prolactin* [...] *bei der Entstehung der Mutterschaftstriebe und der mütterlichen Einstellung eine Rolle zu spielen scheinen."*[79]

Diese exemplarische und bewusst hypothetische Rekonstruktion der ‚Gedankenwanderung' der Vorstellung des hormonellen Mutterinstinkts sollte verdeutlichen, wie soziokulturell präformierte Annahmen – in diesem Fall naturalisierende Konzepte geschlechtsspezifischen Verhaltens – Prozesse der Erkenntnisproduktion in wissenschaftlichen Fachkreisen prägen können. Obwohl das Vorkommen des Hormons Prolaktin, ebenso wie der Keimdrüsenhormone, bei beiden Geschlechtern postuliert wurde, etablierte es sich zu keiner Zeit als geschlechtsneutrales Hormon der ‚Elterlichkeit' oder etwa ‚Fürsorge'. So lässt sich auch in der Geschichte der Endokrinologie der ersten Hälfte des 20. Jahrhunderts kein Abrücken von der Naturalisierung der geschlechtlichen Dichotomie beobachten.[80] Vielmehr zeigt sich die Übertragung von kulturell tief verankerten vor-wissenschaftlichen Konzepten auf neue Forschungsobjekte, die diese Dichotomie zusätzlich stabilisierten, indem sie zum Beispiel in Form neuer – und streng wissenschaftlich gesehen kaum bewiesener – psychoendokriner Theorien in den Kanon orthodoxen Wissens aufgenommen wurden.

4 Zusammenfassung und Schlussbemerkung

Der Rückgriff auf das erkenntnistheoretische Analyseinstrumentarium von Ludwik Fleck bei der Analyse der Entstehung psychoendokriner Theorien in der ersten Hälfte des 20. Jahrhunderts sollte verdeutlichen, dass wissenschaftliches Wissen sich kaum in einem Vakuum des akademischen Erkenntnisgewinns formiert. Es wurde gezeigt, dass die Vorstellung einer engen Interdependenz zwischen Hormonen und der menschlichen Psyche sich in

77 Blickenstorfer (1949): Mutterinstinkte, S. 540.

78 Blickenstorfer (1949): Mutterinstinkte, S. 539–540.

79 Blickenstorfer (1949): Mutterinstinkte, S. 541 (Hervorhebung im Original).

80 Ausführlich dazu in Heinz-Jürgen Voß: Auslöschung von Ambiguität. Von der Suche nach geschlechtlicher ‚Eindeutigkeit' und ihrer Durchsetzung. In: Gender überall!? Beiträge zur interdisziplinären Geschlechterforschung. Hg. von Astrid Fellner, Anne Conrad und Jennifer Moos. St. Ingbert: Röhrig Universitätsverlag 2014, S. 223–238.

der frühen Phase der Endokrinologie weniger aus wissenschaftlicher Evidenz speiste, sondern vielmehr im Rahmen eines regen Gedankentransfers zwischen Fachwissenschaft, ihrer Peripherie und der Öffentlichkeit verfertigt wurde, an gesellschaftliche Problematisierungen gekoppelt war und sich abseits streng wissenschaftlicher Beweisführung verfestigen konnte. Am Fallbeispiel des Diskurses um den hormonellen Mutterinstinkt im Zeitraum zwischen den 1920er und 1950er Jahren im deutschsprachigen Raum wurde exemplarisch skizziert, wie das tradierte essentialistische Konzept des weiblichen Mutterinstinkts als ‚Präidee' die Deutung einer kuriosen Einzelbeobachtung im Rahmen der Forschung des Endokrinologen Karl Ehrhardt in den 1920er Jahren prägte. Ehrhardt sprach eine vage These aus, die im Einklang mit der grundlegenden Überzeugung der wissenschaftlichen Gemeinschaft seiner Zeit stand, Hormone hätten einen regulativen Einfluss auf die Psyche: Er formulierte die These der hormonellen Regulation des Mutterinstinkts. Mit Fleck verbanden sich hier also Fragmente ‚populärer Wissenschaft' mit rezentem ‚Handbuchwissen' zu einer Theorie, die zunächst in Form von ‚Zeitschriftenwissen' – und demnach vorläufig und offenkundig unbewiesen – auf eine ‚Gedankenwanderung' ging. Durch ihr Aufgreifen in Fritz Kahns populärwissenschaftlichem Werk *Das Leben des Menschen*, aber auch in anderen populärwissenschaftlichen Darstellungen, wanderte die Theorie des hormonellen Mutterinstinkts Anfang der 1930er Jahre in den Bereich der ‚populären Wissenschaft' ein und erfuhr dort eine Transformation im Sinne der Veranschaulichung und Verfestigung als Tatsachenwissen. Parallel dazu beeinflusste die ‚Präidee' des natürlich gegebenen weiblichen Mutterinstinkts sowie die grundsätzliche Annahme eines regulativen Zusammenhangs zwischen Hormonen und der Psyche auch die Forschung des Biologen Oscar Riddle. Im Anschluss an dessen Untersuchungen an Ratten materialisierte sich die Vorstellung der hormonellen Regulation des Mutterinstinkts Mitte der 1930er Jahre in dem Hormon Prolaktin. Die Theorie des durch Prolaktin hervorgerufenen Mutterinstinkts wiederum wurde innerhalb der deutschsprachigen Psychiatrie in den 1940er Jahren rezipiert und wanderte somit aus dem inneren Kreis der Fachleute für laborexperimentelle Endokrinologie in einen anderen Fachkreis – den der klinischen Psychiatrie. Dort wurde sie zur Grundlage für die Konzeption einer neuen psychiatrischen Diagnose – der pathologischen ‚Vermütterlichung' von Männern durch eine vermutete Prolaktin-Überfunktion.

Getragen von gesellschaftlich tradierten Vorstellungen einer biologisch fixierten Binarität der Geschlechter verfestigten sich in der ersten Hälfte des 20. Jahrhunderts neue Theorien über die Bedeutung von Hormonen für komplexe psychische Phänomene und avancierten zu weithin anerkannten Tatsachen, obwohl es an streng wissenschaftlichen Belegen dafür mangelte.

Wohlwissend, dass die hier entlang von Ludwik Flecks Überlegungen zum ‚intra- und interkollektiven Denk-Verkehr' dargestellte ‚Gedankenwanderung' lediglich eine hypothetische und stark vereinfachte Rekonstruktion der tatsächlichen Ereignisse sein kann, sollten Überzeugungskräfte hervorgehoben werden, die abseits aktiver und bewusster Legitimationsarbeit am Werk sein können, wenn neues und heterodoxes Wissen zu orthodoxem Wissen wird.

Kritisch-rationale Rekonstruktionen heterodoxer Denkfiguren

Luis Emilio López Maytorena, Svana Stemmler

1 Einführung

Die Phase der Covid-19-Pandemie und die Debatten über den Umgang damit, die sich vielfach in virtuellen Räumen zugetragen haben, haben eine reiche Quellenlage zur Untersuchung typischer Argumente hervorgebracht, die in diesem Kontext Verwendung finden. Wir haben Denkfiguren aus einer Reihe von Facebook-Seiten, Telegram-Kanälen und Kommentarspalten in anderen sozialen Netzwerken kritisch analysiert und daraus Argumente rekonstruiert. Diese Ergebnisse unserer Arbeit werden im zweiten Teil unseres Beitrags präsentiert. Zunächst aber möchten wir im ersten eine Reflexion voranschicken, die den Status unserer Überlegungen betrifft und die wissenschaftsphilosophischen Folgerungen daraus zieht. Denn eine kritische Rekonstruktion heterodoxer Denkfiguren aus einer argumentationstheoretischen Perspektive zu unternehmen, ist nicht unbedingt selbstverständlich. Wir möchten daher mit der Darstellung von drei Bedenken anfangen. Deren Bewältigung eignet sich deshalb gut als Einführung, weil sie für die Form – eine Art Kompromissbildung –, welche die hier präsentierten Rekonstruktionen letztlich angenommen haben, maßgeblich war.

Das erste Bedenken, das gegen eine *rationale* Rekonstruktion angeführt werden könnte, ist, dass man, wenn man seine Aufgabe zu gründlich erfüllt, solche Diskurse legitimieren könnte, indem man ihnen einen rationaleren Charakter verleiht, als man ihnen eigentlich zusprechen will.[1] Eine solche Argumentationslinie ist nicht unsinnig. Nicht nur, weil es sinnvoll sein kann, solchen ‚irrationalen' Denkformen keine Bühne geben zu wollen, oder

1 Vor allem in einem (geo)politischen Klima, das zunehmend von manichäischen Dichotomien geprägt ist, wäre es jedoch unerlässlich, einen Weg zu finden, der die Motive (des Denkens) des ‚Anderen' rational erklärt, ohne dass dies als eine Rechtfertigung angesehen wird. Um die Jahrtausendwende, v.a. im Anschluss an George W. Bushs ‚Krieg gegen den Terror', entstand eine Reihe von Analysen zu diesem Problem, das mit der Moralisierung des politischen Diskurses zu tun hat, die für die Überlegungen dieses Aufsatzes wichtig gewesen sind. Vgl. Jodi Dean: Democracy and Other Neoliberal Fantasies. Durham, London: Duke University Press 2009, bes. Kap 4 u. 6 und Samuel Weber: Targets of Opportunity. On the Militarization of Thought. New York: Fordham University Press 2005.

im Allgemeinen zu sehr beim Negativen zu verweilen,[2] sondern auch und vor allem, weil man mit Recht sagen könnte, dass ohne die Annahme, dass mit diesen Argumentationsweisen etwas nicht stimme, das Motiv fehlen würde, sie kritisch zu hinterfragen. Und in der Tat, wie Michael Butter über Verschwörungstheorien – eine Art von Diskurs, der exemplarisch für die Konzeption von ‚heterodoxen Diskursen' ist, mit der wir hier arbeiten[3] – schreibt,

2 Bekannt ist die Tatsache, dass viele Argumente der Sophisten nur dadurch zu uns gelangt sind, weil sie – kritisiert – in ‚orthodoxeren' Texten der Tradition auftauchen. Vgl. Barbara Cassin: L'Effet Sophistique. Paris: Gallimard 1995, bes. Einleitung u. Kapitel 1. In wissenschaftstheoretischer und -historischer Hinsicht hat Isabelle Stengers die machtpolitischen Gründe und die weitreichenden Folgen kritisch beleuchtet, die sich aus der Herrschaft eines Bildes der Wissenschaft ergeben, wonach diese eine universelle Methode bereitstellt, die es ihr ermöglichen würde, jede andere Wissensform, die dem Urteil ihres ‚Gerichtshofs' (Kant) nicht standhält, zu disqualifizieren, bzw. als Scharlatanerie zu entlarven, usw. Vgl. Isabelle Stengers: Die Erfindung der Modernen Wissenschaft. Frankfurt, New York: Campus 1997, Kap. 1 u. 2; Dies., „The Doctor and the Charlatan", in: Cultural Studies Review, 9/2 (2003), S. 11–36; Isabelle Stengers und Léon Chertok: L'hypnose, blessure narcissique. Paris: Les Empêcheurs du penser en rond 1999, *passim*.

3 Diese Arbeitsdefinition von ‚heterodoxen Diskursen', die pseudo- oder parawissenschaftliche und esoterische Diskurse miteinschließt, und die auf dem ersten Blick vielleicht zu weit gefasst oder unpräzise erscheinen mag, leitete das WIN-Projekt ‚Heterodoxien' der Heidelberger Akademie der Wissenschaften. Über zwei Dinge sind sich die meisten Experten jedoch einig. Erstens, dass die Beziehung zwischen esoterischen und konspirativen Diskursen, die das Konzept der ‚Konspiritualität' belegen würde, eine charakteristische Eigenschaft des sog. ‚kultischen Milieus' sind; und zweitens, dass einer der Grundfaktoren, die dieser Beziehung zugrunde liegen, gerade das Vorhandensein eines kollektiven Selbstbewusstseins solcher Diskurse ist, eine vermeintlich heterodoxe Position zu vertreten. In diesem Sinne lässt sich sogar feststellen, dass, entgegen der Annahme mancher Studien, ‚Konspiritualität' nicht einmal ein erst gegenwärtiges Phänomen darstellt, sondern gewissermaßen ‚von Anfang an' da war. Vgl. Colin Campbell: „The Cult, the Cultic Milieu and Secularization", In: A Sociological Yearbook of Religion in Britain 5 (1972), S. 119–136, Wouter J. Hanegraaff: New Age Religion and Western Culture. Esotericism in the Mirror of Secular Thought. Leiden, New York, Köln: Brill 1996, Egil Asprem und Asbjørn Dyrendal: Conspirituality Reconsidered: How Surprising and How New is the Confluence of Spirituality and Conspiracy Theory? In: Journal of Contemporary Religion 30/3 (2015), S. 367–382. Was der Beziehung dieser Begriffe (Heterodoxie, ‚Konspiritualität', usw.) zu den Para- oder Pseudowissenschaften, die möglicherweise eine ausführlichere Argumentation verdienen würde, als hier angebracht ist, angeht, so lässt sich diese dennoch relativ gut verstehen, wenn man v.a. Folgendes bedenkt. Da für moderne westliche Gesellschaften eine bestimmte Idee von ‚Wissenschaft' – trotz aller Diskreditierung – das epistemische Paradigma schlechthin darstellt, kann man bei allen anderen Wissensformen eine Tendenz beobachten, diese Idee nachzuahmen oder ihr so nahe wie möglich zu kommen. ‚Die Wissenschaft' hat sich also als eine Art Königsweg zur (nicht nur epistemischen) Legitimität konstituiert. Daraus folgt, dass ‚alternative' Wissensformen in ihrem Bestreben, ihre Legitimität zu erhöhen, dazu neigen, sich in ‚wissenschaftlichen' Formen zu präsentieren. Das bedeutet, dass sie also dazu neigen, sich nicht als heterodox zur Wissenschaft an sich, sondern als alternative Wissenschaften oder eben als heterodoxe

vertreten auch wir die Auffassung, dass eines der grundlegenden Merkmale solcher Diskurse, schlicht gesagt, ist, dass diese nach rationalen Kriterien „falsch sind".[4] Wie kann man also der Rationalität von Etwas gerecht werden, das man für falsch hält?

Wenn man jedoch – das zweite Bedenken – in dem gegenteiligen Eifer, ein solches kritisches Versprechen einzulösen, beschließt, einfach die Waffen einzusetzen, die die Argumentationstheorie typischerweise zur Verfügung stellt, indem man solche Diskurse *debunkt* (entlarvt), auf Trugschlüsse und andere kognitive Verzerrungen hinweist, so läuft man schnell in eine entgegengesetzte Gefahr. Wenn man eine zu enge oder formale Vorstellung der Argumentationstheorie oder der Logik hat, kommt es leicht vor, dass man die zu kritisierenden Aussagen auf eine Weise rekonstruiert, die dem Kontext, in dem sie erscheinen, einfach nicht gerecht werden. Die der formalen Logik oft vorgeworfene Weltfremdheit wird so gleichsam durch einen Überschuss an ‚falschen Positiven' überkompensiert, d.h. Fehlschlüsse werden entdeckt, wo nicht unbedingt solche vorliegen.[5] Kritischer Eifer kann hier schnell in eine Art überheblichen Spott umschlagen. Dadurch verliert aber die Logik ihren kritischen Impetus und verkommt selbst zu einem trügerischen Instrument, dessen Zweck dann eher darin besteht – als einer Art *confirmation bias* – uns über unsere eigene Vernünftigkeit zu vergewissern. Wichtig ist zu bemerken, dass der Mechanismus, durch den diese Selbstvergewisserung dann oft erlangt wird, in der problematischen Postulierung eines (radikal) Anderen besteht,

---

wissenschaftliche Theorien zu präsentieren. Vgl. zur paradigmatischen Rolle der Wissenschaft etwa Alan Chalmers: What Is This Thing Called Science? St. Lucia, Queensland: University of Queensland Press [4]2013 und Holm Tetens: Wissenschaftstheorie. Eine Einführung. München: C.H. Beck 2013; zur Kritik der ‚Einen' Wissenschaft und deren Nachahmungen vgl. die kurzen Polemiken von Peter Schneider: Follow the science? Ein Plädoyer gegen wissenschaftsphilosophische Verdummung und für wissenschaftliche Artenvielfalt. Berlin: Edition Tiamat 2020, und Alexander Bogner: Die Epistemisierung des Politischen. Wie die Macht des Wissens die Demokratie gefährdet. Stuttgart: Reclam 2021.

4 Michael Butter: „Nichts ist, wie es scheint". Über Verschwörungstheorien. Frankfurt a.M.: Suhrkamp 2018, S. 31.

5 Wie Ben Burgis feststellt: „If you test students on their ability to match up short passages in which some fallacy is definitely committed with a list of names of fallacies, many will do quite well. If you ask the same students to go out and find examples of fallacies being committed ‚in the wild' in opinion pieces and blog posts, many of the same students will turn up false positives. Any citation of expert opinion will be classified as Appeal to Authority. Any example of saying something mean will be classified as Ad Hominem. Even though a ‚fallacy' is by definition a way that an argument goes wrong so that the premises don't really support the conclusion, fallacy-happy students can somehow find ‚fallacies' even in passages in which no arguments are made." Vgl. Ben Burgis: Give Them an Argument. Logic For the Left. Winchester: Zero Books 2019.

d.h. eines Anderen, dessen Irrationalität so fundamental erscheint, dass sie nur empörte oder bestenfalls herablassende Fassungslosigkeit, wenn nicht gar Verachtung hervorrufen kann.[6]

Abgesehen nun von der Tatsache, dass diese Art der logisch-argumentativen Kommunikation genau die Subjekte befremden kann, an die sie doch implizit appelliert,[7] lassen sich mindestens zwei weitere negative Auswirkungen dieser Strategie feststellen. Die erste ist, dass, wie wir unten näher erläutern,[8] diese Art der disqualifizierenden oder exkommunizierenden Abstempelung die Strategie der heterodoxen Sprechakte verstärken kann, da diese sich selbst als eine Art von *Parrhesie* begreifen, d.h. als eine Handlung, die im Mut besteht, die Wahrheit, selbst angesichts persönlicher Gefährdung, zu sagen. Die zweite Auswirkung ist allgemeiner: Die Produktion eines radikalen Anderen lähmt letztlich die Fähigkeit zur kritischen Analyse. Denn sobald ein Anderer konstruiert wird, der der Rationalität per definitionem unzugänglich zu sein scheint, werden Bemühungen, sein Denken oder Verhalten mit rationalen Begriffen zu verstehen, unmöglich. An dieser Stelle tauchen dann oft jene pauschalen, allheilmittelartigen Erklärungen – und Anschuldigungen – über z.B. die angebliche Emotionalität, Infantilität, Narzissmus, Barbarei usw. des Anderen auf, die für die alltägliche Realität dieser Debatten so charakteristisch sind.[9]

Die Art von Schwierigkeiten, die in solchen Schriften oder öffentlichen Interventionen auftauchen, die *nolens volens* in eine *polemische Begegnung*[10] verwickelt sind, lassen sich zum Beispiel an einem grundlegenden methodischen Problem unserer eigenen Arbeit erkennen, das wir aus Gründen sowohl

6 Dieser radikal Andere nimmt dann oft die Figur des *Fanatikers* (bzw. des ‚Radikalen' oder ‚Extremisten') an. Wie sich geschichtlich zeigen lässt, fungiert diese Charakterisierung des Anderen als Fanatiker oft als Rechtfertigung für die Notwendigkeit eines *fanatischen Antifanatismus* als angeblich einzig möglichem Umgang mit den Fanatikern. Vgl. dazu Alberto Toscano: Fanaticism. On the Uses of an Idea. London, New York: Verso ²2017.

7 Es sei denn, man nimmt an, dass solche Kommunikationen doch eher nur für jene intendiert sind, die bereits Teil der eigenen Gruppe sind – eine Annahme, die im Kontext der dominanten Form der gegenwärtigen bürgerlichen Öffentlichkeit, nämlich soziale Medien und die durch diese begünstigten ‚Echokammern', die eng im Zusammenhang mit sog. ‚Bestätigungsverzerrungen' (*confirmation bias*) gebracht worden sind, vernünftig erscheint. Man müsste jedoch natürlich auch akzeptieren, dass die Entstehung einer solchen Selbstvergewisserung als Resultat eines Arguments wiederum natürlich nicht schon bedeutet, dass das Argument falsch ist. Als ob nur Argumente, die uns irgendwie widersprechen oder enttäuschen, wahr sein könnten.

8 Vgl. die Erklärung unten zum ‚Parrhesischen Argument'.

9 Vgl. Dan Hind: The Threat to Reason. London: Verso 2007.

10 Vgl. Olav Hammer und Kocku von Stuckrad: Introduction: „Western Esotericisim and Polemics". In: Polemical Encounters. Esoteric Discourse and its Others. Hg. von Olav Hammer und Kocku von Stuckrad. London, Boston: Brill 2007, S. vi–xxii.

der Veranschaulichung als auch der Transparenz kurz erläutern wollen. Denn das Korpus, aus dem wir letztlich unsere Rekonstruktionen destilliert haben, haben wir erstellt, indem wir aus einer Fülle von Facebook-Seiten, Telegram-Kanälen und verschiedenen Kommentarspalten in anderen sozialen Netzwerken heterodoxe Wissensdiskurse isolierten, die eindeutig von einem etablierten wissenschaftlichen Konsens abweichen. Doch unter Berücksichtigung der Tatsache, dass die Wissenschaftsphilosophie bisher keine entscheidenden Kriterien zur Abgrenzung zwischen wissenschaftlichen und pseudowissenschaftlichen Aussagen vorlegen konnte,[11] sind auch wir nach dem ‚You-know-it-when-you-see-it-Prinzip' vorgegangen – eine Heuristik also, die davon ausgeht, dass die meisten Wissenschaftler:innen intuitiv zwischen beiden unterscheiden können.[12] Obwohl diese Heuristik nun im Großen und Ganzen zuverlässig ist, so müsste man jedoch zugeben, dass sie letztlich nur annähernd und – streng genommen – nicht völlig frei von jeglichem Vorwurf der Zirkularität ist.

Aus solchen Vorwürfen droht also die Gefahr, dass Kritik gleichsam von innen her unterminiert wird, indem sie zu einem Instrument der Selbstbestätigung durch die Produktion eines radikalen Anderen (*Othering*) verkommt.[13] Um angesichts dessen ihren eigenen Anspruch, genuin kritisch zu bleiben, erfüllen zu können, scheint also die Kongruenz der Kritik selbst die Einleitung von Maßnahmen zu verlangen – dritte Reihe von Bedenken –, die diese eben besprochene Lähmung der kritischen Analyse verhindern könnten.

Wie nun diesbezüglich viele Philosoph:innen, denen wir uns hier z.T. anschließen, argumentiert haben, ist es plausibel anzunehmen, dass dieses *Othering* mit einer gewissen universalistischen Gesinnung zusammenhängt,

---

11 Vgl. den Beitrag von Michael D. Gordin in diesem Band, sowie Ders.: On the Fringe. Where Science Meets Pseudoscience. New York: Oxford University Press 2021.

12 Vgl. Massimo Pugliucci und Maarten Boudry (Hg.): Philosophy of Pseudoscience. Reconsidering the Demarcation Problem. Chicago, London: University of Chicago Press 2013, Einleitung.

13 Dieser Gefahr kann als Teil der allgemeineren Gefahren begriffen werden, die sich immanent aus dem ergeben, was unter dem Namen einer ‚Dialektik der Aufklärung' figuriert und insbesondere aus dem Weberianischen Diskurs der Rationalisierung bzw. *Entzauberung*, die die Modernität/Modernisierung charakterisieren würde, vgl. Max Horkheimer und Theodor W. Adorno: Dialektik der Aufklärung. Philosophische Fragmente. Frankfurt a.M.: Fischer 2001, und näher im Kontext des esoterischen Denkens: Jason Ā. Josephson-Storm: The Myth of Disenchantment. Magic, Modernity, and the Birth of the Human Sciences. Chicago, London: University of Chicago Press 2017, ferner Egil Asprem: The Problem of Disenchantment. Scientific Naturalism and Esoteric Discourse 1900–1939. New York: SUNY Press 2014.

unter der auch die kritisch-aufklärerische Tradition leidet.[14] In diesem Sinne schien es uns angebracht, bei unseren Rekonstruktionen *kontextuellen* Aspekten ein größeres Gewicht zu leihen – Aspekten also, die diese Universalität gewissermaßen temperieren. Damit distanzieren wir uns etwas von der Vorstellung einer ‚allgemeinen', ‚formalen' Logik – nicht jedoch um sie völlig zu verneinen, wie noch klar werden sollte, sondern um situativen Aspekten der Rationalität mehr Raum zu geben. Im Sinne der Argumentationstheorie bringt dies unseren Ansatz in die Nähe der sog. *informellen Logik*, wie sie von Stephen E. Toulmin und andere vertreten wird.[15] Denn ein wesentlicher Aspekt dieser Tradition besteht darin, die Kriterien für die Schlüssigkeit von Argumenten näher an alltäglichen Situationen auszurichten als Modelle, die eine bestimmte Form von analytischen Argumenten als Paradigma setzen.[16]

Eine weitere Art und Weise der Betrachtung des Kontextes der hier relevanten heterodoxen Diskurse ist auch von Gewicht gewesen. Kurz gesagt impliziert sie für eine kritische Rekonstruktion Folgendes: Sofern man davon ausgeht, dass die Rationalität heterodoxer Figuren ihre wahre Überzeugungskraft aus ihrem sozialen Kontext bezieht – also aus den politischen, technischen und institutionellen Gegebenheiten, in denen sie stattfinden – so müsste eine Rekonstruktion, die dennoch darauf besteht, ihre Falschheit zu betonen, zu einer *Kritik des (sozialen) Kontextes* selbst und d.h. der allgemeineren kulturellen und materiellen Realitäten, in denen Heterodoxien angesiedelt sind, übergehen. Analoge Arten und Weisen dies auszudrücken, wären, dass Kritik

14 Wir verstehen, dass letztlich viele der grundlegenden wissenschaftstheoretischen Kritiken etwa feministischer Art, aber auch im Sinne Bruno Latours, aus einer solchen Kritik eines bestimmten modernen Universalismus und dessen Komplizenschaft zum *Othering* entspringen, vgl. Donna Haraway: Situated Knowledges: The Science Question in Feminism and the Privilege of Partial Perspective. In: Dies.: Simians, Cyborgs, and Women. The Reinvention of Nature. New York: Routlege 1991, S. 183–201, außerdem Sandra Harding: The Science Question in Feminism. Ithaca, London: Cornell University Press 1986, und schließlich Bruno Latour: Wir sind nie modern gewesen. Versuch einer symmetrischen Anthropologie. Frankfurt a.M.: Suhrkamp 2008.

15 Vgl. zur informellen Logik im Allgemeinen Leo Groarke: Informal Logic. In: The Stanford Encyclopedia of Philosophy. Hg. von Edward N. Zalta und Uri Nodelman, Stanford 2024, https://plato.stanford.edu/archives/spr2024/entries/logic-informal/

16 Vgl. Stephen E. Toulmin: The Uses of Argument. Cambridge: Cambridge University Press [1958] ^{2}2003. Unsere Rekonstruktionen werden allerdings nicht in einer Form dargestellt, die Toulmins Differenzierungen exakt widerspiegelt, obwohl dies sicherlich interessant wäre.

zu einer Kritik der *Diskurse*,[17] bzw. der *Lebensformen*[18] übergehen muss. Wenn die argumentativen Heuristiken, die eine bestimmte Alltagslogik zur Verfügung stellt, inakzeptabel erscheinen, so sind wir davon überzeugt, dass sich diesem Problem *nicht* einfach mit etwas argumentationstheoretischer Pädagogik oder Überzeugungsarbeit begegnen lässt.[19] Es scheint uns viel realistischer anzunehmen, dass das Problem in der Art und Weise liegt, wie kollektive Erfahrungen, die *strukturell* zu Fehlschlüssen bestimmter Art prädisponieren, organisiert sind.[20] Es ist nun nicht möglich an dieser Stelle eine gründliche Argumentation für die Notwendigkeit, diese Sichtweise anzunehmen, zu versuchen. Man dürfte jedoch voraussetzen, dass die Tatsache, dass eine solche Erweiterung der Kritik notwendig ist, um die reale Überzeugungskraft heterodoxer Denkfiguren zu erfassen, implizit weitgehend geteilt wird. In der breiteren bürgerlichen Öffentlichkeit lässt sich dies unseres Erachtens im diffusen Unbehagen über die Situation registrieren, in der sich die bürgerliche Öffentlichkeit angesichts neuer digitaler Kommunikationstechnologien (mit ihren bekannten Netzwerk- und Filterblaseneffekten) befindet.[21] Denn dass

---

17 Vgl. Michel Foucault: Die Ordnung des Diskurses. Frankfurt a.M.: Suhrkamp 2000. Im Foucaultschen Sinne müsste man letztlich zu einer Kritik der *Apparate* übergehen, vgl. z.B. Gilles Deleuze: (Dispositif) Apparatus. In: The Cambridge Foucault Lexicon. Hg. von Leonard Lawlor und John Nale. New York: Cambridge University Press 2014, S. 126–132, sowie Giorgio Agamben. Was ist ein Dispositiv? Zürich, Berlin: diaphanes 2008.

18 Vgl. hierzu im Allgemeinen Rahel Jaeggi: Kritik von Lebensformen. Frankfurt a.M.: Suhrkamp 2014.

19 In diese Richtung geht etwa der Vorschlag von Sara Rubinelli, Alexander Ort, Claudia Zanini, Maddalena Fiordelli und Nicola Diviani: Strengthening Critical Health Literacy for Health Information Appraisal: An Approach from Argumentation Theory. In: International Journal of Environmental Research and Public Health 18/6764 (2018), S. 1–10.

20 Uns scheint, dass das etwas in Vergessenheit geratene Werk von Oskar Negt und Alexander Kluge, das sich diesem Problem widmet, von großer Aktualität ist, vgl. Dies.: Öffentlichkeit und Erfahrung. Zur Organisationsanalyse von bürgerlicher und proletarischer Öffentlichkeit. Frankfurt a.M.: Suhrkamp 1972, bes. Kap 1, 2 u. 6.

21 Und dies aufgrund eines Prozesses, der vielfach eng in Beziehung mit den Folgen der fortschreitenden Verbürgerlichung der Öffentlichkeit gebracht worden ist, d.h. mit dem ungebremsten Vormarsch der Privatisierung des Internets und anderer Kommunikationsinfrastrukturen. Vgl. Jürgen Habermas: Ein neuer Strukturwandel der Öffentlichkeit und die deliberative Politik. Frankfurt a.M.: Suhrkamp 2022; Martin Seeliger und Sebastian Sevignani (Hg.): Ein neuer Strukturwandel der Öffentlichkeit? Baden-Baden: Nomos 2021; Cory Doctorow: The Internet Con. How to Seize the Means of Computation. London, New York: Verso 2023; Ben Tarnoff: Internet for the People. The Fight for Our Digital Future. London, New York: Verso 2022; Joseph Vogl: Kapital und Ressentiment. Eine kurze Theorie der Gegenwart. München: C.H. Beck 2021. Obwohl der wesentliche Aspekt dieser Privatisierung ökonomischer Natur ist, ist sie auch als *ideologischer* Faktor relevant, wozu sich v.a. in Benjamin Bratton: The Revenge of the Real. Politics for a Post-Pandemics World.

eine wirklich effektive Kritik heterodoxer Überzeugungskräfte mindestens eine solche erweiterte Kritik der medialen Ökosysteme benötigt, in denen sie zirkulieren, scheint darin klarerweise impliziert zu sein.

Wie dem auch sei, eine der Schwierigkeiten unseres Unterfangens bestand somit darin, einen Weg zu finden, diesen Kontext in den Rekonstruktionen selbst wahrnehmbar zu machen. Wir haben stets versucht heterodoxe Argumente daraufhin zu rekonstruieren, dass die impliziten *orthodoxen* Annahmen, auf die sie sich stützen, klarer in den Vordergrund treten. Unsere Rekonstruktionen zeigen also bestimmte innere Beziehungen zwischen Ortho- und Heterodoxie auf. Sie verfolgen explizit das Ziel, heterodoxe Denkfiguren *nicht* als das ‚irrationale Andere' zu kennzeichnen. Im Gegenteil, sie sollen eher aufdecken, dass viele heterodoxe Wissensdiskurse gerade deshalb beunruhigend und unbequem sind, weil sie ihre Überzeugungskraft daraus gewinnen, dass sie sich auf kulturell verbreitete und häufig auch intuitiv plausible Grundannahmen stützen, die eine bestimmte Alltagserfahrung widerspiegeln. Man könnte also sagen, dass das Problem somit in einer kollektiven Erfahrung selbst liegt und nicht notwendigerweise (obwohl sicherlich auch) in den Schlüssen, die daraus gezogen werden.[22]

London: Verso 2021, ausführlichere Kommentare finden. Wir würden die These vertreten, dass die gegenwärtige Effervszenz konspiritueller Diskurse selbst als wesentlicher Aspekt dieser öffentlichen besorgten Registrierung verstanden werden muss – als eine Form dieser Sorge selbst – und nicht etwa nur als das, was das Unbehagen seitens einer besorgten bürgerlichen Öffentlichkeit erst hervorruft.

22 Eine Rückkehr zum ersten ‚Bedenken', wodurch die drei Bedenken sich zu einem ‚Trilemma' verknoten würden, kann sich ergeben, sobald man einen weiteren Schritt hin zu einer Kritik der kontextualisierenden Strategie selbst geht. Diese Art der Kritik hat ihre ausgereifteste Formulierung in der post-strukturalen Anthropologie von Eduardo Viveiros de Castro gefunden. Dieser Perspektive zufolge führt die Geste, eine fremde Denkform durch den Verweis auf ihren Kontext zu erklären *de facto* dazu, dass man, allem Schein einer Gleichstellung zwischen verschiedenen Denkformen zum Trotz, das eigene Denken als transtranszendentale Größe installiert. Um diesem Problem – das Denken des Anderen auf seinen Kontext zu reduzieren – zu entkommen, schlägt somit die post-strukturale Anthropologie vor, dieses Denken wieder gewissermaßen abstrakter, als mögliche genuine Begriffe zu nehmen, die uns etwas ggf. Neues zu denken geben, indem wir uns in Kontinuität mit deren intellektuellen Pragmatik setzen. Vgl. Eduardo Viveiros de Castro: Kannibalische Metaphysiken. Elemente einer post-strukturalen Anthropologie. Berlin: Merve 2019, aber auch Latour (2008): Wir sind nie modern gewesen. – Es ist natürlich einfach zu bemerken, dass man damit trotzdem zum zweiten Bedenken zurückkommt, denn letztlich muss anerkannt werden, dass auch diese Perspektive, die darin besteht, sich auf das Denken des Anderen einzulassen, einen impliziten Anspruch auf *Allgemeinheit* impliziert, die man etwa mit dem Begriff einer ‚universellen Toleranz' begreifen könnte, und somit nicht wirklich vom *Othering* loskommt. Was hier ‚geothered' wird, wäre die Möglichkeit etwas völlig abzulehnen oder als falsch herauszustellen, was aber uns intuitiv

Darüber hinaus – und unsere eigenen Rekonstruktionen bestätigen dies – versuchen diese Argumentationsfiguren ihre Überzeugungskraft wesentlich aus der Behauptung zu ziehen, die eigentlichen zeitgenössischen Vertreter des kritischen Geistes der Aufklärung zu sein.[23] Denn Überzeugungen aus dem Conspirituality-Milieu sind von einem rationalistischen Impetus getragen, indem sie sich selbst auf Maßstäbe berufen, wie den der logischen Widerspruchsfreiheit, der Zuschreibung überlegener Kosten-Nutzen Kalkulationen – etwa im Sinne der (Un-)Verhältnismäßigkeit von Maßnahmen bei der Coronapandemie – und sogar des „Ideals eines herrschaftsfreien Diskurses", wo „jede Meinung [...] ihre Berechtigung" habe und „dementsprechend angehört werden" solle[24]. Heterodoxe Überzeugungen beziehen ihre Überzeugungskraft also häufig gerade daraus, dass sie sich als vermeintlich rationalere Alternative zu orthodoxen Überzeugungen präsentieren.

Indem unsere Rekonstruktionen also typische Argumentationsfiguren aus heterodoxen Wissensdiskursen als in ihrem Kontext rational rekonstruieren, glauben wir, dass sie diesem Selbstverständnis gerecht werden. Gerade die ‚paranoide'[25] Problematisierung dieser Argumentationsfiguren durch eine Art *Ideologiekritik*, die sie als Symptome tieferliegender systemischer Ursachen betrachtet, bleibt der intellektuellen Pragmatik vieler heterodoxer Diskurse treuer als sog. post-kritische (Bruno Latour, Rita Felski) Ansätze, denen die unangenehme Nähe zwischen kritischen Theorien und verschwörerischen oder paranoiden Diskursen zu beunruhigend erscheint.[26] Doch das Begehren,

---

zuwider ist. Kontextualisiert man aber diese Kritik der Kontextualisierung, so wird man erkennen können, dass sie nicht darauf zielt, eine neue Epistemologie zu liefern, sondern eher eine Methode, die zu einer Haltung experimentierfreudigeren, kreativen Respekts gegenüber den Subjekten, die man untersucht, führen soll. Vgl. David Graeber: Radical Alterity Is Just Another Way of Saying Reality: a Reply to Eduardo Viveiros de Castro. In: HAU: Journal of Ethnographic Theory, 5/2 2015, S. 1–41.

23 Diese unangenehme Überlappung ist nicht zuletzt was, nach seinen eigenen Angaben, Bruno Latours berüchtigte ‚Kritik der Kritik' hervorgerufen hat, vgl. Bruno Latour: Why Has Critique Run Out of Steam? From Matters of Fact to Matters of Concern. In: Critical Inquiry 30 (2004), S. 225–248.

24 Vgl. Robert Schäfer und Nadine Frei: Rationalismus und Mystifikation: Zur formalen Pathetik des Dagegenseins. In: Zeitschrift für Religion, Gesellschaft und Politik 5 (2019), S. 391–410, S. 398.

25 Zum Vorwurf der ‚Paranoia' gegenüber bestimmten kritischen Lesarten vgl. Eve Kosofky Sedgewick: Paranoid Reading and Reparative Reading, Or, You're So Paranoid, You Probably Think This Essay is About You. In: Touching Feeling: Affect, Pedagogy, Performativity. Hg. von Michèle Aina Barale, Jonathan Goldberg und Michael Moon. New York: Duke University Press 2003, S. 123–152.

26 Vgl. z.B. Elizabeth S. Anker und Rita Felski (Hg.): Critique and Postcritique. Durham: Duke University Press 2017. Eine ausgewogene Kritik dieses Paradigmas findet man bei Frieder

das viele heterodoxe Diskurse sowohl dazu animiert, eine *systematische* Kritik zu artikulieren[27] als auch dazu, *dass es Etwas geben muss, das, trotz aller Anzeichen von Öffentlichkeit und Transparenz, nicht (an)erkannt wird*, muss unseres Erachtens als gerechtfertigt anerkannt werden. Was soll man sonst daraus schließen, wenn etwa nicht nur nach der Meinung der Forscher des *Bulletin of the Atomic Scientists* die Welt so nahe wie noch nie zuvor am Rande des Untergangs steht, sodass wortwörtlich ‚die Fortsetzung des derzeitigen Kurses' ‚eine Form von Wahnsinn' ist;[28] sondern auch, wenn, wie zuletzt Alenka Zupančič bemerkt hat, die ‚rationalen Eliten', die zu erkennen behaupten, dass es den Klimawandel gibt, letztlich doch so weitermachen, als ob sie nicht daran glauben würden?[29] Eine Kritik des verleugnenden Wahnsinns, mit welchem ‚heterodoxes' Denken heutzutage oft assoziiert wird, die ihn nicht mit dem alltäglichen Wahnsinn in Beziehung zu setzen wüsste, schiene uns ihr Ziel nur verfehlen zu können.[30]

Vogelmann: Should Critique Be Tamed by Realism? A Defense of Radical Critiques of Reason. In: Le foucaldien 5/1 (2019), S. 1–34.

27 Nach einer berühmten Formulierung von Fredric Jameson über Verschwörungstheorien. Vgl. Ders.: Cognitive Mapping. In: Marxism and the Interpretation of Culture. Hg. von C. Nelson und L. Grossberg, Champaign: University of Illinois Press 1988, S. 347–360. Auch Bratton (2021): The Revenge of of the Real, S. 65, kommentiert in dieser Hinsicht: „Conspiracy theory is *apophenia as political science*; it perceives causes and deliberate agents where only truly frightening systemic failures exist. The demolition of societal self-governance through populism in the neoliberal era has left societies both more complex and less willing and able to deliberately comprehend themselves. For many, and not surprisingly, the notion that an absence of viable systemic control has caused this chaos is just too intolerable, and so there is comfort to be found in quixotic mobilizations against alien elites. So, yes, conspiracy theory and pandemic populism are a kind of alternative model simulation of the whole, and are attempts to grasp globality and planetarity at once, but only in terms that align with one's own sense of personal prestige and autonomy."

28 „The Doomsday Clock was set at 89 seconds to midnight, the closest the Clock has ever been to midnight in its 78-year history. The 2025 Clock time signals that the world is on a course of unprecedented risk, and that continuing on the current path is a form of madness." Vgl. https://thebulletin.org/2025/01/press-release-doomsday-clock-set-at-89-seconds-to-midnight-closest-ever-to-human-extinction/.

29 Vgl. Alenka Zupančič: Disavowal. Cambridge: Polity 2024, S. 92f.

30 Man könnte an dieser Stelle die kritische Rückfrage stellen, ob der eine Wahnsinn mit dem anderen zu tun hat. Also ob etwa die medizinische Orthodoxie, die behauptet, dass es Covid-19 gibt, identisch ist mit etwa der wirtschaftswissenschaftlichen Orthodoxie, die behauptet, dass marktgetriebene CO2-Zertifikate ein adäquates Mittel sind, um den Klimawandel zu stoppen. Dazu sollte man zuerst anmerken, dass es natürlich nicht um eine pauschale Rechtfertigung heterodoxer Diskurse geht – als ob letztere schon deshalb allgemein gerechtfertigt wären, nur weil bestimmte orthodoxe Diskurse augenscheinlich widersprüchlich sind. Ein differenzierter kritischer Blick auf die unterschiedlichen

2 Argumentrekonstruktionen

Insgesamt haben wir versucht, die Rekonstruktionen sehr kurz zu halten. Das führt dazu, dass in den Prämissen manchmal komplexe Argumente stecken, die nicht expliziert werden. Der Kern unserer Aufgabe bestand daher oft darin, diese Prämissen so zu artikulieren, dass man einerseits ihre Plausibilität als Heuristiken erkennen kann, während andererseits gleichzeitig das Problematische an ihnen erkennbar wird. Dieses Problematische variiert nun ganz offensichtlich von Argument zu Argument. Nichtsdestotrotz werden Motive erkennbar sein, die viele Argumente durchkreuzen. Wir hoffen trotzdem beweisen zu können, dass jede Rekonstruktion ihren Platz verdient, indem sie eine bestimmte Nuance in den Vordergrund rückt.

2.1 *Pharmakophobisches Argument*

Unsere erste Argumentrekonstruktion behandelt in gewissem Sinne eine Variation des Naturalistischen Fehlschlusses. Da es uns hier jedoch wie gesagt nicht um das schlichte Aufzeigen von fehlerhafter Logik geht, möchten wir die Aufmerksamkeit auf die verschiedenen Prämissen lenken, die solch einen Schluss plausibel erscheinen lassen. Eine mögliche, vereinfachte Form seiner Darstellung wäre wie folgt:

P1: Das Natürliche – als das Ursprüngliche, Primäre, mit sich selbst Identische – und das Künstliche – als das Abgeleitete, Sekundäre, Ambivalente – können klar voneinander getrennt werden.

Orthodoxien und Heterodoxien ist angebracht. Was hier mit Zupančič unterstrichen werden soll, ist lediglich, dass die *verleugnende*, negationistische Logik, die vielen gegenwärtigen Heterodoxien zugrunde liegt, ein viel allgemeineres und systematisches Problem gegenwärtiger Gesellschaften darstellt. Die (*pace* Zupančič) Dominanz dieser Logik erschwert dabei massiv die allgemeine Fähigkeit zur kritischen Auseinandersetzung mit ortho- und heterodoxen Diskursen, denn sie erodiert *in actu* die Glaubwürdigkeit wissenschaftlicher Ergebnisse sowie der Autoritäten, die sich darauf eben nur äußerst selektiv berufen. Uns scheint, dass, wenn man es im Rahmen einer Kritik heterodoxer Diskurse systematisch unterlässt, diese systematische Kritik miteinzubeziehen, dies leicht zu Wasser auf die Mühlen heterodoxer Diskurse wird. Denn die mangelnde Thematisierung des gerechtfertigten Unbehagens aus der (richtigen) Wahrnehmung der widersprüchlichen Handlungen der Eliten in einem korrumpierten System – indem dadurch eine wesentliche Triebfeder der Kritik nicht ernst genommen zu werden scheint – erodiert die Glaubwürdigkeit der Kritik selbst. Selbst, wenn Kritik natürlich nicht aus dem bloßen widersprüchlichen Handeln einer Regierung in einer Krise eine bewusste oder absichtliche Irrationalität oder gar böser Masterplan herleiten kann, so darf sie nicht schon deshalb aufhören nach den systematischen Gründen der Krise selbst und der Irrationalität jenes Handelns zu fragen.

P2: Nur das Natürliche – weil es ursprünglich, primär, mit sich selbst identisch ist – zeigt, wie etwas sein soll.
P3: Das Künstliche ist im Gegensatz dazu normativ nicht gerechtfertigt.

Daraus lässt sich für bestimme Interventionen folgern:

P4: [Bspw. Medizinische/Staatliche Eingriffe in die ‚natürliche Individualität', usw.] sind künstlich.
→ K: [Medizinische Eingriffe] sind ungerechtfertigt, dem Natürlichen ist aus normativen Gründen der Vorzug zu geben.

Das Argument, das z.B. in Anti-Impf-Bewegungen ubiquitär ist und auch außerhalb von diesen Reichweite besitzt,[31] verdankt seinen Namen Jacques Derridas Lektüre von Platons *Phaidros* in „Platons Pharmazie".[32] Es erscheint uns angebracht, uns auf diesen Text zu beziehen, da eine ursprüngliche Intuition hinter dieser Rekonstruktion ist, dass sich in konspirituellen Argumentationsweisen häufig ein abweisendes Verhältnis zu einer bestimmten Vorstellung der *Technik* kundtut (deshalb das Wort *pharmakon*), das als Kehrseite einer idealisierten Vorstellung der Natur fungiert, unter der Annahme, dass beide klar voneinander zu trennen seien. Wie Derrida aufweist, verläuft diese Trennung durch eine (implizite) Analogisierung von Begriffen, die mit den beiden Termini assoziiert werden, etwa: Natur – unmittelbar – ursprünglich – rein – selbstgenügsam – sich-selbst-identisch – wahr – gut usw., und Technik – vermittelt – abgeleitet/abweichend/pervers – unrein – Supplemente-brauchend – sich selbst unterschiedlich – falsch – schlecht. Der Naturbegriff, der hier als Stütze für eine solche Reihe von Analogien fungiert,

31 Hier ein paar reale Beispiele: (1) „Der Körper muss auf natürliche Weise ein Immunsystem aufbauen. ...also muss man erst erkranken, damit der Körper ein Immunsystem entwickelt, was nützt es künstlich vorher zu injektieren. Ich geh ja auch nicht gesund zum Arzt und lass mir Medikamente verschreiben. In meiner Kindheit sprang man in dreckige Pfützen, wälzte sich in der Erde/Wiese ... etc, ... heute heißt es nur noch Spritzen gegen dies und das zur Vorbeugung. ... Erst damit wird man krank. ..." (2) „Nein Danke ich verzichte ... mein Immunsystem arbeitet eigenständig, ich lebe so gesund wie es möglich ist, und brauche nichts chemisches in meinem Körper. Dazu arbeite ich täglich seit der ‚Pandemie' in vorderster Front an der Kasse ... tja ... wir sind alle fit geblieben, während in meinem unmittelbaren Umfeld, Personen durch die Impfung im Krankenhaus landeten (AstraZeneca) und Andere Lähmungserscheinigungen, Schüttelfrost etc bekamen (Biontecch)... Je mehr Sie drängeln umso mehr misstraue ich Ihnen. ... Also gebe ich Ihnen eine klare Absage. ..."

32 Vgl. Jacques Derrida: Platons Pharmazie. In: Ders.: Dissemination. Übers. von Hans-Dieter Gondek. Wien: Passagen, S. 69–191.

ist – wie man im Sinne der Kategorien, die Lorraine Daston vorgeschlagen hat – stark angelehnt am Begriff der ‚Art', d.h.

> nature as the essence of a thing, that which makes it what it is and not something else, its ontological identity card. […]. Specific natures determine how a certain kind of thing – animal, vegetable, plant – looks and behaves. It is possible to alter both appearance and conduct, but only by constraining and ‚doing violence to' specific nature […].[33]

Natur ist also die Grundlage der Identität einer Sache; sie kann zwar geändert werden, doch eben nur durch eine Art von ‚Gewalt', die einer sonst unschuldigen Ordnung hinzugefügt wird.[34] Dass es nicht möglich ist, eine solche – für das platonische Denken wesentliche – radikale Trennung einzuhalten, ist was Derridas Dekonstruktion zu beweisen versucht. Wie auch immer man jedoch zu diesem Problem steht, wenn man Derrida folgt, so hätte Platon selbst eine mächtige Grundlage des pharmakophobischen Arguments geliefert, indem er *erstens* eine starke – ontologische, epistemologische und moralische – Trennung zwischen dem Natürlichen und dem Technischen aufbaut und *zweitens*

---

33 Vgl. Lorraine Daston: Against Nature. Cambridge/Mass., London: MIT Press, S. 7f.

34 Gegen Vorstellungen von der Natur als etwas Unschuldigem hat sich in diesem Sinne v.a. die feministische Wissenschaftstheorie positioniert. Der explizit feministische Grund dieser Kritik ergibt sich daher, dass die Analogiekette des Begriffes der Natur, neben „Unschuld", meist Frauen miteinbezieht. Vgl. z.B. Donna Haraway: A Cyborg Manifesto. Science, Technology, and Socialist-Feminism in the Late Twentieth Century. In: Haraway (2001): Simians, Cyborgs, and Women, S. 149–181. Man kann an dieser Stelle auch anmerken, dass sich hieraus eine Beziehung des pharmakophobischen Arguments zu liberalen bis libertären Diskursen erkennen lässt. Denn der Begriff des Individuums, mit dem diese operieren, wird oft genau als eine solche natürlich gegebene, ursprüngliche Größe aufgefasst, der gegenüber allem, was dann kollektiv oder gesellschaftlich wäre, ein künstliches, meistens bösartiges Supplement darstellt. Die Voreinstellung gegenwärtiger digitaler Kommunikationssysteme nach diesem individualisierenden Muster macht Bratton massiv mitverantwortlich für den Boom konspiritueller Diskurse, vgl. Bratton (2021): The Revenge of the Real. Dass der Versuch, soziale Realitäten aus der Perspektive der isolierten Individualität zu verstehen, eine strukturell reproduzierte methodische Verzerrung bürgerlicher Gesellschaften darstellt, ist ein Topos marxistischer Kritik, vgl. István Mészáros: Social Structure and Forms of Consciuosness. Vol. 1: The Social Determination of Method. New York: Monthly Review Press, 2010, bes. Kap. 3 u. 7. Roberto Espositos Analysen zur *immunologischen* politischen Logik moderner Gesellschaften sind u.E. auch äußerst relevant um ein tieferes Verständnis der Quellen der Überzeugungskraft ‚pharmakophobischer' Logiken zu erlangen, vgl. Ders.: Immunitas. Schutz und Negation des Lebens. Zürich: diaphanes 2021. Es ist nicht möglich, allen diesen Spuren an dieser Stelle nachzugehen.

das Natürliche als gut, das Technische/Kulturelle als schlecht darstellt, d.h. eine Hierarchisierung vornimmt.[35]

Mit der Explikation der Prämissen wollen wir also verdeutlichen, dass diese Argumentationsform auf metaphysischen Annahmen beruht. Hinter dem Argument, dass das Natürliche zeigt, was sein soll, und das Künstliche, was nicht sein soll, muss überhaupt erst einmal die Behauptung stehen, dass wir klar trennen können, was dem Bereich der Natur und was dem Bereich der Kultur, als zwei ontologisch radikal unterschiedliche Substanzen, zugehört. Zudem muss eine Hierarchisierung – durch Analogisierung – stattfinden, die das Natürliche höherstellt als das Künstliche.

Diese Vorstellungen könnten dabei schon deshalb etwas Widersprüchliches haben, da gerade die Annahme, dass das Normative, das normalerweise als etwas rein ‚Künstliches' wahrgenommen wird, im Natürlichen enthalten ist, als eine Aufhebung der Dichotomie Natur-Kultur verstanden werden könnte. Die Kritik dieses Arguments als naturalistischer Fehlschluss setzt normalerweise seinen Haken ungefähr an dieser Stelle, indem sie jedoch interessanterweise darauf insistiert, dass diese beiden Bereiche, wie angenommen, doch klar getrennt zu halten sind.[36] Als naturalistischer Fehlschluss gälten diese Vorstellungen somit dann, wenn man die Annahme akzeptiert, dass diese Bereiche in der Tat stark zu trennen sind und somit das Normative auf den ‚künstlichen', d.h. den menschlichen oder kulturellen Bereich beschränkt. Die Bezeichnung als naturalistischer Fehlschluss beruht somit selbst darauf, dass das Normative, da es dem Bereich der Kultur zugehört, klar vom Natürlichen zu trennen ist.

Das pharmakophobische Argument versucht in dieser Hinsicht eher auf die Gründe hinzuweisen, warum es sinnvoll erscheinen kann, auf zwei Prämissen bestehen zu wollen, die sich – wenn überhaupt – nur auf eine sehr

35 In der Einleitung zu seinem berüchtigten Werk *Die Existenzweise technischer Objekte* (Zürich: diaphanes 2012 [1958]) weist Gilbert Simondon auf eine Variation dieser Trennung, die auf das Gleiche hinausläuft. In diesem Sinne beklagt er, dass man beobachten kann, dass die Kultur „sich zu einem Verteidigungssystem gegen die Techniken zusammengeschlossen" hat und dies im Namen einer „Verteidigung des Menschen", Ebd. S. 9. Uns scheint, dass dies auf das Gleiche hinausläuft, da was hier unter dem Namen ‚Kultur', bzw. ‚Mensch' auftaucht, die gleiche Rolle übernimmt, als im pharmakophobischen Argument die Natur. Nämlich etwas in irgendeiner Hinsicht ‚Ursprünglicheres', ‚Reines'; die Technik wiederum übernimmt ihre übliche Rolle als ‚verunreinigendes', usw.

36 Vgl. für eine Darstellung dieser üblichen Kritik Benjamin W. McCraw: Naturalistic Fallacy. In: Bad Arguments. 100 of the Most Important Fallacies in Western Philosophy. Hg. von Robert Arp, Steven Barbone und Michael Bruce. Oxford: Wiley Blackwell 2019, S. 193–195.

komplizierte Art und Weise gleichzeitig behaupten lassen.[37] Nämlich (1) eine *Bejahung* der Vorstellung, dass eine radikale ontologische Trennung von Natur und Kultur gemacht werden kann (worauf die Superiorität der Natur ontologisch überhaupt erst gerechtfertigt werden kann) und (2) eine *Ablehnung* der Annahme, dass die Natur nicht normativ ist (oder eben sein soll) und das heißt doch etwas Gemeinsames mit dem ‚Künstlichen', ‚Abgeleiteten', auf das dieses Sollen angewendet werden soll, haben muss. Worauf das pharmakophobische Argument hinweist, ist also, dass der *Philie* gegenüber dem Natürlichen eine *Phobie* gegenüber dem *pharmakon* – als Inbegriff des Uneindeutigen, des Supplementären –, zugrunde liegt. Denn was durch diese gesamte Konstruktion abgesichert wird, ist, dass das Falsche/Schlechte, dieses *pharmakon* selbst, als etwas begriffen werden muss, was *an sich supplementär* ist und nicht z.B. als etwas, was im Natürlichen selbst liegen kann. In normativer Hinsicht übersetzt sich dies dann oft in Aufrufen nach einer ‚Reinigung' vom Fremden, wodurch angeblich erst die ‚Perversion' eines an sich sonst gut funktionierenden Ganzen zustande gekommen wäre.[38]

Die ahistorische Vorstellung von ursprünglich ‚reinen' Verhältnissen und Identitäten oder ‚Arten', die erst durch den Einbruch von etwas Zusätzlichem, Äußerlichem pervertiert werden, bekräftigt die Intuition, dass hinter der sich als heterodox präsentierenden verschwörungstheoretischen Argumentationsweise konservative Haltungen stecken, nämlich in dem Sinn, dass ein Zustand, der konserviert werden soll, als ideal dargestellt und dies damit gerechtfertigt wird, dass dieser Zustand dem idealisierten Ur-Zustand entspreche. Man könnte somit sagen, dass das pharmakophobische Argument in dieser Hinsicht

---

37 Wir möchten nicht ausschließen, dass sich ein komplexes Argument für diese Trennung machen lässt. Denn in gewisser Hinsicht – wenngleich mit umgekehrter ‚Zeichensetzung' – scheint z.B. so etwas wie Kants kategorisches Imperativ auf etwas Ähnliches hinzuweisen, insofern der Bereich des moralisch Guten, als regulative Idee, obwohl dem Bereich der natürlichen Kausalitäten völlig äußerlich, als wirklich existierend vorausgesetzt wird; zudem übt er, in irgendeiner Art, einen Einfluss auf letzteren aus.

38 Zu den allgemeineren sozio-politischen Grundlagen, die zur gegenwärtigen Plausibilität des pharmakophobischen Arguments beitragen, wäre dabei die ambivalente, kollektive Erfahrung des Einsatzes moderner Technik in kapitalistischen Gesellschaften zu erwähnen. Als deren berüchtigtstes Beispiel dürfte, wahrscheinlich, der Luddismus zählen. Die Assoziation angstbeladener Erfahrungen mit technischen Entwicklungen bleibt in dieser Hinsicht heutzutage mit Recht lebendig und kann nicht als irrational abgestempelt werden. So führt Automatisierung seit geraumer Zeit nicht zur Reduktion der Arbeitszeit der Massen, sondern eher zur Arbeitslosigkeit. Dass die Entwicklung der Produktivkräfte unter gegebenen Bedingungen zur Entwicklung von Destruktionskräften gedeiht, ist zudem spätestens seit dem Ersten Weltkrieg für die meisten Europäer:innen erfahrbar geworden.

einen Fehlschluss begeht, weil es in seinem Kern von antimaterialistischen und ahistorischen Prämissen über die Natur getragen wird, aus denen sich eine pseudo-kritische Haltung gegenüber der Gesellschaft ergibt, die die Grundlagen der Gesellschaft unberührt lässt. Das pharmakophobische Argument kann in dieser Hinsicht vielleicht als die Mutter aller konspirituellen Argumentationsfiguren gesehen werden. Denn letztlich rechtfertigt es, in einer Atmosphäre systematischen Versagens, die Konstruktion eines *Sündenbocks* (*pharmakon*), d.h. einer *vereinzelbaren* – und das heißt dem System als solches, als Ganzes – *fremden Ursache* für die Krise. Die soziale ‚Urkraft', aus der das pharmakophobische Argument seine stärkste Überzeugungskraft bezieht, ist also vermutlich ausgerechnet jene, die zur Konstruktion solcher Sündenböcke verführt.

2.2 *Argument der (un-)reinen Wissenschaft*

Eine ähnliche Struktur weisen die häufig vorkommenden Bezüge auf das Ideal „reiner" Wissenschaft auf. Diese Argumentationsform könnte man folgendermaßen wiedergeben:

P1: Die Aufgabe der Wissenschaft ist es, objektives Wissen zu generieren.
P2: Objektivität wird nur bei Ausschluss aller nicht-wissenschaftlichen Interessen erreicht.
P3: Wissenschaftler:innen werden aber immer auch von außer-wissenschaftlichen Interessen geleitet.
K: Wissenschaft kann ihre Aufgabe nicht erfüllen und wir haben keinen Grund, ihr zu vertrauen.

Beispiele für solch eine Argumentationsweise lassen sich in heterodoxen Diskursen sehr leicht finden.[39] Die implizite Prämisse der allermeisten solcher Argumente ist: Wenn wirtschaftliche Interessen im Spiel sind, schließen diese die wissenschaftliche Wahrheit aus. Hier sind wirtschaftliche Interessen (Pharma- bzw. Mobilfunkindustrie) im Spiel, also handelt es sich nicht um die wissenschaftliche Wahrheit.

39 Ein Ausschnitt unserer Sammlung: (1) „Es gibt zu 5G noch keine Studien zur Sicherheit, denn die Mobilfunkindustrie hat keinen Cent in nicht industrieabhängige = nicht korrumpierte Studien investiert." (2) „Fakes erkennen sollte jeder, der halbwegs klar denken kann. Aber: wer sagt mir, das die ‚Richtigstellung' der Faktenchecker nicht auch nur beeinflussen soll? Warum sollte ich diese nicht genauso kritisch hinterfragen? Wer oder was ist denn noch unabhängig? Durch Geld lassen sich Abhängigkeiten schaffen, (...)" (3) „Das ist doch Unsinn; es besteht keine Vertrauenskrise in die Wissenschaft! Die evidenz- und datenbasierte, muß man hinzufügen. (...)"

Einiges, was wir am Beispiel des pharmakophobischen Arguments gezeigt haben, trifft auch hier zu. Insbesondere lässt sich erkennen, dass das bestimmte Bild der Wissenschaften, das hier impliziert ist, von einer Vorstellung von deren *Reinheit* getragen wird. Denn, so sehr der explizit *wirtschaftliche* Faktor für die angeklagte *Korruption* der Wissenschaften oft in den Vordergrund rückt[40] – was ihm, inmitten des globalisierten Kapitalismus, eine plausible und nicht zu leugnende empirische Kraft verleiht –, so scheint uns, dass dieses Argument oft auf der tieferen Annahme beruht, dass die Wissenschaft *im Prinzip* ihre Objektivität aus ihrer völligen *Interessenlosigkeit* bezieht. Ob diese Interessen wirtschaftlich, politisch usw. sind, ist weniger relevant; darauf möchte unsere Rekonstruktion hinweisen.

Diese Annahme, die Objektivität im Gegensatz zum Begriff des Interesses, als Unterkategorie des Subjektiven, definiert, geht aber deutlich über sog. heterodoxe Milieus hinaus. Das lässt sich nicht zuletzt daran erkennen, dass gerade viele Wissenschaftler:innen selbst ähnlich argumentieren, wenn sie im öffentlichen Diskurs gegen den meistens schlecht begründeten Skeptizismus von Menschen, die wissenschaftliche Erkenntnisse leugnen, Stellung nehmen.[41] Wie Teile der wissenschaftsgeschichtlichen Forschung sich zu zeigen bemüht haben, lässt sich jedoch ein solches Bild der wissenschaftlichen Objektivität nicht ohne weiteres halten.[42] Die Wissenschaft, als ein menschliches Unterfangen, wird stets von Interessen getragen. Die schwierige philosophische oder wissenschaftstheoretische Aufgabe besteht darin, sich mit den Konsequenzen dieser Tatsache zu beschäftigen und ggf. letztlich Beweise vorzulegen, warum das Interesse nicht nur an sich kein Widerspruch zur Objektivität bedeuten muss, sondern vielleicht sogar für dieselbe unumgänglich ist (siehe den Beitrag von Naomi Oreskes in diesem Band). Anstatt diesem Skeptizismus also ein idealisiertes Bild von Wissenschaft entgegenzuhalten, könnte die Philosophie ihre Aufmerksamkeit darauf lenken, dass es kein sozial oder philosophisch abgesichertes Bild von Wissenschaft als Teil unserer Gesellschaft gibt. Worauf das ‚Argument der (un-)reinen Wissenschaft' hinweist, ist also, dass es ggf. gesamtgesellschaftlich – auch in den Wissenschaften und

40 Cory Doctorow hat betont, dass die tatsächliche Korruption, die eine Bevölkerung erlebt, einbezogen werden muss, um das „konspiranoische" Verhalten eines Teils dieser Bevölkerung, das ausreichend groß geworden ist, um die Öffentlichkeit zu beunruhigen, zu verstehen. Vgl. Ders.: How To Destroy Surveillance Capitalism. New York: Medium Editions 2020.

41 Vgl. hierzu Schneider (2020): Follow the Science?

42 Vgl. z.B. Bruno Latour: Pandora's Hope. Essays on the Reality of Science Studies. Cambridge/Mass.: Harvard University Press 1999, Kap. 2 u. 3; Lorraine Daston und Peter Galison: Objectivity. Cambridge/Mass.: Zone Books 2007.

der Wissenschaftstheorie – tatsächlich an einem besseren Verständnis davon mangelt, wie Interessen wissenschaftliche Ergebnisse mitbestimmten (müssen), ohne dass deshalb Objektivität eingebüßt werden muss.

Die Schwierigkeit, diese Frage zu bearbeiten, ist jedoch, wie einige Philosophien argumentieren,[43] nicht nur philosophisch. Sie ist auch politischer Natur, insofern eine Hinterfragung der Art und Weise, wie Objektivität und Interessen gebunden sind, unweigerlich zu einem doch kritischeren Verhältnis zu dem mit sich bringt, was genau die Objektivität der Wissenschaften legitimiert und was eben nicht.[44] Man könnte somit diesem heterodoxen Argument zwei wichtige philosophische Fragen entnehmen, die nicht ohne weiteres abgetan werden können, sondern zum Weiterdenken auffordern: Erstens, wie genau steht es um das Verhältnis zwischen Erkenntnis und Interesse? Zweitens, wie steht es um die Beziehung zwischen Wissenschaft und Gesellschaft?

---

43 Vgl. in diesem Sinne z.B. Isabelle Stengers' Diskussion über die Einführung genetisch modifizierter Organismen (GMOs) z.B. in Dies.: In Catastrophic Times: Resisting the Coming Barbarism. London: Open Humanities Press 2015.

44 In Hinblick auf den ggf. verständlichen Misstrauen, das sich in breiten Teilen der Bevölkerung in den letzten Jahrzehnten in Bezug auf die Wissenschaften entwickelt haben mag, ist die vom Soziologen Gil Eyal vorgeschlagenen Unterscheidung zwischen drei Wissenschaftstypen und deren Ergebnistypen hilfreich. Diese unterscheiden sich durch eine Korrelation zwischen den unterschiedlichen Geschwindigkeiten und den Maßen der Gewissheit oder Festigkeit ihrer Ergebnisse. Je langsamer die Forschung voranschreitet, desto tendenziell sicherer ihre Ergebnisse sind – den Preis, den man dafür zahlt, ist, dass man nur wenige gegenwärtige, dringende Entscheidungen anhand solcher Ergebnisse machen kann. Eyal argumentiert, dass der größte Teil des Misstrauens an die Wissenschaft sich nun v.a. auf die von ihm sog. „regulatorischen Wissenschaften" richtet; jene also, die, nach seinem Schema, im mittleren Bereich stehen: weder zu schnell noch zu langsam, aber auch nicht zu gewiss oder ungewiss. In diesem Bereich fallen Wissenschaften, die Hilfe z.B. bei der Entscheidungsfindung von politischen Richtlinien liefern. Nach Eyal wäre dieses Misstrauen somit gewissermaßen nachvollziehbar, insofern die in diesen Wissenschaften erzielten Ergebnissen und Entscheidungen letztlich weniger fest und unanfechtbar sind. Vgl. Gil Eyal: The Crisis of Expertise. Cambridge: Polity 2019. Man könnte sagen, dass Stengers Kommentar (vgl. oben Anm. 43) zum Problem der Einführung von GMOs darauf besteht, dass die Verteidiger dieser Einführung meinten, dass die Rationalität dieser Maßnahme zur ‚Bekämpfung des Welthungers', darin bestand, dass die ‚Sicherheit' der Implementierung selbst von den Laborergebnisse bewiesen war und somit zur ‚rechten', langsamen ‚Spur' gehörte. Die, die dagegen waren, hätten eher verstanden, dass es sich vielmehr um eine Aussage jener ‚Spur' handelte, die im mittleren Teil sich bewegt, und also regulatorischer Natur, weshalb andere Arten von Wissen und Interessen mitgedacht werden mussten, sollte das Problem nicht überhaupt falsch verstanden werden.

2.3 *(Systemtheoretisches) Argument der Verminderung des Vertrauens durch Wissen*

Diese Argumentationsform hat ihre Quelle in Aussagen des Typs: „Je mehr sie drängeln, umso mehr misstraue ich ihnen …“[45] Theoretisch entlehnen wir sie der Analyse des Vertrauens von Niklas Luhmann, der schreibt:

> Für die Funktionsweise dieser symbolischen Kontrolle [i.e. des Vertrauens] ist es im übrigen bezeichnend, daß sie undiskutiert und im Unbestimmten abläuft. Sie erfolgt zumeist durch Rückschlüsse, die nicht mitgeteilt werden, die deshalb auch nicht festlegen und nicht gerechtfertigt zu werden brauchen. Eine sehr genaue Artikulation von Gründen und Gesichtspunkten ist daher weder beim Vertrauensbeweis noch beim Vertrauensentzug angemessen. Auch für den, der Vertrauen sucht, ist sie nicht erforderlich; sie kann sogar leicht zum Störfaktor werden, ja Mißtrauen auslösen. Denn es widerspricht der Funktion und dem Stil des Vertrauens, detaillierte Fakteninformationen und fachliche Beweise zu fordern oder anzubieten, wenngleich die Möglichkeit einer solchen Erläuterung andeutungsweise anklingen sollte. […] die Massierung der Gründe verrät, wenn die Vertrauensfrage trotzdem aktuell bleibt, eine Unsicherheit, die den Entzug des Vertrauens heraufbeschwört.

und:

> Störanfälliger werden kann [der Prozeß] übrigens auch durch zu viel Wissen, nämlich dann, wenn die Beteiligten auch noch wissen oder sich gegenseitig unterstellen, daß der Prozeß dem Aufbau von Vertrauen dient. Denn dann wird die Frage nach dem Wozu, die Frage nach dem Motiv, unabweisbar, die sehr leicht in Mißtrauen umschlagen kann.[46]

Luhmann weist hier also auf einen zunächst intuitiv widersprüchlichen Prozess hin: Anstatt Vertrauen zu fördern, führt ausführliche Rechtfertigung manchmal dazu, Misstrauen zu wecken. Als Argumentation formell ausgedrückt funktioniert dieser Vorgang durch folgende Prämissen und Schlüsse:

P1: Wenn eine Wissensquelle (Person, Sachverhalt …) vertrauensvoll ist, dann braucht sie keine extensive Rechtfertigung.
ZK: Eine Quelle, die sich extensiv rechtfertigen muss, ist nicht vertrauensvoll.
P2: Einer nicht vertrauensvollen Wissensquelle sollte misstraut werden.
→ K: Wenn eine Wissensquelle extensiv gerechtfertigt wird/sich rechtfertigt, dann sollte ich misstrauisch sein.

---

45 Wie wir sie tatsächlich vorgefunden haben, vgl. oben Anm. 31.

46 Niklas Luhmann: Vertrauen. Ein Mechanismus der Reduktion sozialer Komplexität. Konstanz, München: UVK [1968] 2014, S. 37f. und 54.

In traditionell argumentationstheoretischer Hinsicht könnte ein Fehlschluss erkannt werden. Es handelt sich im Prinzip um eine Variante zum Argument *Ad Hominem*.[47] Denn die bloße Tatsache, dass ich jemanden misstraue, scheint an sich nicht auszureichen, um seine Argumente als weiteren Grund zum Misstrauen anzunehmen: Ich müsste natürlich auf den Inhalt der Prämissen usw. achten und nicht auf die Quelle. Dieses Argument ist nichtdestotrotz interessant, weil es darauf hinweist, dass diese argumentative Rationalität schlicht nicht realistisch ist, wenn es sich um eine (argumentative) Situation handelt, in der es darum geht, Vertrauen zu etablieren. Die üblich angenommene Beziehung zwischen Vertrauen und Rechtfertigung ist somit keineswegs selbstverständlich. Denn selbst wenn in bestimmten Situationen Vertrauen durch argumentative Rechtfertigung gestützt werden kann, so weist Luhmanns Argument darauf hin, dass die Mechanismen, die zum Vertrauen führen, von derart anderer Natur als typische argumentative Rechtfertigungen sein können, dass eine Akkumulation von Argumenten diese Vertrauensbildung stören kann.

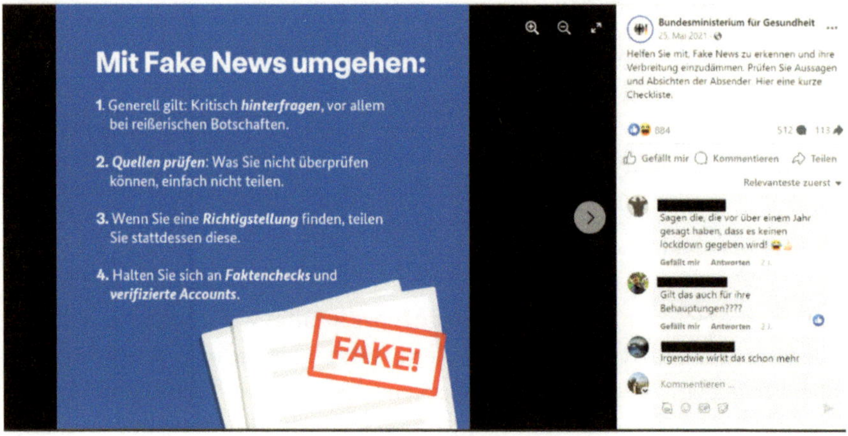

Abb. 9.1 Facebook-Post des Bundesministeriums für Gesundheit vom 25. Mai 2021 „Mit Fake-News umgehen".

Abbildung 9.1 veranschaulicht dieses Problem. Fast alle Kommentare kritisieren den Post und das allgemeine Vorgehen des Ministeriums. Zwar sollte man davon ausgehen, dass die Kommentarspalte besonders diejenigen anzieht, die an den Posts etwas auszusetzen haben, dennoch sollte das darin auftretende

47 Vgl. diesbezüglich die vier Varianten, die George Wrisley in *Bad Arguments* behandelt, „*Ad Hominem*: Bias", S. 71–76, „*Ad Hominem*: Circumstantial", S. 77–82, „*Ad Hominem*: Direct", S. 83–87 und „*Ad Hominem*: Tu Quoque", S. 88–93.

Problem ernst genommen werden: Der Aufruf, kritisch mit Fake News und Ähnlichem umzugehen, ist gerade bezüglich der Personengruppe ineffizient, auf die er abzielt. Aus unserer Sicht lässt sich dies auch dadurch erklären, dass solches ‚Drängeln' und explizites Thematisieren der Rechtfertigung des dargestellten Wissens nicht mehr Vertrauen, sondern weniger hervorruft.[48]

2.4 *Aufklärerisch-(Anti-)Autoritäres Argument*

P1: Nur Wissen, dessen Rechtfertigung ich selbst überprüfen kann, ist vertrauenswürdig.
P2: Ich kann die Rechtfertigung von wissenschaftlichem Wissen nicht selbst überprüfen.
→ K: Wissenschaftliches Wissen ist nicht vertrauenswürdig.

48 Man könnte zusätzlich argumentieren, dass die zumindest im Fall derjenigen Personen, die sich hier äußern, nicht erfolgreiche Strategie des Ministeriums sich aus einer zu engen Auffassung von kritischer Rationalität und Bildung ergibt, die sich in einer allgemeineren Art von Fehlschluss kondensieren lässt. Wie v.a. marxistische Theoretiker:innen argumentiert haben, bestünde diese Verzerrung im Glauben an die Möglichkeit rein ‚technischer' oder ‚wissenschaftlicher' Lösungen – unter welche, wie hier, bestimmte *Formalismen* fallen – für gesellschaftliche Konflikte (z.B. das Verhältnis Vertrauen–Misstrauen). So schlägt das Ministerium – vielleicht in der Annahme, dass das Problem des Misstrauens, das sich im Phänomen der weitverbreiteten Teilung von Fake News äußert, eigentlich ein Problem von fehlplatziertem allgemeinem Vertrauen (Naivität) ist, das sich aus einem Mangel an kritischer Bildung z.B. im Umgang mit digitalen Medien ergibt – ein anscheinend äußerst einfaches, formalisiertes Schema als Lösung vor, das letztlich ungefähr besagt: Um kritisch – also misstrauisch – zu sein, sollte man v.a. den Instruktionen des Ministeriums vertrauen. Dass dieses Schema nicht überzeugt, ergibt somit, dass die kritische Rationalität, die es zu fördern meint, so technisch-formal ist, dass sie zu einem praktischen Widerspruch führt. Das heißt, dass sie genauso einfach *gegen* das Ministerium angewendet werden kann, dies jedoch gerade dem Ziel der Mitteilung des Ministeriums widerspricht. Denn das Ministerium argumentiert letztlich nicht für eine formal-abstrakte, sondern für eine bestimmte kritische Perspektive. Diese kann es jedoch nicht durch Verweise auf eine formal-abstrakte kritische Rationalität zum Ausdruck bringen, sondern es müsste sich auf jene inhaltlichen und praktischen Probleme einlassen, die überhaupt zum Misstrauen oder zur Legitimationskrise geführt haben, die es nun eben durch jene formal-universalistischen Verweise zu heilen trachtet. Die Behandlung dieser Probleme muss natürlich nicht im Widerspruch zu einer besseren formal-logischen argumentativen Bildung stehen. Ohne eine Änderung oder zumindest eine Behandlung der inhaltlich-praktischen gesellschaftlichen Verhältnissen, die zur Vertrauenskrise geführt haben, können solche technisch-formale Lösungen einfacher als Ausreden oder Distraktionen wahrgenommen werden. Vgl. Mészaros (2012): *The Social Determination of Method*, Kap. 1 und 2.

Bei einer Vielzahl der Argumentversatzstücke, aus denen wir unsere Rekonstruktionen gewonnen haben, handelt es sich um Argumente, wie man sagen könnte, „ad (heterodoxam) autoritatem". Sie stützen sich also entweder auf eine heterodoxe Autorität, oder, interessanter, argumentieren implizit für die epistemische Überlegenheit von heterodoxen Autoritäten (was auch gleich im nächsten Argumenttyp klar wird). Man kann ihnen dies jedoch erst einmal nicht direkt vorwerfen. Denn nicht nur spielt hier der alltägliche Argumentations-Kontext, aus dem die Beispiele gezogen sind und in dem schlagfertige und knappe Meinungen für die kürzesten Aufmerksamkeitszeitspannen strukturell befördert werden, eine wichtige Rolle – sodass Hinweise auf Autorität fast unumgänglich werden. Sondern wir täten gut selber zuzugeben, dass ein Großteil unseres Wissens aus Auctoritas-Wissen stammt und dass wir in einen Strudel der Unsicherheit gerieten, würden wir uns nicht auf dieses verlassen. Die Frage ist natürlich, mit welchen Gründen bzw. dank welcher sonstigen Mechanismen wir uns auf welche Autoritäten meinen verlassen zu können. Denn Vertrauen auf Autorität basiert nur im Idealfall auf Gründen, die in rational explizierten Argumenten dargestellt sind.

Im Sinne der berühmten Aussage Freuds könnte man vielleicht sagen, dass das gegenwärtige gesellschaftliche Klima des Misstrauens dem Narzissmus eine weitere, vierte Wunde erteilt. Denn *erstens*, so sehr wir, in unserer Selbstauffassung als aufgeklärte Subjekte, geneigt sind, von uns selbst zu glauben, dass unsere Ansichten sich auf Wissen gründen, so müssen wir doch feststellen, dass sie massiv auf Autoritätsvertrauen basieren. Und *zweitens*, so sehr wir glauben, dass unser Autoritätsvertrauen auf makellos rationalen Argumenten gründet, müssen wir anerkennen, dass es letztlich aus anderen, unmittelbareren Quellen unserer Erfahrung stammt. Der größte, beide Aspekte beinhaltende Teil der ‚Wunde' wird uns allerdings dadurch zugefügt, dass wir auch anerkennen müssen, dass wir im Großen und Ganzen nichts dagegen machen können. Wir werden auf Vertrauen und Vertrauensmechanismen angewiesen bleiben, es sei denn, wir möchten in ständiger Angst oder in einem paranoid-psychotischen Zustand leben. Denn alles deutet darauf hin, dass z.B. jegliche echte, fortgeschrittene Wissenschaft, durch welche wir uns gerade das Wissen meinen verschaffen zu können, um reinen Vertrauensbeziehungen zu entkommen, unumgänglich auf Vertrauen basiert – und sei es selbst ‚nur' auf das richtige Funktionieren der von keinem Individuum jemals kontrollierbaren Kontrollmechanismen, die gerade die materiell-instituierte Form des wissenschaftlichen Misstrauens ausmachen. Es ist faktisch nicht möglich, individuell alles kritisch zu überprüfen; dies scheint zu implizieren, dass es auch nicht möglich ist, ohne jegliche Autorität – als gesellschaftlich materiell-instituierte Gerinnungsstelle von Vertrauen – zu leben.

Dies wird besonders im hier rekonstruierten (anti-)autoritären Argument sichtbar. Denn wie man erkennt, entspringt dieses Argument gewissermaßen gerade dem hartnäckigen Versuch, so zu tun, als ob ein solches Vertrauen an Autoritäten völlig zu vermeiden wäre. So kann ein:e Kommentator:in einigermaßen schlüssig auf den obigen Post antworten: „Sind eure Angaben für den Normalbürger (Anzahl Tests, Todeszahlen usw.) kontrollierbar? Nein! Demnach verbreitet ihr Fakenews".

Ein wesentlicher Unterschied zwischen heterodoxen und orthodoxen Denkformen wäre in diesem Sinne eher, dass letztere (bestenfalls) zugeben, dass sie in systemischer Hinsicht auf so etwas wie Vertrauen (in Autorität) angewiesen sind. Sodass das Anti-Autoritäre als solches genauso wenig als Totschlagargument benutzt werden darf, wie der Hinweis auf Autorität. Denn, betrachtet man das Argument näher, so kann man letzten Endes feststellen, dass beide Argumente, autoritäres und anti-autoritäres, gewissermaßen auf das Gleiche hinauslaufen – nur, dass die *äußerliche* Autorität (des Anderen) in die *innerliche* des Ichs des anti-autoritären Arguments ausgetauscht wird, wie im zweiten Bsp. zu sehen ist: „Ich entscheide immer noch selbst, welche Quelle ich für vertrauenswürdig und seriös halte." Diesbezüglich bemerkt Hegel schlagend in der Einleitung zur *Phänomenologie des Geistes:*

> Der eigenen Überzeugung folgen ist allerdings mehr, als sich der Autorität ergeben; aber durch die Verkehrung des Dafürhaltens aus Autorität in Dafürhalten aus eigener Überzeugung ist nicht notwendig der Inhalt desselben geändert und an die Stelle des Irrtums Wahrheit getreten. Auf die Autorität anderer oder aus eigener Überzeugung im Systeme des Meinens und des Vorurteils zu stecken, unterscheidet sich voneinander allein durch die Eitelkeit, welche der letzteren Weise beiwohnt.[49]

Denn man soll an dieser Stelle folgende wichtige (auch hegelianische) Pointe nicht außer Acht lassen. Sobald jemand auch nur den leichtesten Schritt hin zu einer Begründung seiner Position unternimmt – und sei es nur durch eine beliebige Tat oder z.B. durch die Konstitution (vermittelt durch eine Namensgebung) eines Gedankendings Ich –, so führt dies sofort zur Entstehung einer unumgänglich äußerlichen, geteilten, öffentlichen Sache. Auf die öffentliche Tatsächlichkeit dieser Sache bezieht man sich dann immer implizit, um die eigene Position zu begründen. Wenn diese Position beweisen soll, dass sie keinerlei, in irgendeiner Sicht mit Autorität bekleideter, Äußerlichkeit bedarf, so begeht sie dann mindestens einen performativen Widerspruch.

49 G.W.F. Hegel: Phänomenologie des Geistes. Theorie-Werkausgabe. Hg. von E. Moldenhauer und K. M. Michel. Bd. 3. Frankfurt a.M.: Suhrkamp 1969, S. 73.

So kehrt sich das anti-autoritäre Argument, das gewissermaßen aus einer wilden Mischung von Kants *sapere aude*[50] und Descartes *cogito* abgeleitet werden kann,[51] in sein Gegenteil um. Der Unterschied ist nur, dass die Stelle der üblichen, ‚äußerlichen' Autorität von einer aus der Struktur des Arguments sich ergebenden undurchsichtigen, da sich mit dem Hinweis auf Unmittelbarkeit begnügenden, Autorität namens Ich besetzt wird. Und deren Status als Autorität wird eben dadurch verleugnet, dass sie sich angeblich auf nicht äußerlich Vermitteltes beziehe. Das Ziel, die Diskussion durch den Verweis auf eine Autorität zu schlichten – was insgesamt als Kerneigenschaft von Autoritätsargumenten gesehen werden könnte – bleibt erhalten. Uns scheint hierin der versteckte, doch intuitiv wahrnehmbare autoritäre Charakter dieser angeblich anti-autoritären Argumentationshaltung zu stecken.[52] In diesem Sinne könnte man in Anlehnung an Luhmanns Unterscheidung sagen, dass es eigentlich so etwas wie ein ‚funktionales Äquivalent' des Autoritätsarguments ist, das es zu verneinen meint; und vielleicht sogar auch im Sinne des Paares Vertrauen/Misstrauen: Wenn eher Vertrauen besteht, so verweist man auf eine ‚äußerliche', wenn Misstrauen, auf eine ‚innerliche' Autorität.[53]

2.5 *Parrhesisches Argument*

Auch dieses Argument versucht heterodoxe Autorität zu stützen, wenngleich auf etwas andere Weise. Schauen wir uns das an:

P1: Orthodoxen Positionen wird a priori durch ihre Autorität mehr Glaubwürdigkeit zugesprochen als heterodoxen.
P2: Heterodoxen Positionen wird wegen fehlender Autorität nicht a priori Glaubwürdigkeit zugesprochen.
P3: A priori mehr Glaubwürdigkeit zugesprochen zu bekommen führt zu höherer Wahrscheinlichkeit von Machtmissbrauch.
P4: Die Wahrscheinlichkeit von Machtmissbrauch widerspricht der Glaubwürdigkeit.

---

50 Worauf auch schon Schneider (2020): Follow the Science? hinwies.

51 Die Wichtigkeit des cartesianischen Skeptizismus für ein Verständnis verschwörungstheoretischer Denkweisen ist besonders von Zupančič unterstrichen worden, vgl. Zupančič (2024): Disavowal, Kap 2.

52 Wir stimmen hierin Carolin Amlinger und Oliver Nachtwey zu, dass jenen individualistischen, sog. ‚libertären' Denkweisen, in welchen Argumente dieser Art oft zu finden sind, ein autoritärer Charakter innewohnt. Vgl. Amlinger und Nachtwey: Gekränkte Freiheit. Aspekte des Libertären Autoritarismus. Frankfurt a.M.: Suhrkamp 2022.

53 Vgl. Luhmann (2014): Vertrauen, S. 92.

→ K: Heterodoxe Positionen sind a priori weniger in Gefahr, Macht zu missbrauchen und deshalb glaubwürdiger. Orthodoxe Positionen sind a priori unglaubwürdig(er).

Anhand der eben dargestellten Kommentarspalte wurde schon deutlich, dass sich die dort auftretenden heterodoxen Positionen eigentlich gerade mit der Methodik des Faktenchecks identifizieren können – sie sind eben nur anderer Meinung bezüglich des Objektes, auf das diese angewendet werden sollen, und hinsichtlich des Resultats solch einer Anwendung.[54] Auch die Identifikation solcher Positionen mit der Unterdrückung durch epistemische und politische Autoritäten ist bekannt. Aus unserer Sicht soll der wiederholte Ausdruck solcher Unterdrückung argumentative Wirkung entfalten, indem es impliziert, dass gerade in solcher Unterdrückung die eigentliche epistemische Autorität begründet ist. In dem Beispiel, das die ‚Bringschuld' orthodoxer Positionen nennt, zeigt sich, dass sich gerade durch das angenommene Macht-Ungleichgewicht epistemische Ansprüche an die Gegenseite erhöhen. Die überzeugende Wirkung heterodoxen Argumentierens liegt also gerade darin, gegen die Orthodoxie zu sein. Anders ausgedrückt: Gerade die Tatsache, dass eine Autorität Anerkennung genießt, disqualifiziert sie als Autorität. Auf der anderen Seite soll eine bisher nicht anerkannte Autorität gerade deshalb mehr Anerkennung genießen, weil sie bisher keine Anerkennung genoss.

Um diese sehr verbreitete Argumentationspraxis richtig aufzufassen, müsste man daher in Betracht ziehen, dass, wie Todor Hristov argumentiert, es sich um parrhesische Sprechakte handelt, die einen anderen Prozess der ‚Verifikation' implizieren als etwa propositionale Faktenbehauptungen, weshalb gerade ‚Diskreditierung' oder ‚Entlarvung' (*Debunking*) als kritische Strategie kontraproduktiv sein kann.[55] Denn wie man in den eben betrachteten Beispielen selbst sehen kann, können bestimmte Aspekte des ansonsten ‚missglückten' parrhesischen Sprechakts (um einen Ausdruck von J.L. Austin, auf den Hristov hinweist, zu benutzen), als welche Verschwörungstheorien auch charakterisiert werden können, gerade durch solches *Debunking* ‚repariert' werden, d.i. es kann ihnen zum ‚Erfolg verholfen werden'.[56] So spielt die Gesellschaft etwa, gerade indem sie Verschwörungstheoretiker mehr oder weniger mit sozialer Exkommunikation bedroht, ihnen gewissermaßen in die Hände,

54 Zum Problem des ‚Faktenchecks' im Kontext des wissenschaftlichen Urteilens vgl. ebenfalls den Beitrag von Naomi Oreskes in diesem Band.

55 Vgl. Todor Hristov: Impossible Knowledge. Conspiracy Theories, Power, and Truth. London/New York: Routledge 2019.

56 Vgl. ebd., S. 92ff.

denn dadurch werden diese verschwörerischen Sprechakte einfacher mit dem Risiko, das einer tatsächlichen Parrhesie bedarf, assoziiert.

Rein argumentationstheoretisch betrachtet, besteht diese Variante des Autoritätsarguments als Fehlschlusses natürlich darin, dass eine Aussage nicht schon deshalb wahr ist, weil sie von einer Autorität ausgesprochen worden ist; nur die Evidenz für oder gegen die Aussage muss zählen. Die Tatsache, dass die Diskussion dann weg von der Evidenz selbst zu einem Streit über die (Vertrauenswürdigkeit der) Quellen der Evidenz verlagert wird, könnte in diesem Sinne als Kern einer trügerischen Kommunikationsstrategie aufgefasst werden. Wenn man jedoch in Betracht zieht, wie schon bemerkt, dass alle Menschen in Bezug auf die allermeisten Sachverhalte Laien sein müssen, die prinzipiell nicht in der Lage sind, komplexe Evidenz selbst zu überprüfen, so ist der Bezug auf eine Autorität ein unerlässliches Element jeglichen Urteilens über einen halbwegs komplexen Sachverhalt.[57] Man kann ihn entsprechend nicht schon deshalb disqualifizieren. Zudem müsste akzeptiert werden, dass ab dem Punkt, ab dem ein gesellschaftliches Klima des Misstrauens verbreitet ist, eine Verlagerung der Argumentation hin zum Metaproblem der Vertrauenswürdigkeit der Quellen fast unumgänglich und logisch erscheint. Uns scheint, dass die Rationalität des Parrhesischen Arguments nur als Teil dieser Lage, in der es überhaupt seine Überzeugungskraft entwickeln kann, adäquat eingeschätzt werden kann.

Zum Teil lässt sich das Problem dieses Arguments mit der von Nadine Frei und Robert Schäfer beschriebenen Rhetorik des „Dagegenseins" verknüpfen[58] sowie mit dem von Hugo Mercier und Dan Sperber vorgeschlagenen Argument, dass Vernunft (*reason*) eher für die kritische Prüfung der Argumente anderer gewappnet scheint, als für die stringente Konstruktion von eigenen[59] – was als Zeichen einer anti-autoritären Tendenz der argumentativen Vernunft interpretiert werden könnte. Auch der Soziologe Nils Kumkar stellt fest, dass die kommunikative Funktion von alternativen Fakten die ‚unbestimmte Negation'[60] von einer als mainstream vorausgesetzten und bekannten Position ist.[61]

---

57 Die Diskussion innerhalb der Argumentationstheorie, ob jegliches Autoritätsargument als ein Sophismus – oder eben nicht – zu betrachten ist, spiegelt die Schwierigkeiten, die sich aus dieser Erkenntnis ergeben, wider.

58 Vgl. Robert Schäfer und Nadine Frei (2019): Rationalismus und Mystifikation.

59 Vgl. Hugo Mercier und Dan Sperber: The Enigma of Reason. Cambridge/Mass.: Harvard University Press 2017, z.B. Kap 12, S. 222–236.

60 Vgl. Nils C. Kumkar: Alternative Fakten. Zur Praxis der kommunikativen Erkenntnisverweigerung. Frankfurt a.M.: Suhrkamp 2022, Kap. 2 u. 3.

61 An dieser Stelle würden wir nur noch hinzusetzen, dass es auch möglich ist, den Sachverhalt kulturhistorisch zu betrachten, nämlich insofern die üblichen Erzählungen darüber,

3 Fazit

Dies war ein Ausschnitt aus dem kleinen Katalog an heterodoxen Argumentationsformen, der unsere einleitend dargestellte Herangehensweise veranschaulichen soll. Ziel unseres Projekts war es, im Umgang mit den spontanen Äußerungen in heterodoxen Diskussionen einen verständnisvollen, erklärenden Blick zu entwickeln, der die Möglichkeit der Kritik jedoch nicht verhindert – ja, der sogar das system-kritische Versprechen, das Heterodoxien oft anzustreben scheinen, vertieft. Die Argumentationsformen, die wir vorgetragen haben, sollen zeigen, dass solch eine Herangehensweise unseren Blick für grundlegende Aspekte heterodoxen Denkens öffnet – es ist kein Denken, das der Orthodoxie gänzlich fremd ist oder sich durch in der Orthodoxie vorhandene Schemata ohne Weiteres faktenchecken lässt. Durch solche Haltungen wird dessen Überzeugungskraft unterschätzt und das komplexe Wechselspiel von Orthodoxie und Heterodoxie einseitig dargestellt. Damit entginge uns jedoch die Chance, uns zu einer grundsätzlichen Reflexion auf den wissenschaftstheoretischen Status des orthodoxen Diskurses herausfordern zu lassen.

---

worin die Singularität westlich methodischer Wissenschaftlichkeit besteht, stark antiautoritär und individualisierend konstruiert sind, geleitet vom paradigmatischen Beispiel Galileos. Durch die ‚Öffentlichkeitsarbeit' solcher üblichen wissenschaftsgeschichtlichen Erzählungen wie derjenigen Galileos oder anderer ‚Genies', die sich allein gegen die Illusionen des an ‚Glauben' orientierten dogmatischen Establishments gewendet hätten, wäre im öffentlichen Diskurs eine überstarke Identifikation zwischen Parrhesie und Wissenschaftlichkeit überhaupt suggeriert worden, welche die ‚Pathetik des Dagegenseins' als Indiz für Wissenschaftlichkeit akzeptiert. Dagegen hälfe z.B. vermutlich eine weniger auf das Individuum und mehr auf das Kollektiv fokussierte Historiographie der Wissenschaften, außerdem vielleicht auch konkretere Vorstellungen davon, welche Interessen von welchen Wissenskollektiven sich gegen die Interessen von welchen anderen Agenten ggf. geschichtlich durchsetzen, als pauschale Erzählungen vom reinen Kampf einer monolithischen Wissenschaft gegen einen barbarischen Aberglauben.